21 世纪新媒体课程教材
普通高等院校新闻传播实训类"十三五"规划教材

影视广告实务

主　编　唐　英　余庆华
副主编　曹新伟　黄瑞霖　李　虹
　　　　刘砚议　陈洪友

西南交通大学出版社
·成都·

图书在版编目（CIP）数据

影视广告实务 / 唐英，余庆华主编. —成都：西南交通大学出版社，2017.9
21世纪新媒体课程教材　普通高等院校新闻传播实训类"十三五"规划教材
ISBN 978-7-5643-5761-0

Ⅰ. ①影… Ⅱ. ①唐… ②余… Ⅲ. ①影视广告－高等学校－教材 Ⅳ. ①F713.851

中国版本图书馆 CIP 数据核字（2017）第 225833 号

21世纪新媒体课程教材
普通高等院新闻传播实训类"十三五"规划教材

Yingshi Guanggao Shiwu

影视广告实务

主　　编 / 唐　英　余庆华	责任编辑 / 邹　蕊
	特邀编辑 / 马梦楹
	封面设计 / 墨创文化

西南交通大学出版社出版发行
（四川省成都市二环路北一段 111 号西南交通大学创新大厦 21 楼　610031）
发行部电话：028-87600564
网址：http://www.xnjdcbs.com
印刷：四川煤田地质制图印刷厂

成品尺寸　　170 mm×230 mm
印张　20　　字数　359 千
版次　2017 年 9 月第 1 版　　印次　2017 年 9 月第 1 次

书号　ISBN 978-7-5643-5761-0
定价　48.00 元

课件咨询电话：028-87600533
图书如有印装质量问题　本社负责退换
版权所有　盗版必究　举报电话：028-87600562

前言 / Preface

广告,尤其是影视广告,俨然已成为我们日常生活不可或缺的组成部分。作为一种经济现象、一种文化现象、一种被媒体和社会放大了影响力的传播行为,它不仅已经和正在成为构建我们社会进程的重要动力和内容,成为构建我们生活的工具和内容;更重要的是,它已经实际地成了与影视、报纸等相鼎立的时代之社会审美的重要生产基地。

的确,我们无论走到哪里,视力所及,都充满了各种各样的广告;不管你是否愿意,广告都会直逼你的视听觉。它不仅充斥于我们的日常生活,而且对整个社会的经济运行和意识形态均发挥着重要影响。对于商品的生产者和销售者来说,广告的作用,小而言之是促进销售,大而言之是塑造整个品牌和建构企业形象;对于大众传媒来说,广告是其生存和发展的重要经济来源;对于广大消费者来说,广告不仅是便捷的商品信息的获取渠道,更是一种便捷的审美获取渠道。

一部人类传媒演进史告诉我们,影视乃是人类口语传播的螺旋回归。在文字诞生之前,人类沉浸在口语传播之中,是文字及其书写在时间和空间两个维度延伸了口语传播的能力——但同时也消解了口语传播的形象与快感;影视的出现和兴盛使沉默已久的口语传播迅速"复辟"——但口语的传播快感消解了文字的理性韵味。于是,千百年来供人们用心去体悟的文字便化为散落在时间之河中的语音流动。这也就意味着,影视不同于报纸,因其呈现的是图像,故其选择的是人的眼睛;而报纸呈现的是文字,所以它选择的是人的大脑。如此一来,影视图像便失去了报纸文字所特有的严密逻辑和深邃内涵,不过它却因此获得了文字所无法体验到的形象生动。

正是因为如此,影视便成为一种便捷的仿真媒介。只要我们接触影视,我们就能以影像的方式感知和接受世界。而影视正是通过这种高度视像化的画面向我们传递社会价值和社会风尚,并以此来影响并改变我们的态度和行为。有鉴于此,我们才说:影视的出现,实际上标志着多维的思维方式的出现。很显然,在影视"被大众化"而为大众媒介之一后,我们的文化形态便从以读写为主的时代进入以视听为主的时代了。于是,在人类文化活动风光了千百年的书写从此黯然失色。不仅如此,影视还在很大程度上动摇了以文字和书写为活动基础而建立起来的文化观念,强烈冲击着文字和印刷术发明以来便形成并坚挺了几千年的局限于少数所谓的精英的文字文化。于是,影视在使杂志、广播退出媒体世界的中心位置并沦落为边缘媒体的同时也历史性地成为核心媒体。

历史地看,人与影视的关系于今已远远超出了人与人之间的关系,更进一步,还将影响到人与自然、人与自我的关系的建立。而且,影视在组织受众的文化生活,切近人伦日用实际,打发公众闲暇的过程中自然而又俨然地成为一种共享性的文化。我们无法想象没有电视、电影及视频之前人类的生活,我们也无法想象离开影视以后我们将会如何生活。不仅如此,影视还有力地促进了制度生活之外的公共领域的发展,发展了占支配性地位的意识形态之外的共享的价值系统,进而成为公众日常生活的一部分。可以说,正是影视特有的技术魅力,打破了千百年来文化形态固有的边界,启动了一场浩大而又深刻的文化整合运动。

作为一种现代传播手段,影视不但传达着世界上每时每刻发生的事情,而且还渐进式地培养和改变着人们的审美观念、价值观念乃至生存观念。可以毫不夸张地说,当今社会,影视及其发展实际上已经与人们的生活、生存紧紧地连在一起,而且这种联系还将继续伴随我们整个社会的发展。

唐 英
2017 年 6 月于四川成都

目录 Contents

第一章　影视广告概述　1
　　第一节　影视与广告的合力　1
　　第二节　影视广告的历史　3
　　第三节　影视广告的特点与分类　7

第二章　影视艺术语言　15
　　第一节　影视艺术语言的基本单位　15
　　第二节　影视艺术的构图　22
　　第三节　影视艺术语言的技巧——蒙太奇　39

第三章　影视广告策划　48
　　第一节　影视广告策划概述　48
　　第二节　影视广告信息环境分析　52
　　第三节　影视广告消费者分析　62
　　第四节　影视广告竞争对手分析　72
　　第五节　影视广告的表现策略　78
　　第六节　影视广告的媒体策略　89
　　第七节　影视广告策划书　98

第四章　影视广告创意　106
　　第一节　影视广告创意概述　106
　　第二节　影视广告创意的来源与过程　111
　　第三节　影视广告创意的思维方法　117
　　第四节　影视广告创意的主张　120

第五章　影视广告创意表现　131
　　第一节　影视广告创意与表现的关系　131
　　第二节　影视广告表现的类型　135

第三节　影视广告创意表现手法　172

第六章　影视广告文案　182
　　　第一节　影视广告写作的前提　182
　　　第二节　影视广告文案概述　184
　　　第三节　影视广告文案写作　195

第七章　影视广告美术　209
　　　第一节　影视广告美术概述　209
　　　第二节　影视广告美术的特性及作用　211
　　　第三节　影视广告美术的运用　215

第八章　影视广告灯光　218
　　　第一节　光的特性　218
　　　第二节　光的色彩　224
　　　第三节　影视广告布光艺术与技巧　230
　　　第四节　影视广告灯光布光几点说明　241

第九章　影视广告摄影　245
　　　第一节　影视摄像机的原理与结构　245
　　　第二节　影视摄像机的分类及功能　251
　　　第三节　影视广告拍摄技巧与具体运用　256

第十章　影视广告摄制　263
　　　第一节　影视广告前期准备　263
　　　第二节　影视广告的正式拍摄　269
　　　第三节　影视广告后期制作　273

第十一章　影视广告效果评价　278
　　　第一节　影视广告效果概述　278
　　　第二节　影视广告效果测试原则及测试指标　284
　　　第三节　影视广告效果测定的方法　292

参考文献　303

后　记　312

第一章 影视广告概述

第一节 影视与广告的合力

一、广告是社会文化系统的有机组成部分

作为当下社会经济的一个构成部分,广告本身便作为一个产业在整个社会经济格局中占据的一席之地。

由于广告传播的乃是当下社会之经济视野的文化意蕴,所以广告不可避免地要成为社会文化系统的有机组成部分。也许正是因为这样,广告在现代社会里的影响才远不限于社会经济领域,而是深入到社会生活的各个方面,在引导人们消费的同时,或隐或显地改变着人们的价值观念和生活方式。尤其是在这消费社会渐现端倪的中国当下,广告以"轻骑兵"的视像文化在人们的现实世界之外又构造了另外一个仿真世界。按照法国哲学家鲍德里亚的看法,这变成了一个完全符号化的幻象——人们生活于其中的现实已经为符号以及符号对符号的模仿所替代。日常生活现实就是一个模仿的过程,一个审美化和虚构化的过程。

正是在这一意义上,我们可以说,在现代社会里,广告在相当大的程度上起着审美的泛化作用。审美已经超出所谓的纯艺术的范围而全面而广泛地走进了百姓的日常生活。当今社会,占据百姓日常文化生活之中心位置的已经不是传统的经典艺术,而是广告或变相广告等。正是这些以追求生活和生命"意义"的主旨的广告,在刺激着并引导着人们去努力地追求和实践海德格尔式的诗意生活。毕竟,广告所提供的"意义"或多或少会内化为人们的一种生活观念。

二、广告是社会经济生活的风向标

按照常规常理,广告是经济社会产物,所以它天然便是社会经济生活的

风向标。然而广告,尤其是影视广告还必然是文化的产物、艺术的产物,所以它自然也应当是社会的文化风向标和艺术风向标。更进一步说,在今天,它便是审美日常生活化的风向标。它标志而且推进艺术审美成为大众化、日常化、通俗化、浅表性的东西,并使之从被顶礼膜拜的神坛上走下来,进入寻常百姓家。它弘扬着传统和现代的主流文化,播撒着流行和时尚的非主流文化;它娱乐着人、教育着人也引导着人。所有关于美与善、丑与恶、是与非等美学意义上的传统概念都被它解构或重构,它不仅改变了人们的生活观念和生活方式,而且还改变了人们的审美标准。某种程度上,广告使苗条、白嫩全面成为时代女性美的大众性标准;广告使健康成为一种深入人心的理念;广告使居住得以深化为人生的精神关怀,如此等等,无一不在倡导一种价值、一种理想、一种人文关怀。

作为整个广告业里很重要的构成部分,影视广告因依托于电视这一视听兼备、声像俱全的媒体而具备了其他类型的广告无法具备的特质。第一,人们把影视广告当作"大家广为经历的社会事件"来认识,即当人们看影视广告时,社会的主要社会关系被再生产了。第二,影视广告是一种"社会参数",人们可以从不同角度看待影视广告,为了自身的利益,能够把广告看作一种政治事件,把它叙述为或参与着社会场中各种力量之间进行的一种游戏。第三,影视广告也被称为"时代的标志",即人们通过画面的、声音的、语言等形式设置各种社会语境,并对照这些社会语境进行阅读。通过一种特有的话语方式产生有各种主题,反映着不同历史时期不同社会群体的需要和幻想,由此来描绘日常生活的轮廓。也就是说,人们从影视广告里去了解社会,并发现某一时期社会的主要特征;人们还可透视社会的进步与变革,因为影视广告还是社会的记录文本,它以可视可观可听可感的方式记录着日常生活的方方面面。

总之,由于综合运用多种传播符号,使影视广告能更好地表现特定的文化内涵,因此,它比其他媒介电视广告更多地被人们注意和记忆,成了个人社会化过程中不能忽视的一个影响因素。我们甚至可以说,作为一种社会现象,电视广告已是我们社会文化系统的一部分。因而对消费时代电视广告审美特性进行全面而系统的研究能够更好、更深入地分析和了解电视广告在当下的社会影响力和经济文化影响力。

第二节　影视广告的历史

一、影视广告的诞生

影视广告是以电影电视、互联网、无线通信网等为广告媒介，以观众为对象，综合运用文字、图像、色彩、声音和活动等艺术表现手法，通过电视台、电影院、电脑、手机等播送兼有视、听觉的广告。这包含两个方面：第一，以电影、电视、网络视频或多媒体作为媒介来传播信息的广告。第二，用影视的语言和技术手段来制作出表现产品或服务信息的广告。

在英语中，通常以 CF（Commercial Film，翻译为"商业胶片"）作为影视广告的代名词，像早期的广告片是用电影胶片拍摄制作，在电影院放映。

1941 年，美国第一家商业电视台 WNBT 于 7 月 1 日正式开播。开播当天，该台播出了有史以来第一则影视广告——布鲁瓦（Bulova）手表广告，画面表现手表滴答走过 60 秒，作为每天节目开始与结束的标志。布鲁瓦钟表公司为这个广告付了 4 美元。由于电视技术限制，当时播出的影视广告只能拍摄简单的画面进行播出。

布鲁瓦（Bulova）手表广告

而中国影视广告出现较晚，从 1979 年春北京市的"民主墙"变成"广告墙"，到同年 1 月 28 日上海电视台播放中国内地第一条商业影视广告"参桂补酒"，标志着中国影视广告的诞生。随着社会的发展，影视广告逐渐成为人们生活中必不可少的一部分，尤其是互联网的出现，网络视频广告成为人们生活中必不可少的一部分，逐渐成为当下社会广告的主要角色。

二、影视广告的历史和发展

（一）西方影视广告的历史与发展

西方影视广告的发展始终与影视制作技术进步紧密相连，从制作技术进步的角度看，影视广告分为以下三个阶段：

1. 现场演出期

20 世纪 50 年代初期，影视广告受限于当时的电视制作技术和专业人才，广告制作过程非常复杂，常常要依靠电影技术来完成制作。因此，这对于需要及时播出，且要求不很高的影视广告来说，大多数仍然只是广播稿的图像化。播音员通常在麦克风前朗诵广告词，或是由歌手边弹吉他边诉说商品的好处，播出上采用非常简陋的"现场直播"方式。

当时，电视台能够提供的节目很有限，基本是摄影棚里制作播出的节目。在一个大摄影棚里挤满了各个节目所要用的布景，节目分区表演和播出，由电视摄影机现场录制并直接播出。摄影棚设有广告区、歌舞节目区等，广告区在一个角落里，它只有一个小小的背景幕。在歌舞类节目快结束时，广告区的灯光就亮了起来，节目导播通过几架摄影机用淡出或淡入的方式把现场节目过渡到现场表演广告。因播出方式的原始性，以及一些不可控的技术故障影响，常常导致广告播出失败。

2. 胶片广告期

初期的广告片大多是卡通电影片，它不过是广播广告的视觉化而已。广告公司往往依据广播稿画一张粗略的卡通故事脚本，然后交给迪士尼这类好莱坞制片公司制作。广告片的配音就是广播广告的录音带内容。

第一条实景拍摄的影视广告出现在 1952 年。一家生产 Stopette 除臭剂的客户委托美国著名的广告公司李奥·贝纳（LEO BURNETT）制作该商品的广告，要求在现场广告结尾一定要有一个以手挤压喷雾头的特写镜头，而且要求罐口喷出的雾一定要清晰漂亮。

Stopette 除臭剂广告

李奥·贝纳广告公司为了保证效果，在播出前，用电影 35mm 黑白胶片拍了一条五秒钟的无声影片，这是世界上第一条实景制作的广告影片。播出时，先播出现场表演部分，在现场表演结束后，播放事先拍摄的 5 秒结尾，电视播音员按照影片的画面，恰到好处地配音："啊！Stopette，汗臭全消。"这条广告播出后，取得了令人满意的效果。

随着影视制作技术的日益成熟，由现场演出广告逐步被胶片广告（Commercial Film）所取代，专业影视广告制作公司应运而生，广告公司离开摄影棚成为广告监制人。20世纪50年代初，全美国有十家影视广告制作公司，到 90 年代初，就已发展到一千多家。

3. 录像带广告期

1957年，录像带首先在美国出现。而第一次将录像带运用到广告上是1958年 1 月。当时，美国某电视台正在海滩录制一场高尔夫球赛；著名影视广告人霍铂·怀特请一名著名的高尔夫球手为"方便牌"（Eassy）洗衣机作宣传；并用电视台的摄像车进行摄录，由此产生了第一部录像带广告。

50年代末期，录像带广告实质上只是延后播出的现场广告，景与景之间几乎没经过剪辑，只是把画面从一台摄像机切换到另一台摄像机，所以录制时间往往只有实际播出时间的长度而且成本预算也不高。

在60年代的美国，模拟电视技术刚刚运用于电视节目制作，用录像带拍摄制作的广告与当时较为成熟的电影相比，制作手段原始，图像质量很差。因此，录像带制作的广告只限于成本较低，制作周期较短的广告片。主要是纽约的一些中小广告公司及电视台接拍的广告，而大型广告公司通常都不倾向于使用录像带，他们觉得广告片质量比速度更为重要。

到70年代末期，随着影视技术的日益成熟，利用录像带来制作广告越来越普遍，不过不是把录像带用于拍摄，而是用它来完成后期制作。影视广告前期拍摄用电影胶片，以取得高质量的画面效果，然后通过胶转磁（胶片转换为磁带的设备）把胶片影像素材转换为磁带，最后用电视编辑设备完成后期制作，这种拍摄与剪辑组合的做法能节省经费，缩短制作周期。进入80年代后，电视剪辑设备性能越来越好，这种方法运用得更为普遍。特别是进入90年代后，数字技术被广泛运用到电视节目制作中，随着能与胶片效果媲美的数字高清电视的出现，影视广告制作逐步从依赖电影技术的状态中分离出来。

西方影视广告起步较早，整体广告创意和制作水平较高。另外，由于市场竞争激烈，加之观众的文化品位和欣赏习惯，西方发达国家的影视广告已经逐步走出了以理性诉求为主的叫卖式阶段，向以情感诉求为主富于人情味的广告过渡。

（二）中国影视广告的历史与发展

中国内地的影视广告的历史正式开始于1979年。1979年1月28日为上海药材公司制作的名为《参桂补酒》的电视广告。同年3月15日下午18时，上海电视台播放了名为《雷达表》的电视广告。1980年中央电视台播出了日本"西铁城"手表的电视广告，这成为中国电视广告的新开端。

1. 中国影视广告的初期阶段（1985—1995年）

80年代初，开始有一些企业和广告人自觉而又有计划地做广告，商业影视广告的雏形已现端倪。这段时期，许多国际广告理论进入中国，国内各层次的广告协会也相继成立，加上大量外商广告代理的逐步加入，共同促使我国影视法制初步建立和规范。这都为中国影视广告业的发展创造了外在的条件和因素。1982 年 12 月，国家经贸委批准建立中国广告协会；1984 年 6 月中国广告协会电视委员会在南京成立；1985 年 9 月中国对外贸易中国广告协会会刊——《国际广告》在上海创刊并出版。

1989 年广东电视台李谋创作的《强力荔枝汁（杨贵妃篇）》获得第二届全国优秀广告作品展影视金奖；1990 年南国影业广告公司的《白云山制药厂活心丸（钟表篇）》获海峡两岸广告研讨会最佳创意奖；1992 年南国影业广告公司蔡小明导演的《南方黑芝麻糊（怀旧篇）》夺得第三届全国优秀广告作品展影视金奖。

南方黑芝麻糊（怀旧篇）

之后，随着电视的普及以及民众对电视节目质量要求的不断提高，中国影视广告也在逐步探索中提高自己的质量。此时，开始有一批电影工作者介入广告界，他们具备了实践性模仿的技术，并且将之付诸实践。

这一时期影视广告的特征如下：

（1）广告商品主要是生产资料，广告作品缺乏创意，以宣讲式居多，有些广告以厂房、生产线、锦旗为主要画面。在尾镜中罗列通讯资料和厂长大名及省优、部优、国优，显得急功近利。造成这一局面的原因有：一是当时没有综合性广告公司，客户甚至自己构思广告，不懂得正确的广告策略，品牌和定位观念淡薄。二是影视广告设计与制作都没有受过系统的专业训练，影视广告制作不够专业化，常常只是一两个人做一条片。

（2）当时社会上几乎没有影视广告制作公司，电视台成为影视广告的独家经营者，由于广告制作量大、合同期短，电视台没有充裕的时间去认真地设计和制作。

2. 中国影视广告的发展阶段（1995—2005 年）

1998 年，由梅高广告公司创意、苏夏导演拍摄的《矮将军液体电蚊香（肥佬篇）》获得了第 41 届纽约广告节的入围奖；

1999 年，中国最早入选美国权威杂志《广告时代》（Advertising Age）年度最佳广告奖的作品是广州乱一广告传播公司苏夏导演的《海南航空（云篇）》；

海南航空（云篇）

2000 年 3 月，阳狮·恒威广告公司为广东移动通讯创作的影视广告《牵手篇》最早获得莫比广告奖（电信·网络类）影视金奖；

2000年10月，苏夏导演的广告片《宫颈康药栓》最早获得美国纽约广告节 The Globals Award 全球奖；

同年，中国盛世长城广告公司为联合国儿童基金会拍摄的公益广告《别人的孩子》获得 One Show 最佳文案金奖。

广东移动通讯广告

这一时期影视广告的特征如下：

（1）影视广告摆脱了以往的叫卖风格，形成崭新的广告生态，即进入了创意品牌、行销。

广告质量提高的原因有：一是与海外广告界交流频繁。一批"4A"（The American Association of Advertising Agencies，美国广告代理商协会）广告公司进入，引进先进的观念和手段。二是制作经费大幅度增加，使好的创意能得到满意的体现。三是海外广告公司制作的广告在国内发布，提升了观众的审美趣味和现代广告意识。

《别人的孩子》

（2）当时社会上几乎没有电视广告制作公司，电视台成为电视广告的独家经营者，由于广告制作量大、合同期短，电视台没有充裕的时间去认真地设计和制作。

3. 中国影视广告的提高阶段（2005年至今）

在广告制作媒材上，电影胶片和数字高清两者并存，高端数字 3D 技术和二维数字技术越来越普及。

电视媒介播出系统逐渐从标清 Betacam 向数字高清电视转换，影视广告的传播渠道从传统电视向网络视频、手机、虚拟游戏等互动媒体拓展。

第三节　影视广告的特点与分类

随着电波媒体的发展，影视广告在影视结构中占据着日益突出的位置。在影视市场中，影视广告生产商与影视媒体之间形成流通关系，广告商与影视媒体之间形成交易关系，影视媒体与受众之间形成消费关系。生产商、广告商、媒体、受众四大主体之间相互交错形成了影视市场的机制。

一、影视广告的特点

影视广告是以电影电视、互联网、无线通信网等为广告媒介,通过电视台、电影院、电脑、手机等播送并兼有视、听觉的广告,而本书所讲的广告主要是电视和电影广告。因此,下面我们分别来看看电视广告和电影广告各有什么样的特点。

(一) 电视广告的特点

电视广告是随着 20 世纪 40 年代电视机的出现而产生的,并且在之后的几十年里,得以依托技术的发展而迅速扩展,成为独具视听兼备特点的广告传播媒体。电视广告有如下几个特点:

1. 覆盖面广,收视率高

电视广告由于有视听兼备的特点,只要你具备视听觉就行,而且不受年龄、职业、文化程度的限制,只要打开电视机,电视广告或早或晚都会在电视屏幕上出现。电视广告的传播具有一定的强迫性特点,不管观众是否愿意观看都会在一定的时间段出现,除非更换频道或关掉电视机。我国城市和乡村的电视机数量不断增加,电视机的数量以亿为单位计算,每天接受影视广告宣传的人数日益增多,其传播面也越来越广。中央电视台及一些省级电视采用卫星传播技术,使电视传播范围增大,接受广告的人数也随之增加。

2. 强烈的艺术感染力

电视广告以独特的技巧、形象的魅力,集语言文字、人物、动作、画面、音乐声音、产品等艺术的综合,给予人们美的享受。在短短几十秒时间内给人以强烈的印象。每一个广告都有它的一定情节、构思和艺术的内涵,有人评价电视广告是一部微缩的小电影,如百事可乐的广告,就是一种中国思维的独特展现,以中国影像为广告元素,融合了魔幻、明星、幽默和快乐,使人百看不

百事可乐的广告

厌,这种信息与艺术的融合,使人在接受广告的同时得到艺术享受,的确具有强烈的艺术吸引力和渲染力。

3. 表现形式多种多样

电视广告表现形式比其他媒介的表现形式更能使观众产生身临其境感。目前的广告表现形式有名人式、引证式、音乐舞蹈式、现场表现式、新闻式、

故事式等形式，这些形式广告都是利用音乐、文字、画面、色彩、人物、舞蹈、特技制作而成，都是通过艺术的表现手法展现在观众眼前，是艺术综合的表现。

4. 重复播出

电视广告播出是以秒计算收费的，因而播出费比较昂贵。电视广告对观众而言不能内容繁琐，否则观众不愿看反而失去广告效果，好的广告永远是言简意赅、回味无穷的。如雀巢咖啡广告就只用一句"味道好极了"的解说配以画面，吸引了无数的观众。广告主从经济效益角度考虑都要求在30秒内制作完成一条广告片。由于电视广告的长度有限，只有播出次数多，才能给观众留下深刻的印象，所以具有重复性，这样可弥补时间短的弊端。

（二）电影广告的特点

电影以其生动的画面情节和广泛的受众市场为广告元素的加入创造良好的条件，作为最直观、最广阔同时最细致的信息载体，其特点在于：

1. 广告元素的曝光率高

电影中广告元素的出现不受时间的限制，而取决于故事情节的发展本身，从而可以使产品在电影中随剧情的发展反复出现，这是其他传统媒体所不具备的特点。

2. 间接的广告形式

电影中的广告元素通常以实物道具的间接形式呈现，广告信息悄悄进入消费者的记忆大脑，而且这种进入方式是以娱乐形式，也让消费者以一种娱乐的心态去接受，从而达到一种潜移默化的广告效果。

3. 置入广告元素增加

相比较其他媒体而言，电影广告元素是一种以受众为核心的软性广告，它让受众很自然地接受。假如电影中广告元素的剧情衔接很自然的话，受众感觉它完全是影视中不可缺失的道具，在电影中还可以把产品的功能与用途淋漓尽致地展现。如王牌特工里的麦当劳广告，且题材与其本身的行业非常吻合，影片题材的生活化更加贴近消费者。

王牌特工里的麦当劳广告

4. 重复率高

作为一种大众文化的艺术形态，电影的生命力强，它不但在影院放映，还可以在电视录像带、VCD中播出，不但播放一次，而且可以播放无数次，好的经典影片甚至影响几十年。同时电影媒体可以影响影视广告很难到达的青年一代。他们崇尚的是快餐文化，电影媒体的特性迎合了青年一代的潜在心理，也因此更好地拥有了这一巨大市场。

电影广告借助自身独特的优点确能将广告深入到观众的心里，在各类广告铺天盖地的今天，电影广告作为一种新的广告促销手段有着广泛的发展空间，不管它以何种形式都意味着人们对这块幕布背后的功能有了更深的了解和把握。

二、影视广告的分类

（一）电视广告的分类

对电视广告分类的角度和方法是多种多样的，具体而言可以如下分类：

1. 按广告目的划分

按广告目的划分可分为以营利为目的商业广告和不以营利为目的的宣传服务性广告两大类。

（1）商业广告，具体有：

①商品广告，是以传播商品信息为内容而介绍商品的性能、特点、质量、用途，以及能给消费者带来的好处等的广告。此类广告能够吸引消费者的注意，引起他们的兴趣和好感，从而产生购买欲望和购买行动，达到销售目的。这类广告是商品广告中的绝大部分，也是商业广告的主体。

②劳务广告，是以提供服务信息为内容的广告。此类广告多介绍旅游、饭店、旅店、家电维修、搬家运输等服务项目的性质、特点和质量、优点等，以吸引顾客光顾，接受服务。

③促销广告，是以传播短期性、临时性或定期内特殊优惠销售手段为信息内容的广告，如有奖销售、削价处理、打折优惠、买一赠一、展销直销、咨询服务等。以吸引消费者注意和兴趣，促其踊跃购买，达到促进销售之目的。这类广告是企业营销活动中不可缺少的。

④企业广告，也称公关广告或企业形象广告，是以树立企业在公众中的良好形象，提高企业知名度和美誉度为宗旨的广告。此类广告多宣传企业经营理念、价值取向、行为规范、企业视觉标识及企业精神等，以显示企业的管理水平和雄厚实力，使公众对企业产生长远信赖和好感，最终达到提高企业营业额、发展企业的目的。

（2）宣传服务性广告，具体有：

① 公益广告，也叫公共广告，是以为公众谋利益和提高福利待遇为目的而设计的广告，它是企业或社会团体向消费者阐明它对社会的功能和责任，表明自己追求的不仅仅是从经营中获利，而是过问和参与如何解决社会问题和环境问题这一意图的广告，它是指不以营利为目的而为社会公众切身利益和社会风尚服务的广告。它具有社会的效益性、主题的现实性和表现的号召性三大特点。公益广告内容包括环境保护、爱护森林、交通安全、饮食卫生、计划生育、防火、防盗、节约用水、安全用电、城市建设等。

公益广告

② 文化广告，是以传播科技、文化、教育、体育、文艺、新闻出版、影视讯息为内容的广告。如书讯、影视节目预告、电影海报，以及科技、文化、音乐、美术等学术讲座预告等，均属于文化广告。中央电视台的"焦点访谈"广告、第八频道电视剧频道开播预告、电影频道四的"相信品牌的力量"系列广告等，电视、媒体形象广告均属于文化广告。这类广告是社会主义精神文明的重要组成部分。

"相信品牌的力量"
系列广告

③ 社会服务广告，是为全社会提供服务性内容的电视广告。诸如征婚、寻人、挂失、招聘求职、换房等广告，均为社会广告。

2. 按电视广告的诉求方式划分

（1）理性诉求广告，即采用理性说服方式来宣传某种观念、主张，或介绍产品特点、性能及服务项目的一种广告。它的特点是说理性强，配合屏幕画面和解说，既阐述观点、性能、特点，又有事实材料和理论依据，能够调动受众的理性判断能力，进而接受广告宣传，并促成行动。有些高档产品或新产品尤其适宜采用这种广告形式。如大量的药品、保健品产品的广告，均属于理性诉求广告。

（2）感性诉求广告，也称情感诉求广告。这类电视广告多采用感性说服的方法，通过生动的创意、丰富的艺术表现手法和独特的影视语言来宣传某种观念、介绍企业、商品或劳务，触动受众的感情，唤起某种欲望。其特点是以情感人、以情动人，调动受众的感觉、知觉功能，形成感性认识，引起情感共鸣，进而接受广告宣

百威啤酒广告

传,产生购买欲望和消费行为。如南方黑芝麻糊的广告、百威啤酒的广告等,均属于感性诉求广告。

3. 按影视广告制作工艺和方法划分

(1) 现场直播广告,即在摄影棚或转播室等电视节目现场,或电视剧拍摄现,现场直接拍摄、制作、转播的广告。早期的影视广告由于设备条件的限制,大多采用现场直播方式。但如今,真正的现场直播广告已经很少,多为在节目现场直接摄制的广告片或录像带,穿插在该节目中播出。

(2) 胶片广告,也称拷贝广告、电视影片广告。它是广告摄制人员用摄影机将广告内容拍摄在35 mm或16 mm的电影胶片上,然后再转成磁带,送到电视台播放的广告。35 mm的胶片广告不必转成磁带,可直接在电影院放映。

(3) 录像磁带广告,即用专业摄像机将广告内容拍摄在录像磁带(Beracam或1英寸、3/4英寸、1/2英寸、1/4英寸录像带)上,再转到电视台的播出带上播出的广告。这类广告前期摄制比较简单,还可通过电视屏幕随时监控、观察拍摄效果,发现不如意之处,可及时补拍、修改。而且不必像胶片那样冲印,就可以进行后期编辑制作,摄制过程简单快捷,制作时间少,成本也比胶片低得多。

(4) 幻灯片广告,即用专业照相机将信息内容拍在底片上,制成幻灯片,或将信息内容绘在纸上,再拍成幻灯片,拿到电视台播出的广告。这类广告的长处是制作时间短,简便灵活,投入资金少,播放及时。

(5) 字幕广告,即将广告内容以字幕方式叠印在正在播映的节目画面下方映出。这类广告伴随节目的进程随时播映,比较灵活方便,使观众在观赏节目的同时也了解了广告讯息,时效性较强,广告效果也比较好。

(6) 电脑广告,即采用电脑技术制作的广告片,拿到电视台播映的广告。先按广告创意和文案要求,绘成图形或动画的一个个瞬间造型,再通过电脑技术,把其变化或动作过程的瞬间图形连缀起来,使之产生运动,制成二维或三维动画,输到录像磁带上,再播映。

以上是几种常见的电视广告分类方式。此外,还可以按照发布方式的不同,将电视广告划分为联播广告、定点广告、点播广告。按电视媒体传播范围的不同,把电视广告划分为国际广告、全国性广告、区域性广告和地方性广告等。科学地划分电视广告的种类,有利于我们深刻地理解影视广告的基本特征,充分发挥电视媒体的优势,掌握电视广告的功能,提高电视广告效果。

（二）电影广告的分类

1. 根据广告主、广告目标不同划分

（1）电影推片广告，是电影制片发行放映机构以推广电影为广告目标，以该电影的潜在电影观众为广告受众的广告，通过电影及其衍生媒体投放的硬性广告与软性广告。

（2）电影搭片广告，是非电影机构的广告主，以推广其商品、服务、品牌形象、活动等为广告目标，以电影观众与潜在电影观众为广告受众，通过电影及其衍生媒体投放的硬性广告与搭载广告。

2. 根据表现形式划分

（1）记载在胶片上通过影院传播的广告，包括电影内的软广告和电影放映中的贴片广告。

① 电影内的软广告，指在电影中的实物道具、画面中的场景、台词语言的特别提示等广告。

② 电影放映中的贴片广告，指播放于影片的正式内容前，或影片结束后的广告，此类广告有独立的广告内容。

（2）在影片发行宣传过程中的搭载广告，包括：

① 搭载影片的前期宣传过程，采用电视娱乐节目、DM、平面广告投放、户外广告投放、网络媒体炒作、公交站台海报、地铁宣传招贴等的广告，在短时间内，随着影片获得高曝光度，使大众获知搭载影片的广告信息。

② 搭载影片发行的活动推广，搭载片方组织的宣传影片的各类公关活动，如新闻发布会、首映式、明星见面会等的广告，此类广告利用明星效应与电影本身的眼球吸引力。

③ 搭载影院阵地宣传，主要宣传载体为放映场地、影院张贴海报、影院公告牌广告、影院场地横幅、现场派发DM、赠送观众的宣传礼品等现场宣传品的广告，此类广告主要受众是观影人群，效果比较直接，宣传到达率百分之百。

3. 根据经营方式划分

（1）片方贴片广告，指片方在影片的制作和发行过程中与广告主的合作的广告。此类广告的合作一般是密切的和多方面的。

（2）发行方贴片广告，指发行方在影片制作完成后的发行阶段，以招商的形式与广告主合作的广告。此类广告的广告主多实力较强，广告跟随整部影片的发行放映过程。

（3）院线贴片广告，指在影片的院线放映过程中，局部院线与广告主的

具体合作的广告。此类广告随影片在院线内放映，一般适用于地区性广告主和产品。

（4）影院贴片广告，指影院在放映影片时与放映影片前，与当地广告客户合作的广告。此类广告多为推广当地的实际商品，广告仅限于影院内影片放映周期，广告效果具有即时性。

本章思考题

1. 什么是影视广告？有哪些特点？
2. 我国影视广告分为几个时期？各时期有哪些主要特点？
3. 影视广告的分类有哪些？各自的特点是什么？
4. 举例说明影视广告成功的原因及其启示。

第二章　影视艺术语言

第一节　影视艺术语言的基本单位

电影和电视均是由图像及声音两大基本要素组成的，其中图像部分起着极为重要的作用，在影视广告中占据着特有的位置。那对于影视艺术来说，到底有哪些基本单位呢？

一、画面

无论电影还是电视，基本的单位是由画面构成的，不论画面大或小都有其自身的特点，也有自己独特的景别。

（一）影视画面的特征

影视艺术呈现给观众最主要的就是画面，我们对影片的绝大部分感怀是从画面中得来的。影视画面是通过各种造型元素来表达意义的，在影视广告作品的创作中，对画面的认知显得尤为重要，影视画面的特点具体表现为：

1. 运动性

影视画面是表现和那些静止的绘画、雕塑作品不同，我们所看到的画面都是一次性的、瞬间即逝的，许多因素会影响我们对画面的感怀，而很大程度上我们对影视广告画面的造型设计有特殊的敏感性，对影视广告场景设计会有特殊的认知。

2. 时空感

影视艺术是具有时空性质的和运动着的光、影、色的造型艺术。影视画面和绘画的画面一样，都具有明显的四周边缘画框的框架结构，它具有时间的向度，每一个单幅画面为一帧，每秒一般在二十帧以上，如此这般构成了具有一定时间长度的影视画面,从而吸引观者,并起到传情达意的作用。

3. 艺术性

影视艺术综合和借鉴了其他各种造型艺术的特有手段和技法,形成了自身独特的造型语汇。如在画面视觉上借鉴美术领域的线条、色彩、光效、影调、构图、透视等造型规律,同时延伸了美术造型中的材料结构、空间处理等技法,又汲取了音乐中的旋律、节奏、音色、音响等特点。

4. 结构性

影视广告形象是通过画面与声音这两个基本银幕构成要素表现出来的。画面部分主要指通过摄影造型构成的视觉银幕形象。影视画面是把形象含义传达给观众的基本表意单位,画面能达成画面含义,一方面是对象本身,另一方面是对对象的表现。而后者是影视观众最为感兴趣的。对普通的影视观众来说,影视画面的存在价值,必须是他看到什么(艺术形象),激起认知活动;接着就要使其感情受到触动;再进一步就应有个体感悟和审美享受。如果说,文学主要依赖于"文美",那么影视则主要依赖于画面的美。这些都是与影视画面的审美特性紧密相连的。

如"MANDATUM LIFE"的广告场景设计足以让观者震撼,画面简约、洞察而富有想象,造型的特殊处理及观者瞬间的获得感骤增。

MANDATUM LIFE 广告

图 2-1 "MANDATUM LIFE"广告

（二）影视画面景别

由于摄影机与被摄体的距离不同，造成被摄体在电影画面中所呈现出的范围大小的区别，这就是景别，影视画面的景别可以分为下面几种形式：

1. 远景

远景是指摄影机远离被摄物，表现拍摄场景全貌的画面。远景具有广阔的视野，常用来展示事件发生的时间、环境、规模和气氛。比如表现开阔的自然风景、人群场面、战争场面等。远景画面重在渲染气氛，抒发情感。远景画面的处理，一般重在"取势"。远景画面中，不注重人物的细微动作，有时人物处于点状，故不能用于直接刻画人物，但可以表现人物的情绪，因为影视画面是通过画面组接表情达意的，通过承上启下的组接可以含蓄地表达人物的内心情绪。远景除了表现规模、气氛、气势之外，还可以表现一定的意境。远景画面包容的景物多，时间一般要长些。

图 2-2　"MANDATUM LIFE"的远景

2. 全景

全景是把摄影机环 360 度拍摄的一组或多组照片拼接成一个全景图像。全景用来表现场景的全貌或人物的全身动作，在影视作品中用于表现人物之间、人与环境之间的关系。全景画面，主要表现人物全身，活动范围较大，体型、衣着打扮、身份交代得比较清楚，环境、道具看得明白，通常在拍内景时，作为摄像总角度的景别。大多数场景的开端、结尾部分都用全景或远景。全景、远景又称交代镜头。

图 2-3 "MANDATUM LIFE" 的全景

3. 中景

中景是指摄取人物膝盖以上部分拍摄的画面,即画框下边卡在膝盖左右部位或场景局部的画面。但一般不正好卡在膝盖部位,因为卡在关节部位是拍摄构图中所忌讳的,如脖子、腰关节、腿关节、踝关节等。中景和全景相比,包容景物的范围有所缩小,环境处于次要地位,重点在于表现人物的上身动作。中景为叙事性的景别,因此中景在影视作品中占的比重较大。处理中景画面要注意避免直线条式的死板构图,拍摄角度、演员调度、姿势等都要讲究,避免构图单一。

图 2-4 "MANDATUM LIFE" 的中景

4. 近景

近景是指拍到人物胸部以上,或物体的局部拍摄的画面。近景是近距离观察人物，能看清人物细微动作，也是人物之间进行感情交流的景别。近景着重表现人物的面部，传达人物的内心，是刻画人物性格最有力的景别。近景产生的接近感，往往给观众以较深刻的印象。近景在造型上要求细致，对人或物的细节要求苛刻。

近景中的环境退于次要地位，画面构图应尽量简练，避免杂乱，常用长焦镜头拍摄，利用景深小的特点虚化背景。人物近景画面用人物局部背影或道具做前景可增加画面的深度、层次和线条结构。近景人物一般只有一人作画面主体，其他人物往往作为陪体或前景处理。

图 2-5　"MANDATUM LIFE"的近景

5. 特写

特写是指下边框在成人肩部以上的影像，或其他被摄对象的局部拍摄的画面。特写镜头被摄对象充满画面，比近景更加接近观众，背景处于次要地位，甚至消失，更能细微地表现人物面部表情。它具有生活中不常见的特殊的视觉感受，主要用来描绘人物的内心活动，人物通过面部把内心活动传达给观众。特写镜头无论是人物或其他对象均能给观众以强烈的印象。特写镜头不能滥用，要用的恰到好处，用得精，才能起到画龙点睛的作用。滥用会使人厌烦，会削弱它的表现力，尤其是脸部大特写（只含五官）应该慎用。

影视画面是剧作因素和造型因素相结合的一种艺术处理屏幕形象的表现形式，影视画面可以赋予观众构图美、光效美以及色彩和影调美。因此要认识影视艺术，就必须懂得影视的画面，每一部影视作品都是由画面向观众展示无限的超越时空的内容。故此，这对每一个影视工作者都提出了一个画面美学问题，即如何构图才能使画面更加完美。影视作品若就一个单独的画格或画面而言，它如同绘画、摄影作品一般，凭借线条、影调、色彩、布局来塑造形象。它再现空间感觉的重要依据是遵循了透视规律，即来自于现实生活中人们对景物的观察习惯，也是人们判析景物远近大小的一种尺度。影视艺术是通过屏幕上具有一定画幅尺度的画面来呈现的，主要靠画面来传播信息、交流思想、表达情感。

图 2-6 "MANDATUM LIFE"的特写

二、声音

随着影视声音艺术的发展，声音作为情节、情绪、时间、空间、形象等诸多信息的载体，越来越多地参与了影片的叙事和视听构成，使得影视这门艺术进一步满足了人们的审美需求。

（一）声音的类型

影视的声音一般分为三种：人声（对白、独白、旁白、解说）；音响（主要是自然声响）；音乐（主要是声乐、器乐）。不同类型的声音对电影有着不同的审美影响。

1. 人声

比起运用字幕，人声更加具体、更加微妙，利用人声的音质、音色、节奏等手段，不仅能反映人物的个性，又能极大地丰富语言的感情色彩；同时，人声的运用，可增加真实感。在真实表现人物身份、国别、性格，甚至地位、情感、信仰等方面非常有效。在表现人物特色上，人声显得游刃有余。

在解说画面时，特别是旁白、独白（画外音），人声起了解释画面、推进叙事进展的作用，许多比较含糊的画面内容通过画外音交代清楚，或是通过画外解说，省去了多余的情节和无关的或不好表现的内容。

2. 音响

音响的功能在影视广告中主要体现在两个方面，一方面加强真实感；另一方面则是扩大画面范围。通常情况下，音响大多与画面平行发展，这样音响便给人以身临其境的感受，如大海的波涛声，我们不仅通过视觉看到了画面中的形象，还通过听觉听到了形象发出的声音，观众将自己也置身其中，增强了影像的真实感。即使在画面中不出现具体形象，只通过与此相对位的音响，同样也可以达到这种效果。如画面一片昏暗，甚至看不见任何东西，但是通过角色发出的喘气声、物体倒地的声音等，使我们也感觉到了画面上看不见的物体，将我们的视野拓展得比画面呈现给我们的形象范围宽广得多，同时，也渲染了气氛。这些信息主要是通过音响来传递的。

音响还在表现人物情绪、营造氛围、表现节奏、制造特殊效果上有着不可忽视的作用。此外，音响自身的突然加剧或停顿，会让观众感受到一种紧张气氛和一种强烈的节奏冲击。在制造特殊效果方面，音响显得非常重要，如爆炸场景，没有音响效果的加入则场景的冲击力会大打折扣。

3. 音乐

音乐具有重要的审美功能，使整影添光增彩。音乐是最抽象的一门艺术，同时又是与人们心灵最容易接近的艺术，它从潜意识里影响我们的情感。音乐在审美功能上最突出的作用就是揭示人物的内心，这也是作为抽象艺术的音乐所表现的长项之一。音乐也可与画面形成对比，从而能获得一种不是画面和音乐单独运用所能获得的特殊效果。我们很容易通过音乐思考，判断贯穿音乐中的形象，并体会蕴含在音乐中的思想。高度抽象性的音乐能够在影视客观真实的画面中得到解释，具体客观的影视画面也能从音乐中得到自由的表达和符号的升华。

（二）声音的作用

1. 增加影视画面的情感

在影视广告中，无论声音高雅还是低俗、优美还是刺耳、讨人喜欢还是令人厌恶，只要观看影视广告你就无法拒听声音。影视声音作为影视艺术中的一个构成元素而存在，要与影视艺术中的其他构成元素一起，共同完成最终目标。影视声音满足了观众对各种感官享乐的追求，从而使人们视听愉悦，乐此不疲。声音对影像的依附，有助于观众对声音内容的理解，声音围绕着剧情进行，或抒发情感，或扩展时空，或概括主题。影视广告中的声音是让作品变得有感染力和冲击力的关键。

2. 起到画面的补充和说明

声音是一定的事实形态联系在一起，并且与人的生理、心理反应多少有些联系。因而当人听到声音时，总会引起人的头脑中呈现为以声音为起点中心的连锁网络式的意象形态，并与形象联系在一起。另外音乐还可以唤起欣赏者的形象记忆，引导他们通过自己的心理活动获得鲜明、生动的意象联觉。这种意象的联觉是通过音乐本身的运动，同现实生活和自然事物本身的动态结构上的对应或同构来实现的。

影视声音作为影视艺术的重要表达手段，在作品中具有独立的、重要的价值，是影视艺术不可缺少的基本元素。一部好的影视作品，总是和声音相结合以达到预期效果的。影视声音作为影视艺术直观的必要补充，给影视更为丰富的想象和创造。影视的画面与声音构成了最完美的视觉与听觉的联姻，造就了最有影响和代表性的综合艺术。

第二节　影视艺术的构图

影视艺术语言中的视觉要素包括线条、图形、比重、纹理及色彩等，这些视觉要素具有一定的规律，不同的要素组合会产生不同的效果。

一、构图的概念

无论在绘画作品还是在影视画面中，创作者在创造艺术作品前必定是对各种事物和现象有了某种理解、某种情感之后，才会寻找适合的元素把自己的认识表现出来。为了达到这一目的，创作者会在有限的画面空间里对一个或是多个画面元素进行整理、加工与取舍，根据表现对象的主题和内容的要求，有意识地把所需元素合理地安排在画面之内，把创作的意图表达出来。具体包括画面上给人总体视觉感受，主体与配饰、环境的处理，画面中对象之间的空间关系，影像的虚实控制以及光线、色调的调配，气氛的渲染等，以此来增强画面表现力，更好地表达画面内容，使主题鲜明。形式新颖独特、主体突出与意图明确的艺术作品会使欣赏者通过作品引起联想，在感情上、思想上受到感染。构图就是以上过程的体现。

"构图"是造型艺术的术语，通常称为"画面总要"。所谓"总要"，就是纲要、概括的意思，在中国传统绘画中称为"章法"或"布局"，是把人、景、物安排在画面中以获得最佳位置的方法，晋代顾恺之称之为"置陈布势"，在"谢赫六法"中叫"经营位置"，是画面气局大小的核心所在，亦是作品成功与否的关键。英语称"Composition"，是把各部分组成、结合、配制并整理出一个艺术性高的画面。构图属于立形的重要一环，但必须建立在立意的基础上。一幅作品的构图，凝聚了作者的匠心与安排的技巧，体现创作者表现主题的意图与具体方法，是创作者作艺术水平的反映。概括地说，构图就是创作者利用视觉要素在画面上按着空间把它们组织起来的构成，是在形式美方面诉诸视觉的点、线、面、形、色的配合。摄影中的构图指画面的安排，确定画面内各个组成部分的相互关系，包括光影、线条与色调等要素的组合，以便最终构成一个统一的画面整体。它是揭示形象的全部手段的总和，对创作的主旨表达、意境创造、画面协调有直接影响。广义上的构图不仅是安排位置，还贯穿于整个艺术创作过程，体现创作者的审美取向，反映创作者的修养。

法国著名摄影大师卡蒂埃·布列松在长期的实践中锻炼出了一双极其敏锐的眼睛，以至于他拍出的照片常看似信手拈来，却都是深思熟虑的结构协调的作品。有趣的是，他的大部分作品都是用 50mm 的标准镜头拍摄，而极少用 35 mm 或 100 mm 等镜头拍摄。

构图是为了塑造人物、表现主题以及达到艺术效果，利用被摄体及各种造型元素，在一定画面上按照相互关系和相应的空间位置，把个别或局部的形象组织起来，形成一个有机整体的创作活动。摄影构图的目的就是运用各种构图处理手法和造型因素，在画面上生动、鲜明地表现出被摄对象的形状、色彩、质感、动感、立体感和空间关系，从而使主题取得具体而完美的形象结构。构图的过程就是主题形象化的过程。

布列松作品：柏林墙边（20世纪60年代）　　　　布列松作品：玛丽莲·梦露（20世纪60年代）

（右图）布列松作品：雕塑家贾柯米蒂（20世纪60年代）

（下图）布列松作品：纽约（20世纪60年代）

图 2-7　卡蒂埃·布列松摄影作品（组图）

二、构图的性质

在画面处理上贴切自然，浑然天成，原因就在于摄影者在创作时，如同"工师之建宅"，经过一番选择提炼，筹划安排，在结构上下了工夫，在"经营位置、置阵布势"中体现了对生活的理解。因此，在创作中一定要进行一系列的组织安排，巧思布局，突出要点，强调本质的东西，并把作品的主题思想体现到鲜明的形象组织中。

屏幕是一个矩形两维平面，由于摄影机的视界和镜头焦距的改变，人物的运动、物体的安排以及背景、服装、照明、色彩诸元素的不同调度，会使景框内的空间结构发生变化，呈现不同的画面形式。构图形式所包含的内容有很多，它不只是构图的格局，形式起到了非常关键的作用，它交织着创作者的情感和追求，是构成画面形式语言的首要因素。

影像艺术是直观的视觉艺术，在这种直观的观察方法下，构图的平衡首先会受到画面主体的位置、方向、大小的影响，如果在这三个方面出现不同程度的偏差，画面整体就会失去平衡感，给读者带来若即若离的心理感受，所要传达的画面意境会变得模糊或者弱化画面的整体效果。构图通过内容表现把作者的思想、目的，集中在视觉形式上，使观众的注意力集中到主题上。构图的处理不是机械化和公式化的，它确定画面中各个部分的相互关系，构成一个统一的整体，并通过不同形式表达出来。构成画面的具体因素是形状、光线、色彩和物体的安排，在画面上应该是一个统一的整体，没有单独存在的价值。它们有机地相互联系，紧密地服务于主题。摄影时要根据题材的要求，考虑什么样的构图最恰当，最能表达内容。也就是说，用什么样的画面来表现主题，才更完美，更能说明问题。

诸如规则性较强的平行线构图、三角形构图等，各构图成分的大小、形状、方向、色彩、亮度、位置呈相近或相似状态的构图，以及一切符合"心理上的对应性经验"的构图，由于呈现某种形式的空间节奏排列和大小中心的等级排列，且又符合影片艺术的要求，都是创造和谐、完整的艺术美的重要条件；否则，将成为与艺术内涵脱节的形式主义构图。

倘若影视广告中对称的构图形式过多，静态的平衡成分过重，就会使人感到静止、呆板、沉闷，反而造成心理的不和谐。因此画面造型须注重动静结合的动态平衡，追求动态的和谐，在变化中求均衡，在运动中创造和谐。在强化各种构图因素之间的大小、多少、曲直、向背、强弱、浓淡、张弛、聚散、缓急、虚实、正反，包括光影与色彩的明与暗、冷与暖诸多对立因素之间的外在对比关系的同时，还要使画面中造型元素的主次、高下、左右、前后的空间关系得到照应,加强各构图元素之间的内在联系,从而实现相反相成、相辅相成的对比统一。

当我们观察生活中的具体物象的时候,应该撇开一般特征,而把它们看作形态、线条、质地、明暗、颜色、用光和立体物的结合体。摄影者运用各种造型手段,使之符合人们的视觉规律,为观赏者所真切感受时,才能取得满意的视觉效果,即视觉愉悦。也就是说,构图要具有审美性。正像罗丹所说的:美到处都有,不是缺少美,而是缺少发现美的眼睛。摄影者不过是善于用眼睛注视大自然并把这种视觉感受移于画面上而已。

画面构图可以表达几个意思:贴近而远、由意而联、由形而灵、由实而虚等,即画面构图的概括性、蕴藉性和含蓄美。

图 2-8 〔清〕石涛《看山图》

构图要有起码的稳重感,画面上的物体一般情况下不宜歪斜。视平线或框架边线要平衡、匀正、均衡是构图完美的主要条件之一。其中包括物体在画面上不能有失重感,摆放位置拍摄出来不要有下坠感;还包括各物体之间大小对比是否合适,明暗色调是否协调,整个画面安排是否统一,这些都决定画面的均衡。当然,统一也好,均衡也罢,影视画面的构图一定要有变化,不可千篇一律。每个构图都应有新意、有创意,为鲜明的主题服务,表达摄影者的艺术构思、文化修养、人品气质和美学追求。构图是否完美,关键是整个画面的情调、气氛能否打动人心,这是诉诸情感体验的东西。

画面构图贯穿于整个过程始终。拍摄者时刻都要选择提炼、精心布局各种造型因素,突出主要方面,强调主体本质的东西,从而明确而深刻地表达主题。所以当所拍摄的主题确定之后,摄像人员的主要任务就是寻找和安排最能体现主题的画面构图形式。

三、构图的原则

影视广告构图的基本要求是使画面上的形象更加鲜明、易懂、有表现力。这意味着在考虑影视画面构成的时候要尽可能使主要被摄对象鲜明突出,使它从周围的环境中凸显出来,不要让次要的元素抢了主体的视线。

影视广告构图的一般原则是主体鲜明、均衡简约、和谐呼应、多样统一。它们可以使画面更具有视觉的吸引力,更生动,更有利于通过视觉传达内容信息,传达作品的情感和观念。摄影构图是随创作者的理念而多样变化的,有深度内容的构图的基本原理就是使视觉有舒畅的感觉,做到突出主题,简洁、完整、生动、稳定。

如下面《爱是和谐社会的根基》的公益广告,呈现出较为准确规范的构图,通过亲情讲述了爱之本源。

《爱是和谐社会的根基》公益广告

图 2-9 《爱是和谐社会的根基》广告

在影视作品中,有时是通过一连串的静止画面表现某个情节,再加之视角的可变,往往容易让人忽略它的构图,但基本的构图原则不变,主要指使整个画面有舒适、自然、协调的感觉,不至于对画面的美感构成破坏的一种框架内的人、物、景的安排。大致上,影视画面的构图主要遵循以下几个原则:

1. 平衡原则

平衡的构图可以让人产生安定、自然的感觉；不均衡的构图让人有种不舒服、不稳当的感觉。平衡的构图主要有两种形式：一种是绝对的对称，即主题物居中，左右两边对称；另一种是相对的对称，也就是说利用人的心理感受获得的视觉平衡。平衡是个抽象概念，既包括重量平衡，也包括色彩平衡。如果画面中的对象都安排在下方的话，画面会有下垂感，这时我们可以通过加深画面上方的色彩或在画面上方布置点陪衬物来获得一种视觉上的平衡。对平衡的追求可以说是人类与生俱来的，因为人体是平衡的，维持人体均衡是人类最基本的需要。

2. 统一原则

不统一的画面会让人感觉杂乱无章，不知画面中的重点是什么，给人以不协调感。统一的构图原则是指被摄目的的统一，就是拍摄每个画面不仅要在画面对象上要统一，还要让画面中多种元素能统一，也就是被拍摄主题的统一。因为画面既要多样有变化，又要统一有规律，不能零乱。只多样不统一就会显得无序，只统一不多样就会显得单调。由于影视画面多是连续的故事情节，所以画面中的物象、背景、色调以及一些元素都应该统一和谐，这样才不至于让人在视觉上造成观看障碍。特别要注意背景的统一，在画面中局部与局部之间或是局部与整体之间的呼应关系。当然色调的统一也是必需的，相似开头和相似动作的重复与延续，这些都是有利于画面统一。

3. 趣味原则

趣味可以吸引观者的注意力，这一点在影视广告中非常重要。趣味可以来自许多地方，在变化中可以找到趣味，因为喜欢创新与寻求变化是人的本性之一。如果没有趣味和变化，画面就如一潭死水，毫无生气。我们可以通过替换画面中的某些元素，或者运用比喻、夸张变形和联想等手法特意制造某些似乎不合常理的场景，这样有趣味的画面才能给人留下深刻印象。

4. 光感原则

画面中再美丽动人的景物如果没有光线都将不复存在，所以在影视画面构图中我们应该选择画面中利于各个对象更好表现的光线，利用光的明暗对比来烘托主体物和陪衬物，或者运用某种特定的光线去表现物象的局部，就算同样的物体经过不同光线的照射，或者不同角度光线的照射也能产生不一样的效果。另外，还应该处理好画面中各物体和各场景的光感协调问题。

任何成功的影视作品都有完备的构图，构图的好坏将直接影响作品最终的品质。广告摄影构图就是要处理好所要拍摄的物体在画面中的布局和相互关系，表达内容信息，揭示拍摄者意图，体现作品内涵。在摄影创作中，选择好拍摄点极其重要，切入点的选择是否妥当，是影响构图优劣的关键要素。不同切入角度所形成的构图形式均有各自的特性，充分发挥其特点，能给人带来不同的美感。正面构图，可直接表达面部特征；侧面构图，可表现简洁的轮廓效果，使画面结构视觉上呈现明确的方向性；斜侧面构图，既表达对象正面的主要特征，又可以从侧面表达基本特征，使构图活跃，有立体感；背面构图，有时则能够表达拍摄者构思中的含蓄意念。有一点是不变的，即拍摄点的选择应符合美学的需要，必须符合摄影者的创作构思。好的构图使影像生辉，但它也并非一成不变，重要的是你对生活和艺术的理解，只有不断充实自己，才能具有不断的创造能力与悟性。

四、构图的要求

构图中包含的元素有点、线、面，这三个元素可以将画面分割成若干个面积区域，也正是点、线、面的结合才会产生结构关系和位置关系，从而产生构图的意义。点、线、面是画面表现主次、深度、距离等结构关系的最基本媒介，而光、色彩、色调的运用是对构图进行修饰和升华的元素，是在点、线、面构图的基础上进行进一步发挥的元素。要想运用好构图技巧，必须明确构图中的基本要素，并且了解各自的特点，才能更好地进行构图技巧发挥。

在拍摄过程中使用各式各样围绕艺术美和画面感的摄影方法，都可以被定义为摄影构图的内容。在摄影创作过程中，选择最合适的拍摄角度和摄影构图同等重要。总结摄影构图的基本要素，线条和光线是两大关键要素，同时需要色彩和影调的加入才能构成摄影构图，四大要素使得摄影作品更加完美。拍摄过程中选择合理的光线是进行摄影构图的第一要务，是奠定后续拍摄的基础之一；让摄影画面具有活力和动感的因素就是色彩，它使得创作构图意愿更加鲜明；影调让画面构图更加稳定，在凸显拍摄对象层次感的同时营造出深刻的气氛。具体的构图要求有以下几点：

1. 突出主体、画面简洁

要求画面简洁、主次分明，不能杂乱无章。如何在最短的时间里快速地吸引他人的注意从而使内容本身得到关注是影视广告构图的目的所在，也是构图最大效应化的体现。杂乱、主次不分的画面会给人压抑茫然的视觉感受，干净整洁的画面对于吸引观众视线比起其他方式显得更加轻而易举。将画面里的各部分景物有机地、巧妙地组织在一起，使各被摄对象之间、各造型元素之间关系分明，相互呼应、互相衬托，从而鲜明地揭示出主题。要处理好主要对象与其他被摄对象之间以及与周围环境和背景之间的关系，选择恰当的拍摄角度和景别，同时恰当地借助光线、色彩、影调、线条等造型元素，在有力地突出主体的同时，也要注意做到主次分明，简洁明了，从而得到尽可能完美的形式与内容高度统一的影视广告画面。

2. 画面均衡处理

所谓均衡是指以画面中心为支点，使画面左右上下呈现的构图诸元素在视觉上造成均势。摄影的均衡是画面结构的一种内在准则，也就是重量平衡准则，给人以稳定、舒适、和谐的感觉。合理安排好画面的各种关系，就会使画面显示均衡美。在突出画面主体的同时在视觉上给人造成均势的舒适视觉感受，使画面产生更长久的生命力。均衡画面的元素主要有两类：一类是实体元素，如图形、图像、字幕、前景、后景、陪体及环境等；另一类是一些"虚"的元素，如人或动物的视觉力，事物的动势及物体本身的方向性和指向性等。

3. 合乎一定比例关系

除了要处理好所要拍摄的物体在作品中的布局和相互关系，还要合乎一定的比例关系。只有合乎比例关系，才能给人舒适的视觉感受，更好地表达拍摄者的意图，揭示作品内涵。合乎一定的比例关系有多种表现方式。比如在现实的实践当中，我们可以利用黄金分割构图原则，使之符合大众的审美。

4. 注意用光

光线的运用可以成为一种优秀的摄影语言，是重要的表现手段及形式。在简约构图中，优秀的用光手法可以丰富画面影调，使画面表现出不同的美感与情调。选择适合表现主体的光线，以光完成最美的图画，是广告摄影师应当注意应用的技术手段。

5. 多样统一

简约，并不意味着单调；这是与繁褥并生的矛盾统一，两者相互衍生，构成矛盾的统一整体。优秀的简约构图，应该能使人在多样中体会统一，在变化中感受和谐。从某种意义上来说，构图的多样统一是充分体现简约构图的表现方式。

6. 打破成规

熟悉规则，运用规则，活学活用，顺势而为。如果只知道刻板地去运用"规则"，那么我们的作品就会显得呆板生硬，失去美感。这就要求创作者在日常生活中，认真观察，多多积累，也可以借鉴绘画构图等技巧。一旦确定拍摄主题内容之后，就选择、组织和寻找最佳的画面结构方式，并且要始终保持高度的创作热情和随时发现的创作灵感，不断地改善和创新自己的画面构图。

在拍摄现场，要把被摄体有机地安排到取景框中，使画面产生一定的艺术感，将对被摄体的认识和感受展现出来。从两个方面的内容去看，首先是分离，主要指在一定的环境范围内，选取要表现的部分；其次是构成，指在一定的环境范围内选取了要拍摄的对象之后，如何把它们有机地安排在取景框里，即如何将它们组织在画面中，使它们以一定的形式展现给观众。

构图不能成为目的本身，它是把典型化的人或物加以强调、突出，从而舍弃那些一般的、表面的、繁琐的、次要的东西，并恰当地安排陪体，选择环境，使作品比现实生活更高、更强烈、更完善、更集中、更典型、更理想，以增强艺术效果；构图是把创作者的思想情感传递给受众的艺术。

《他从未忘记爱你》
公益广告

如《他从未忘记爱你》公益广告，构图多样灵活，不拘一格，画面富于看点，形式与内容贴切，体现了构图原则与构图要求。

图 2-10 《他从未忘记爱你》广告

五、构图的形式

由机器与被摄对象之间的动静变化及取景框定所产生的画面结构，形成各种构图形式。构图形式是为内容和主题而产生的，是各种视觉因素在画面中的布局形式。

（一）静态构图与动态构图

静态构图是指画面造型元素及结构均无明显变化的构图形式。一般情况下，被摄对象与摄影机均处于静止状态，镜头内的构图关系基本固定。静态构图多为单构图形式。例如拍摄人物谈话，用固定镜头拍摄，画面中的人物、周围环境等都基本不动，即为静态构图形式。

动态构图是指造型元素及画面结构发生变化的画面构图形式。动态构图下的被摄对象与摄像机同时或分别处于运动状态，使得画面内视觉形象的构图组合及相互关系连续或间断地发生变化。这种动态包括以下三种情况：一是被摄对象自身在一定空间、时间中的运动状态（方向、速度、节奏等），以及情绪、心理等变化产生的动态；二是摄影机自身的运动，包括推、拉、摇、跟、移等；三是由于光影和色彩的变化所产生的画面基调和氛围的变化。不过，由于动态构图的时候被摄对象的运动、摄像机的运动以及两者之间的同时运动，在一定程度上削弱了相应的动作、情绪、情感的表现。因此，在动态构图的处理中，要求摄影者要时刻注意画面内容，及时捕捉有利于表现被摄对象运动的细节，合理地控制情节发展的节奏感，以及保持前后镜头中动态造型因素的连贯衔接。

（二）单构图与多构图

一个镜头中只表现一种构图组合形式，其间不发生结构变化的构图形式即为单构图。单构图画面中被摄对象基本处于固定状态，也不出现明显的光影和色彩变化。虽然这种构图形式在目前的影视广告中所占比例较小，但创作人员也不时运用单构图来表现特定的内容和情绪氛围。

多构图指画面的结构关系及构图样式连续或间断地发生变化的构图组合形式。多构图镜头不经过外部组接，而是在一个镜头内部通过蒙太奇造型形式、被摄对象与摄影机的调度、焦点虚实变化等多种手法变化构图形式。多构图镜头能够传递多信息于一个镜头内，因而在当下影视拍摄中得到广泛运用。多构图是影视艺术区别于绘画、照相等静态平面造型艺术的重要特点之一。

《污染的画》公益广告

如央视公益广告《污染的画》，以平稳的画面框定小朋友所要表达的内容。静态与动态构图，单构图与多构图等，在此则广告中显现。

图 2-11 《污染的画》广告

（三）封闭式构图与开放式构图

封闭式构图是一种传统的、主流形态的构图形式，讲究和谐与均衡，注重形式美感，包括影视广告在内的现代影视作品中大量存在基于内容表现需要的封闭式构图形式。

开放式构图中的主体通常处于屏幕某一侧的三分线上（有时候主体形象不全，一部分在屏幕之外），但人物的视向或运动空间却小于主体所在的另一侧空间人物，呈现出明显的和画面外的人或事物进行交流和呼应的态势。开放式构图除了充分利用屏幕这一有形空间之外，还致力于经营屏幕之外更为广阔的无形空间，努力让观众感受到屏幕外部空间的存在，引导观众对画外空间的想象和探求。开放式构图通过画内形象不完整、视觉力突破屏幕框架的约束及画内人物和画外产生呼应等构图形式，强调屏幕内外两个空间的联系和统一。开放式构图还通过压缩运动空间，使运动对象的动感加强，更有利于表现紧张和激烈的运动气氛。

开放式构图在画面布局中不讲究主体和陪体的合理设置，以及前景、背景与环境的综合运用，不注重屏幕内部的画面均衡、和谐与艺术美感。所以，在以自然风光等为主要表现对象的影视画面中，不适合采用开放式的构图。

开放式构图以其反传统和破坏艺术美感的不规则、不完整的形式特征，常常给观众或多或少的新颖和"别扭"的感觉，从而更容易留下印象和记忆，所以特别在当下影视广告中，有日益增多的趋势。

（四）其他构图形式

1. 水平线构图

水平构图的主导线形是向画面的左右方向（水平线）发展的，适宜表现宏阔、宽敞的横长形大场面景物。如用水平线来表现建筑物、桥梁等，会让人产生舒展、平稳之感；而用水平线条来表现大地草原、碧湖海洋等，可以强调画面的辽阔、宁静的气氛。水平线构图适宜表现大型会议的主席台、平静的湖面、一望无际的平川、辽阔平坦的原野等。

图 2-12　城市中，建筑群构成的天地之间的水平线

2. 垂直线构图

垂直线构图的景物多是向画面上下方向发展的，给人耸立、高大、向上、刚直等感觉。用垂直线条来表现英雄人物，可突出人物的高大形象和向上的精神面貌；而用垂直线条来表现筑物场景，可形成一种高大、雄伟、威严、挺拔的艺术效果，有利于烘托气势。垂直线构图往往被用来强调被摄对象的纵向气势，如高耸入云的参天大树、飞泻直下的瀑布、摩天大楼等。

图 2-13　现代建筑物本身的线条形成的放射状垂直线

3. 斜线构图

斜线是画面中既不水平又非垂直的直线，最具典型性的就是屏幕画框的两条对角线。斜线在画平面中出现，一方面能够产生运动感和指向性，容易引导观众的视线随着线条的指向去观察；另一方面，斜线能够给人以三维空间的第三维度的印象（横向维度和纵向维度外），斜线构图能够增强空间感和透视感。采用斜线构图时，视觉上显得自然而有活力，醒目而富有动感。

图 2-14　自然界中的树枝、小鸟与背景颜色形成的灵动斜线

4. 曲线构图

视线跟随着某点沿一定方向移动并时时改变方向，跌宕起伏，给人一种流畅、活泼的感觉和韵律感，多用来强调被摄对象的动感和画面的纵深感，从而使画面结构更加丰富。曲线的线条形式比较丰富，如"S"形线条、弧形

线条、圆形线条等。曲线构图，也称"S"形构图。这种构图形式富有变化，具有美感，如蜿蜒的河流、道路、城墙、铁路等，往往成为画面中最吸引人们视线的部分。

图 2-15　黄、绿相间的沃土与白色丝带一样的公路组合的曲线韵律

5. 对称式构图

对称式构图具有平衡、稳定、相呼应的特点，缺点是呆板、缺少变化。常用于表现对称的物体、建筑或特殊风格形式。

图 2-16　处于画面中间的观景台

6. 框架式构图

用景物的框架做前景，能增加画面的纵向对比和装饰效果，使画面产生深度感。构图时需要寻找适合拍摄主体的框架，比如一棵树或一扇门。选择框架式表达能把观众的视线引向框架内的景物，突出主体。将主体影像包围起来，可形成一种营造神秘气氛的框架，就好像一个人从藏匿处窥视某个地方。框架式构图有助于将主体影像与风景融为一体，赋予影像画面更大的视觉冲击。

图 2-17　"心"形阴影构成的框架

7. 黄金分割式构图（三分法则）

黄金分割又叫黄金律，把一条线段分为两段之后，使其中一段与全长的比值等于另一部分与这一段的比值（比值为 0.618）。"黄金分割"是广泛存在于自然界的一种现象，简单地说就是将被摄主体放在位于画面大约三分之一处，让人觉得画面和谐充满美感。"黄金分割法"又称"三分法则"，"三分法则"就是将整个画面在横、竖方向各用两条直线分割成等份的三部分，再将相对的各点两两相连，这时面面上就会出现四条连线和四个交点，即汉字的"井"字形状，又称九宫格。通常来说，将主体安排在这些交叉点是最理想的位置，比较接近于画框边缘的黄金分割点，在视觉上容易取得较好的效果。此外，在拍摄多对象、多景物的画面时，按照九宫格的连线和交点来排布位置、分配空间，也容易赢得观众的认可。如拍摄人物小景别画面时，常常将人物眼睛处理在画面靠上 1/3 处；拍摄远景、全景等景物、地理的画面时候，地面与天空的交界处处于画面的 1/3 处。不过这 1/3 位置只是相对的、大概的，不能机械式地理解这个"1/3"。

图 2-18　葱郁的希望之路所展示的焦点，即黄金分割之点

图 2-19　海平线以及躺椅所在之处，是视线平衡的支点，即画面横与纵的黄金分割处

第三节　影视艺术语言的技巧——蒙太奇

一、蒙太奇的概念

蒙太奇（Montage）引自法文建筑学中的一个专用名词，意思是把各种不同的材料，根据一个总的计划分别加以处理，把材料安装、组合在一起，构成一个整体。从 1864 年杜霍隆对蒙太奇的预言，到 19 世纪格里菲斯、爱森斯坦和普多夫金的集大成并不断创新，直至当下在影视创作中的广泛运用，迄今已逾百年。蒙太奇的发展过程中，苏联导演库里肖夫、维尔托夫、爱森斯坦和普多夫金都起过重要作用。普多夫金认为蒙太奇的作用主要是组接，即把各个镜头像砖块一样垒加起来，使每个镜头建立在前一个镜头之上以产生整体的意义。这样，意义的表达就不仅仅局限于单个镜头或单调影像，镜头与镜头的组接承担了拼故事的任务，镜头的组接按照一定的逻辑关系和观众的心理、视觉依据再现影像本身强大的力量，如小说中的冲突和悬念。蒙太奇成为影像意义生成的主要手段，主要指画面与画面的承接，也包括画面与声响、画面与色彩、时间和空间等的组合。

影视广告的视觉艺术语言的基本元素是镜头，在影视广告的制作中，创作者按照广告的诉求创作分镜头，分别拍成许多镜头，然后再按原定创作构思，把不同镜头有机地、艺术地组织、剪辑在一起，使之产生连贯、对比、联想、衬托、悬念等效应，形成快慢不同的节奏，从而有机地组成一部表达一定的思想内容，能被广大观众接受的影视广告。简而言之，蒙太奇就是影视艺术的表现方法，蒙太奇就是连接镜头和镜头的语法。

在电影中，蒙太奇是选择、阐明、概括，是任何艺术都必须要有的，通常会被分为广义蒙太奇与狭义蒙太奇。广义的蒙太奇不仅指镜头画面的组接，也指从影视剧作开始直到作品完成整个过程中艺术家的一种独特的艺术思维方式。狭义蒙太奇更多指的是对于画面、声音、色彩的剪辑运用。随着影视形态的发展，蒙太奇逐渐成为影视创作最基本的艺术方法和思维方式，是通过对镜头进行有目的、有逻辑地组接，在其间建立联系，从而产生丰富意义的影视创作手法，具体表现为：

首先，蒙太奇作为一种影片的剪辑技巧，是将表演、摄影、造型、声音等按照特定的创作目的和遵循一系列的艺术规则组接在一起，形成连续不断、统一完整的银幕形象。其次，蒙太奇作为影片的基本结构手段和叙述方式，将若干个镜头或场面组合成整部影片，对镜头、场面进行分切与组接或者选择与取舍，从而创造出不同的叙述方式和结构形式。再者，蒙太奇作为一种思维方式是其他艺术所没有的，是影视艺术独特的表现手法和思维方法。蒙太奇不仅体现在后期的剪辑中，也体现在前期的文学剧本和分镜头本的构思、创作中。

二、蒙太奇的分类

纵观蒙太奇发展的历史，许多电影理论家和导演对蒙太奇进行了分类，其中既有对其功能的共通认识，也存在部分观点的分歧，就其实质而言，其实只是分类的标准差异。普多夫金从创作手法的角度将蒙太奇分为对比蒙太奇、平行蒙太奇、隐喻蒙太奇、交叉蒙太奇、复现式蒙太奇五种；电影理论家马赛尔·马尔丹则归纳为叙事蒙太奇、节奏（抒情）蒙太奇和思维蒙太奇三种；爱森斯坦则分为节奏蒙太奇、复调蒙太奇、声画蒙太奇、镜头内部蒙太奇四种。

将蒙太奇分类过多是毫无用处的，因为影视艺术手法在不同的环境之下都有着不同的表现形式，艺术手法是随机应变的，且变化多端，如果刻意将其规范在一定的种类范围里，不仅会影响到艺术手法的创新，也会让艺术失去了灵魂。

目前有关影视蒙太奇的分类大致可以分为叙事性和表现式两大类。

1. 叙事性的蒙太奇

叙事性的蒙太奇是由许多不同的画面、镜头、场面和声音组合而成的，它主要体现一个完整的时空或组成一个完整的情节。影视艺术中的时间和地点并不是对真实的时空做简单的记录或再现，而是通过一定的需要、条件和一些手段进行重新的创造。它是将非真实的时空进行内在逻辑的重新连贯，从而形成一个完整的、逼真的故事。

叙事性的蒙太奇也称叙述蒙太奇，是比较常见的手法，主要按照事件发展的顺序、逻辑关系、因果关系等来切分及组合镜头、场面和段落，以此引导观众理解影片的内容。叙事性的蒙太奇最显著的特点是剧情故事顺畅、逻辑清晰、明白易懂，又可分为顺叙、倒叙、分叙、插叙等组合形式。

2. 表现式的蒙太奇

表现式的蒙太奇是通过连接时间和空间并组成完整的情节，从而达到表达故事情感、创造情绪的作用。如并列式蒙太奇是将不同空间和相同或不同时间发生的情节并列组接在一起，达到渲染气氛、强调情节、突出某种意义的目的。而交叉式蒙太奇通常采用频繁交替的表现形式，从而引起悬念，造成紧张激烈的气氛。重复式蒙太奇是让具有一定寓意的镜头和场面或类似的内容在关键时刻反复出现，形成深化主题、强调或呼应、渲染的艺术效果。

随着科技的进步，蒙太奇在影视艺术中运用的表现手段更加多样化，给观众建立起更丰富的观影梦境，更有深度地提升了观众审美思维水平。影视艺术是由众多艺术成分组成的，包括了文学、音乐、舞蹈、绘画、戏剧、摄影、雕塑等多种艺术因素，蒙太奇手法的运用有效地将多种不同元素综合在一起。蒙太奇的手法贯穿影视艺术的始末，虽然影视时空是蒙太奇虚构的场景，但是在影片组合过程中，通过运用不同的蒙太奇手法，或平述，或交叉，或隐喻，或建构，使影视艺术表现出更丰富的审美效果，呈现出一个比现实更加唯美的梦幻时空。

三、蒙太奇的元素

蒙太奇作为影视美学的重要概念，是影视艺术的基石，影视作品通常需要拍摄很多镜头，这些镜头不整合就难以理解它的意思。因此需要根据作者的思想进行编辑处理，从而让人理解，甚至让影片产生更新的含义。

蒙太奇在影视画面中的运用，具体表现为各种不同的组合方式。根据镜头的类型，主要包括不同景别镜头的组合、不同角度镜头的组合、不同长度镜头的组合，不同运动方式镜头的组合及其组合之间的镜头衔接。影视作品中蒙太奇的运用一般会结合诸多影视的艺术要素进行，包括视听元素、表意元素等。蒙太奇的构成元素，应包括一切视听造型元素，如光线、色彩、镜头、图像、景别、特效等，以及一切表意元素，如文字、图形、解说、符号、音响、音乐等。蒙太奇系统中视听造型元素、表意元素的组合遵循一定的逻辑与艺术规律。

经过多样处理以后的镜头，也会产生不同的艺术效果，加之降格、升格等手法的运用，还带来种种不同的艺术效果。根据拍摄时所用的时间不同，又产生了长镜头和短镜头，镜头的长短也会造成不同的效果。在连接镜头场面和段落时，根据不同的变化幅度、不同的节奏和不同的情绪需要，可以选择使用不同的连接方法，例如淡、化、划、切、推、拉等。拍摄什么样的镜头，将什么样的镜头排列在一起，用什么样的方法连接排列在一起的镜头，蒙太奇是影片摄制者解决这一系列问题的方法和手段。如果说画面和音响是影视导演与观众交流的"语汇"，那么，把画面、音响构成镜头和用镜头的组接来构成影片的规律所运用的蒙太奇手段，那就是导演的"语法"了。

蒙太奇是一种用来表达意境的存在,蒙太奇所具有的这种含蓄的美,不仅能够传达思想,还能够让观众触景生情,触发观众的审美情感。影视蒙太奇通常会将人们所看到的景物与尚未看到的景物衔接起来,把时空顺序打乱,将过去、现在和将来融合在一起进行对比式的展现,虚实结合,让观众的情绪被充分地调动起来。在现代科技的发展中,以往单线讲述的剧情和平铺直叙的手法,显然已经无法满足观众的审美需求,蒙太奇的创新运用显然更符合这种新的审美观。电影中出现的大量蒙太奇因为其中所蕴含的快节奏方式与运动叙述形式,更符合当下的快节奏生活方式。影片创作者通过这种蒙太奇手法,让影片的叙事更加鲜活而多变,这种手法也让电影创作者的想象展现得淋漓尽致,让当下的观影者获得更加全面的视听感受。

四、蒙太奇的功用

蒙太奇是影视艺术的基础和灵魂,它不仅是一门技术,也是一种艺术思维。蒙太奇技巧在影视创作中发挥着越来越大的作用,归纳起来主要有以下四个方面的作用:

1. 叙事有序、逻辑发展

运用蒙太奇手法可以把大量镜头组接起来,完成一部有思想内容,又能被观者理解的影片。根据创作意图组接镜头,是为了完整叙事,按照事情发展的规律,按照时间发展的顺序或者按照因果安排来分切组合镜头,形成句子、场面、段落;它能把时间、空间中不相同的片断有机地连接起来,不仅可以创造令人信服的时空真实感,而且能推动叙事有序、逻辑发展。

2. 吸引注意力、激发联想

由于每个镜头只表现特定的内容,组接又有一定的顺序,因此就能严格规范和引导观众的注意力,进而影响观众的审美和思维,激发观众的联想,启迪观众思考。这样不仅有助于较好地理解片影片的内容,而且有利于观众积极地参与其中,形成一种主动性,从而使观者对影片产生更大的兴趣。

3. 产生更广的内涵

蒙太奇可以使抽象内容形象化,可以使内心世界外部化,产生超出画面本身的新意。分镜头的组合,会产生"一加一大于二"的作用。镜头组接后,会产生单个画面不具有的含义,可以用来形象地表达抽象的东西,把人的内心活动也用分切画面来呈现,这就是运用蒙太奇来创造出画面之间的隐喻、换喻关系，由此可以表达出特定的寓意，创造出特殊的意境。

4. 创造不同的节奏感

好的影片节奏应该是张弛有度、错落有致的，应该有紧扣心弦的形式，也应该有可以让观众松弛心情的状态。而这些节奏的形成是由视觉节奏和听觉节奏有机组合后形成的。视觉节奏和听觉节奏的形成，都依赖于蒙太奇的运用，如短镜头的快速组合可以创造一种紧张的气氛和快速的变化。

影视广告作品的创造者们运用蒙太奇技术结合音响、灯光、色彩和人物的表演，建构出如诗如画的艺术效应，形成强烈的视觉冲击与视觉传达。蒙太奇是影视广告作品通向成功的桥梁，是影视广告自由翱翔的翅膀。影视广告作品不同于文学、戏剧、建筑、绘画、音乐等艺术，不仅在于它是一门综合性艺术，还在于它具有独特的蒙太奇功能。所有影片中的蒙太奇手法是一种创造美的艺术手段，它的形成与发展改变了人们看事物、看世界的方式。古人云："情欲信，辞欲巧"，作为一种诗性思维，影视蒙太奇具有强大的艺术功能。

如公益广告《感谢不平凡的自己》，叙事性蒙太奇与表现式蒙太奇的功用体现得自然而平实。此广告以讲述事件为本，通过印象式的片段，组构具有价值的内容，节奏得当，意义宽广，富于想象。

《感谢不平凡的自己》
公益广告

图 2-20 "感谢不平凡的自己"广告

五、影视广告蒙太奇

（一）影视广告蒙太奇

在影视广告文案的创作中应有呈现广告信息的构思方法，这是一种更具体的形象思维的方式，是蒙太奇思维结合广告主体或内容意念的具体化转换。

在分镜头稿本的创作中要体现影视广告的基本结构和叙事方式，包括镜头、场面和段落的安排，以及广告内容组合的全部设计。

在影视广告的后期制作中指声画合成的方法和剪辑的技巧，这种方法和技巧应有更富于创意力度和刺激能量的趋向。

如 ADIDAS 的商业广告"NOT SUPERSTAR"即

"NOT SUPERSTAR"广告

蒙太奇表达的优质呈现，场景画面与人声音乐的配合恰如其分，价值与意义的渗透在潜移默化中蔓延，颇具感染力。

图 2-21 "NOT SUPERSTAR"广告

（二）蒙太奇在影视广告中的作用

影视广告蒙太奇是得到了影视技术的支持而蓬勃发展的极完美形式的组合方法与分割，影视广告的创作过程充分利用了蒙太奇的手法，作为一种剪辑技巧或者是创作手段，蒙太奇在影视广告中发挥着巨大的作用。

由于影视广告篇幅小、时间短的特性，每一个镜头在影视广告中都力求精简，对创作和剪辑也有着极高的要求。蒙太奇是影视广告特有的叙述方式，作为影视广告构成的基本特征，也是构成影视广告的重要元素，它在影视广告中的重要作用可以简要概括为以下五点：

1. 取舍素材，概括主题

英国纪录电影学派的创始人格里尔逊认为："应该如实地对生活的真实世界进行拍摄，但在创作中为了诠释生活的更深层次的含义应该对真实生活的细节镜头进行重新组织。"在创作过程中可以对素材进行取舍和选择，通过段落、场面和镜头的组接与分切，留下最能揭示主题的素材，删除那些多余、繁琐的部分。而影视广告作为极其鲜明的视觉艺术语言形式，把声画精炼的程度推向了极致，那些优质广告的取舍和概括就颇具韵味。

2. 吸引受众，激发联想

通过蒙太奇连接镜头进而激发联想，启迪思考。这种方式不仅有利于观众理解影视广告的内容，而且有助于增加观众的参与感，引发观众对影视广告的兴趣。运用各种技术手段表现联想、回忆、沉思、共鸣等内容，可使作为视觉艺术语言的蒙太奇在观者内心里进行深入和扩展，使影视广告呈现的信息更好地传达。

3. 融合信息，创造时空

蒙太奇的应用使影视时空变得无限宽广，艺术地呈现广告信息变得容易。不同的镜头在不同的时空被异化、隐喻、对比、转换等，体现广告信息的同时也创造了新的含义。作为视觉艺术语言的蒙太奇可以揭示各种物象之间的关系，这意味着它可以表现现实生活中的各种实体以及非实体的内容。影视广告蒙太奇可以把广告信息和主观体验精准糅合，重新呈现广告内容的各种信息，创造出一个融合了的广告体验世界。

4. 形成节奏，愉悦心理

节奏是一种特别的旋律，是影视广告最重要的表现元素，它可以从镜头的转换组接，角度选取，景别控制，色彩组合，影像形态等造型变换完美呈现信息。影视广告的节奏应该有轻重缓急，有紧张快慢，一则优秀的影视广告是张弛有度的，有能让人舒缓心情的节奏，也有能让人神经紧绷的节奏。节奏不止要根据内容需求来确定，而且还要参考拍摄主体的速度和摄影的方式，它不仅牵涉了广告长度，而且包括画面的造型。影视广告的节奏如同情节的脉搏，将广告的形式和内容进行整合，渲染气氛，升华感情，进而使观众在获得信息的同时得到情绪和心理上的愉悦。

5. 构成意境，诠释抽象

影视广告也是一种蒙太奇的意境化视觉艺术。蒙太奇可以通过各种组构方式将看似闲散的镜头进行逻辑连接，形成一种感觉化的视听构成，表达一个创意完整的意象。同样，蒙太奇对抽象理念的诠释也呈现出一种多样嬗变与随机附和的特征。利用蒙太奇的技法对相同的镜头进行不同的组接，也将会构成不同的画面效果，带来不同的诠释表达。

蒙太奇是影视艺术特有的叙事方式,是影视广告艺术通向成功的桥梁,影视广告创作离不开蒙太奇语言的运用;若没有蒙太奇语言就无法构成一则完整的影视广告,摈弃了影视艺术中这一最为重要的要素,影视广告也就失去了其应有的特征而无法获得相应的艺术效果。

本章思考题

1. 影视艺术的基本单位有哪些主要内容?
2. 什么是构图?影视艺术构图有哪些基本要素?有哪些特点?
3. 什么是蒙太奇?有哪些基本类型?有哪些特点?

第三章 影视广告策划

第一节 影视广告策划概述

一、广告策划

(一) 广告策划的定义

广告策划是对于提出广告决策、实施广告决策、检验广告决策全过程作预先的考虑与设想,是对广告的整体战略与策略的运筹规划。广告策划不是具体的广告业务,而是广告决策的形成过程。

早在20世纪初,罗德·托马斯广告公司总裁的克劳德·霍普金斯就创作了著名的"新奇士"品牌广告,从中已经可以看出现代广告和品牌策划高超娴熟的技巧。20世纪20年代,美国统计学家乔治·盖洛普(George Gallup)又把一种市场调查的方法引入到策划广告之中,其后这一方法得到了普遍的运用,从而使得现代广告策划在操作中更加趋于科学化和规范化。广告策划作为一个明确的概念被提出,始于20世纪50年代。这一概念最初是被运用在公共关系方面,其后伦敦BMB广告公司的创始人斯坦利·波利特于60年代在广告领域中率先使用这一概念,很快便普及开来。今天在广告领域,"策划"已经成为一个受到最为广泛运用的专业术语,可以说整个广告活动的绝大部分工作都是围绕着"策划"在进行的。

(二) 广告策划在广告运动中的地位与作用

广告运动就是企业将要或者正要实施的广告传播活动。广告策划概念的提出,就是在于将广告视作一个系统工程。广告运动不仅仅是一次内容的创意设计,也不仅仅是一次媒介发布的组合,而是一个从市场调查研究开始,集合广告目标市场策略、产品及广告定位策略、广告诉求策略、广告创意表现策略、广告的媒体策略以及广告的效果评估等,整合一体的完整、系统、科学的信息传播活动。广告策划在广告运动中的地位与作用表现在以下几点：

1. **广告策划是广告运动的灵魂与核心，也是企业在市场竞争中取得领先地位的保证措施之一**

在现代生产条件和市场竞争条件下，企业如何推出新产品，开拓市场，赢得顾客青睐，已成为广告策划的重要课题，并对企业的生存和发展发挥着极为关键的作用。广告策划在广告运动中的意义有以下几个方面：

（1）战略指导，为广告活动提供总体指导思想。
（2）实施规划，为广告活动提供具体行动计划。
（3）进程制约，安排并制定广告活动的进程。
（4）效果控制，预测并监督广告活动的效果。
（5）规范动作，保证广告各个环节的科学、合理。

2. **广告策划贯穿于广告运动的全程中**

广告策划既是一项特定的工作，是对广告策划的分析与处理，对未来广告策略的设计，同时，它更是一种特定的思维方式：从消费需求出发，整合与营销传播信息相关的各种资源，创造性地发现和塑造产品与服务的个性内涵。所以我们认为广告策划是一种"大策划"，即贯穿于广告运动全过程的创造性思维过程。

3. **广告策划使得广告活动更加科学规范**

广告策划活动有其自身的规律性，是按照一定科学方法运作的工作程序，它是根据广告主的经营战略和策略，在市场调查的基础上，进行研究分析，确定广告目标，确定广告受众和广告传播区域，科学制定广告战略和策略，拟定广告预算，控制和评估广告效果。

4. **广告策划提升了广告在市场运作中的作用与功能**

广告策划的科学性与规范性，提升了广告传播的效率，使广告活动深入大广告主的市场营销活动中，从对企业自身的关注发展到对消费者的关注，从把广告视作单一的传播工具发展到对市场营销中的各个沟通要素的整合，加强了企业与消费者的沟通，提升了市场营销的作用。

（三）广告策划的主要内容

一般而言，我们所说的广告策划，是对整个广告活动进行全面的策划，而且是一个动态的过程，要完成一系列的策略设定，主要包括市场分析、广告目标、广告定位、广告创意表现、广告媒介、广告预算、广告实施以及广告效果评估与监控等,这些内容相互联系、相互影响又相互制约,具体而言,广告主要内容包括以下几个方面:

1. 市场分析

市场分析是广告策划和创意的基础,也是必不可少的第一步。广告市场分析基于市场调查,通过一系列的定量和定性分析得出广告主及其竞争对手在市场的地位,为后续的策划工作提供依据。市场调查主要是以营销活动为中心展开的,围绕着市场供求关系来进行。市场分析的主要内容包括营销环境分析、企业经营情况分析、产品分析、市场竞争性分析以及消费者分析。通过深入细致的调查分析,了解市场信息,把握市场动态,研究消费者的需求方向和心理偏好,并且明确广告主及其产品在人们心目中的实际地位和形象。

2. 确定广告目标

广告目标是指广告活动要达到的目的,而且这样的目标必须是可以测量的;否则目标的制定就毫无意义。具体而言,它要回答这样的问题:第一,广告活动后,企业或产品的知名度及美誉度提高的百分比;第二,市场占有率提高的百分比及销售额或销售量提高的百分比;第三,消费者对企业或产品态度或评价转变的情况。

但是,营销活动和其他活动有千丝万缕的关系,广告目标仅属于营销目标的一部分,有时销售额的增长很难说明是广告的作用,还涉及产品、渠道、价格等诸多问题。因而,广告目标的确定要有明确的衡量指标,既有实际性,又有可操作性。

3. 广告定位

20世纪70年代末,艾·里斯和特劳特创立了定位学说,从此揭开了广告乃至营销史上新的篇章。定位的核心理念就是寻找消费者心智中的阶梯,是站在消费者的角度,重新对产品定位,是将产品定位和确立消费者合而为一,而不是将它们彼此分离。在对消费群体进行细分的基础上确立目标消费者,然后在这群消费者的心智中寻求还未被占用的空间,再将产品的信息渗透到这个未被其他产品占用的空间,牢牢地抓住消费者的心智。广告定位就是要在目标消费者心智中寻找产品的最有利于接受的信息。

4. 广告创意表现

广告创意表现是要将广告策划人头脑中的东西从无形转为有形,是广告策划的重点。

第一，广告主题的确立，即明确要表达的重点和中心思想。广告主题由产品信息和消费者心理构成，产品信息是广告主题的基础与依据，消费者是广告主题的角色和组成，消费心理是广告主题的灵魂和生命。

第二，进行广告创意，并将创意表现出来。广告创意是个极其复杂的创造性思维活动过程，其作用是要把广告主题生动形象地表现出来，它的确定也是广告表现的重要环节。

5. 广告媒介

选择和规划媒介策划是针对既定的广告目标，在一定的预算约束条件下利用各种媒体的选择、组合和发布策略，把广告信息有效地传达到市场目标受众而进行的策划和安排。广告活动最基本的功能即广告信息的传递，选择广告信息传递的媒介是广告运作中最重要的环节之一，也是广告媒介策略需要解决的问题。广告活动是有价的传播活动，它需要付出费用，而广告预算是有限的。因此，要在有限的费用里，得到比较理想的传播效益，如何运用好广告媒介，便是一个关键问题。广告媒介策略主要包括媒体的选择、广告发布日程和方式的确定等项内容。

6. 广告预算

广告预算体现了广告是一种付费活动。人们常说"花的广告费一半浪费掉了，但却不知道是哪一半"。如果不对广告活动进行科学合理的预算，浪费的将不只是一半的广告费。广告预算就是企业对广告活动所需费用的规划，它规定在一定的广告时期内，从事广告活动所需的经费总额、使用范围和使用方法。

准确地编制广告预算是广告策划的重要内容之一，是企业广告活动得以顺利展开的保证。广告预算的制定会受到各方面因素的制约，如产品生命周期、竞争对手、广告媒介和发布频率以及产品的可替代性等。

7. 广告实施

一项周密的广告策划，对广告实施的每一步骤、每一层次、每一项宣传，都规定了具体的实施办法。其内容主要包括：广告应在什么时间、什么地点发布出去？发布的频率如何？广告推出应采取什么样的方式？广告活动如何与企业整体营销策略相配合等。其中较为重要的是广告时间的选择和广告区域的选择，这两者都与媒介发布的具体实施有着密切关系，可以说是媒介策略的具体化。

8. 广告效果评估与监控

广告发布后，要了解是否能达到广告的目的，就要对广告效果进行全面的评估。通过广告效果的评估，可以了解到消费者对整个广告活动的反应，对广告主题是否突出、诉求是否准确有效以及媒体组合是否合理等做出科学判断，从而使有关当事人对广告效果做到心中有数。广告效果的评估和监控不能仅仅局限在销售效果上，而传播效果作为广告效果的核心应该受到重视。此外，广告还会对整个社会的文化、道德、伦理等方面造成影响。

二、影视广告策划

随着经济发展，商品的丰富和人们日益增长的物质文化需求，广告在人们的生活中扮演了重要的角色，人们对广告的认识和理解也越加深入。影视广告作为广告的一个重要类别，是非常有效而且覆盖面较广的广告传播方法之一。影视广告制作上具有即时传达远距离信息的媒体特性——传播上的高精度化，影视广告能使观众自由发挥对某种商品形象的想象，也能通过生动的视听语言具体而准确地传达吸引顾客的意图。

广告运动是一个庞大而复杂的系统，在系统化的整体广告策划中，影视广告策划作为其中的一个重要环节，肩负着承上启下的重要作用。第一，可以保障影视广告创意的方向性与整体广告策划的策略思路相一致。第二，可以保障影视广告创作的过程更加科学有序。第三，可以保障影视广告制作的流程更加规范顺畅。第四，可以保障影视广告的资金预算更加明细合理。第五，可以保障影视广告的效果检测与评估更加有章可循。

第二节 影视广告信息环境分析

影视广告策划是一个系统性工程，它是按照一定的科学的程序进行策划的。因此，影视广告策划，首先要明确先做什么，后做什么，按照一定的步骤、章法去思考问题，在符合客观规律的前提下去做。根据广告策划的工作特点，一个完整的广告策划周期，其各个时期的工作对象、内容、目标均有所不同，这种不同决定了每个阶段中不同方面的特殊性。

一、市场营销环境定义

市场营销环境是指影响企业营销活动的所有外部因素，可以简单分为微观环境和宏观环境两大类。微观环境指与企业紧密相连，直接影响企业营销能力的各种参与者，包括企业本身、市场营销渠道企业、顾客、竞争者以及社会公众。宏观环境则是指影响营销环境的一系列巨大的社会力量，主要是人口、经济、政治法律、科学技术、社会文化及自然生态等因素。微观环境直接影响与制约企业的营销活动，多半与企业具有或多或少的经济联系，也称直接营销环境，又称作业环境。宏观环境一般以微观环境为媒介去影响和制约企业的营销活动，在特定场合，也可直接影响企业的营销活动。宏观环境被称作间接营销环境。

所有的营销活动都有可能涉及微观环境和宏观环境。不同营销活动所面临的主要营销环境是不同的，有的可能主要是竞争对手，而有的可能主要是技术原因，等等。对同一个企业或同一种水平而言，在不同的时期所面临的主要环境也有可能是不同的，或者说是会变化的。因此，企业必须根据环境的实际与发展趋势，相应制定并不断调整营销策略，自觉地利用市场机会，防范可能出现的威胁，扬长避短，才能确保在竞争中立于不败之地。

影视广告的信息环境分析，基于广告活动的大策略中广告信息的环境分析，更着重于广告产品分析、消费者分析、竞争对手分析。

二、广告产品分析

产品本身背负着市场环境、市场竞争等要求，并且同时直接面对消费者的选择。因此，影视广告的策划人员首先需要通过产品分析，明确产品所处的市场环境，自身发展阶段，从而明确应该在市场上采取怎样的表现策略，使得产品的主客观特征与消费者的消费需求相契合。在整个广告策划活动中，最为基本的一项工作就是对所要做广告的产品或者服务情况进行全面分析和彻底了解。而广告产品分析主要包括产品特征分析，产品生命周期分析和产品品牌形象分析三个方面的内容。

（一）产品特征分析

任何产品都有自身的独特性，无论是自身的特点还是由特殊的成分构成，都能给消费者带来某种与众不同的利益。产品特征分析作为产品分析的第一要素，就是要在对产品进行整体分析的基础上，寻找出产品与众不同的特点，使之与竞争产品相区别,最终找出产品的独特性所在。产品特征分析主要包括:产品的构成;在广告主的目标市场中,价格和质量之间的关系;产品的使用方法和接受程度;产品在竞争市场中的位置;产品的优势和劣势;消费者对于产品的包装和设计满意程度等,具体包括以下几个方面:

1. 产品物质形态特征

产品物质形态特征的分析,就是通过与竞争产品的比较,寻找出产品整体概念中有形产品层面的突出特征。所要进行比较的内容包括产品的质量、品质、性能、材料、质感、特色、款式、色彩、造型、品牌、价格、工艺水平、设计水平、科技水平、包装、陈列等。比如苹果公司的 iPad 电子产品所呈现出来的产品物质形态特征,和伊卡璐洗发水所呈现的产品物质形态特征就会有完全不同的内容。

苹果公司的 iPad 广告和伊卡璐洗发水广告

2. 产品利益特征

产品利益特征的分析是对产品的初步的表层认知所要进行的分析,它是通过与竞争产品的比较,寻找出产品整体概念中无形产品层面的突出特征,这种利益特征包括产品对消费者需求提供的与众不同的满足以及附加价值。比如同样是空调,消费者可能更愿意购买类似格力、美的这样的大品牌,因为他们更相信这样的大企业生产的产品质量更有保障,即使出现问题,售后服务也更加完善。这就是产品的利益特征。

美的空调广告

3. 产品个性特征

产品个性是指消费者对产品满足其个性需要的心理期待,而产品个性特征的分析就是要在产品物质形态特征分析和产品利益特征分析的基础上,进一步寻找出产品与众不同的个性。发掘出产品的独特个性,将产品激活,使它鲜活起来。如奔驰给人的感觉就是稳重有安全感,这就是产品个性的一种体现。总之,对于产品的认

奔驰广告

识是广告策划首要解决的问题,策划者需要综合分析产品各方面的特征,找到产品最突出的特点以满足消费者的需求,由此确定广告策划的主题和广告的诉求点,从而形成统一有效的广告活动。

20 世纪 50 年代初美国人罗瑟·瑞夫斯(Rosser Reeves)提出 USP 理论,

要求向消费者说一个"独特的销售主张"（Unique Selling Proposition），简称 USP 理论，成为产品个性分析的最有利理论支撑。独特消费主张强调产品具体的特殊功效和利益，及每一个广告都必须对消费者有一个销售的主张；而这种特殊性是竞争对手无法提出的，须是具有独特性的；这一项主张必须很强，足以影响成百万的社会公众并形成强劲的销售力。

然而，在市场竞争愈演愈烈的今天，产品同质化的程度越来越高，单凭产品个性能够挖掘的广告创意也变得越来越难了。2000 年农夫山泉推出"农夫山泉有点甜"的口号，在 2000 年被评选为中国跨世纪十大策划经典案例之一。在瓶装纯净水矿泉水高度同质化的产品广告创意中，农夫山泉是第一家将水的独特销售主张定位于口感概念的，而广告语"农夫山泉有点甜"出其不意地从另一个角度挖掘了矿泉水的特性，取得了良好的广告效果。

（二）产品生命周期分析

产品生命周期（Product Life Cycle），简称 PLC，其概念是美国哈佛大学教授雷蒙德·弗农（Raymond Vernon）1966 年在其《产品周期中的国际投资与国际贸易》一文中首次提出的。它是指产品的市场寿命，即一种新产品从开始进入市场到被市场淘汰的整个过程。产品生命周期过程一个完整的产品生命周期通常要经历以下四个阶段：

1. 产品导入期

导入期是新产品进入市场的最初阶段，新产品在经过开发过程后开始投入市场销售，这时是新产品能否在市场上站稳脚跟的关键时期。如果该产品在投入期即被消费者拒绝，那么，企业为此做出的努力将前功尽弃。产品只有度过艰难的投入期才能茁壮成长。

（1）产品导入期的主要特点：

① 生产成本高。新产品刚开始生产时，数量不大，技术尚不稳定、不熟练，次品率也较高，因而制造成本较高。

② 促销费用大。新产品刚投放市场时，其性能、质量、使用价值、特征等还未被人们认识，为迅速打开销路，提高知名度，需进行大量的广告宣传及其他促销活动，促销费用很大。

③ 销售数量少。因新产品还未赢得消费者的信赖，未被广泛接受，购买者较少。

④ 竞争不激烈。因新产品刚进入市场，销路不畅，企业无利甚至亏损，生产者较少，竞争尚未真正开始。在导入期，企业主要的营销目标是迅速将

新产品打入市场，在尽可能短的时间内扩大产品的销售量。

（2）产品导入期可采取的策略：

① 积极开展卓有成效的广告宣传，采用特殊的促销方法，如示范表演、现场操作、实物展销、免费赠送、小包装试销等，广泛传播商品信息，帮助消费者了解商品，提高认知程度，解除疑虑。

② 积极攻克产品制造中尚未解决的某些技术问题，稳定质量。并根据市场反馈，改进产品，提高质量。

③ 运用不同的产品与价格的组合策略，具体可以：

第一，高价高促销策略，即企业以高价和大规模促销将新产品推进市场，加强市场渗透与扩张。采用这一策略的条件是：大部分潜在购买者根本不熟悉该产品，已经知道这种新产品的购买者求购心切，愿出高价；企业面临潜在竞争的威胁，急需以高价优质树立声誉，取得竞争优势。

第二，高价低促销策略，即企业以高价和低促销费用将新产品推进市场，以多获利润。采用这一策略的条件是：市场容量相对有限，消费对象相对稳定；大部分购买者对产品已有所了解，愿出高价购买；潜在竞争的威胁较小。

第三，低价高促销策略，即企业以低价和大规模的促销活动将新产品推进市场，以最快的速度进行市场渗透和扩大市场占有率。采用这一策略的市场条件是：市场容量相当大，购买者对商品不了解而且对价格十分敏感；潜在竞争威胁大；商品的单位成本可因大批量生产而降低。

第四，低价低促销策略，即企业以低价和少量的促销费用将新产品推进市场，以廉取胜，迅速占领市场。采用这一策略的条件是：市场容量大；购买者对产品较为熟悉，对价格较为敏感；有相当数量的潜在竞争者。

2. 产品成长期

成长期是产品在市场上已经打开销路，销售量稳步上升的阶段。

（1）成长期的主要特点：

① 购买者对商品已经比较熟悉，市场需求扩大，销售量迅速增加。

② 生产和销售成本大幅度下降，大批量生产和大批量销售使单位产品成本减少。

③ 企业利润增加。

④ 竞争者相继加入市场，竞争趋向激烈。

（2）成长期采用的策略：

在成长期，企业的主要任务是进一步扩大产品的市场，提高市场占有率，可采用的策略有：

① 进一步提高产品质量，增加花色、品种、式样、规格，改进包装。

② 广告促销从介绍产品，提高知名度转到突出特色，建立形象，争创名牌。

③ 开辟新的分销渠道，扩大商业网点。

④ 在大量生产的基础上，适时降价或采用其他有效的定价策略，吸引更多购买者。

3. 产品成熟期

成熟期是产品在市场上普及销售量达到高峰的饱和阶段。

（1）成熟期的主要特点：

① 产品已为绝大多数的消费者所认识与购买，销售量增长缓慢，处于相对稳定状态，并逐渐出现下降的趋势。

② 企业利润逐步下降。

③ 竞争十分激烈。在成熟期，企业的主要任务是牢固地占领市场，防止与抵抗竞争对手的蚕食进攻。

（2）成熟期采用的策略：

① 从广度和深度上拓展市场，争取新顾客，刺激老顾客增加购买。

② 提高产品质量，进行产品多功能开发，创造新的产品特色，增加产品的使用价值。

③ 改进营销组合策略，如调整价格、增加销售网点、开展多种促销活动、强化服务等。

4. 产品衰退期

产品衰退期是产品销售量持续下降、即将退出市场的阶段。

（1）产品衰退期主要特点：

① 消费者对产品已经没有兴趣，市场上出现了改进型产品，市场需求减少。

② 同行业为减少存货损失，竞相降价销售，竞争激烈。

③ 企业利润不断降低。

（2）衰退期采用的策略：

在衰退期，企业的主要任务是尽快退出市场，尽量减少因存货过多给企业造成的亏损。可选择的策略有：

① 淘汰策略，即企业停止生产衰退期产品，上马新产品或转产其他产品。

② 持续营销策略，即企业继续生产衰退期产品，利用其他竞争者退出市场的机会，通过提高服务质量、降低价格等方法维持销售。

【案例分析】

蒙牛乳制品的生命周期分析

一、导入期

1999年，蒙牛成立时，名列中国乳业的第1116位，势单力薄，完全不被人看好。为此，蒙牛做出了"为别人做广告"的决定，将"为民族争气、向伊利学习""争创内蒙（古）乳业第二品牌""千里草原腾起伊利集团、蒙牛乳业——我们为内蒙古喝彩"等广告打在产品包装上，以"谦虚、实事求是"的态度和宽广的胸襟，获得业界的口碑。2000年9月，蒙牛出资100多万元，投放了300多幅主题为《为内蒙古喝彩》的灯箱广告，内容是"千里草原腾起伊利集团、兴发集团、蒙牛乳业；塞外明珠辉照宁城集团、仕奇集团；河套峥嵘蒙古王；高原独秀鄂尔多斯——我们为内蒙古喝彩，让内蒙古腾飞。"以蒙牛当时的实力、地位和产业规模，这些品牌都令蒙牛难望其项背，但蒙牛的广告使自己与对方平起平坐，却使消费者感觉蒙牛也是名牌，也是大企业。

二、成长期

"来自大草原"的牛奶口号，是蒙牛开拓市场的又一利器。在深圳，蒙牛的各路人马穿着蒙古服装打着横幅和标语到各个小区门口，免费送给居民品尝。小区的居民一喝不错，他们到超市的时候就会问，蒙牛的产品一下子在深圳各大超市迅速火了起来。

蒙牛"来自大草原"广告

依靠这招小区包围超市，所有产品免费品尝的策略和"草原好奶"的产品概念，从1999年开始，蒙牛的产品快速进入北京和上海的市场。从1999年到2001年，伊利的主营业务收入和利润总额平均每年递增速度超过40%，2001年主营业务收入突破27亿元；蒙牛则以超过300%的速度翻番增长，2001年销售收入突破7.24亿元。

除此外，蒙牛为了加快企业的成长，市场的扩张，利用"草原"品牌策划了一场"给我个理由选择你"的活动。

2002年，蒙牛究竟有什么样的理由值得消费者青睐？① 中国绿色食品；② 产地内蒙古；③ 草原牛奶中唯一的中国驰名商标；④ 英国本土 NQA 及 ISO9002 国际标准质量认证；⑤ 利乐枕纯鲜牛奶销量居全球第一。

"五个理由"于2002年4月正式推出。蒙牛利用自己的五大理由推动市场，避免恶性的"捆绑"销售，在市场中取得非常好的销售业绩。

2003年10月16日，"神舟五号"顺利返回，中国首次载人航天飞行取得圆满成功！"举起你的右手，为中国喝彩！"蒙牛"航天员专用牛奶"的广告铺天盖地地出现在北京、上海、广州等大城市的路牌和建筑上，一时间蒙牛宣传攻势锐不可当。

"神舟五号"载人航天，在中华民族发展史上是开天辟地的大事。对于营销来说，这是一次千载难逢的搭载机会。天下企业，唯有蒙牛抓住了这个机会。从草原奶上升到"中国健康奶"，蒙牛的品牌通过"神五"，又向专业和高端迈进了一大步。这一年，蒙牛销售额达到40多亿元人民币。在品牌的传播方面，蒙牛实现了质的飞跃，由一个二线品牌直接上升到一线品牌。

蒙牛神舟五号广告

三、成熟期

2005年伴随着"超级女声"的大力推广，蒙牛深入到了千家万户。这一年，蒙牛酸酸乳年销售额20多个亿，又一次实现了品牌飞跃。

蒙牛酸酸乳广告

为购买"超级女声"节目冠名权，蒙牛乳业投入了1400万元。在竞得冠名权后，为了投放"超级女声"标志的公交车体、户外灯箱、平面媒体广告，蒙牛又追加了将近8000万元的投资。海报印刷了1亿张，在超市内，"蒙牛酸酸乳"进行促销活动，堆头上整齐地陈列着本次活动的宣传单页，20亿包"蒙牛酸酸乳"包装上也印有本次"超级女声"活动的介绍。蒙牛将"超女"的影响用到了极致。蒙牛酸酸乳通过线上的电视、报纸、户外、车体的传播，引起足够的关注，再通过线下的产品的包装进行深度关联，利用大众媒介对"超女"的过度关注，让企业产品本身成了关注的焦点，完成了营销的目的，带来的是巨大的品牌效益和经济效益，大量年轻人因为喜欢这个节目，而开始喝"蒙牛酸酸乳"。

蒙牛酸酸乳的成功，既是蒙牛战略的一次调整和胜利，又是一次战术的胜利。蒙牛的液态奶相对酸酸乳来说，消费的人群和消费市场都有很大区别。蒙牛酸酸乳的消费特性倾向年轻化，这种年轻化的消费热潮促使蒙牛品牌定位得到提升。

2005年年底，特仑苏横空出世。它的上市，为了是在竞争激烈的乳品市场中开创一个新的领域，寻找新的利益增长点。蒙牛的策略是用特仑苏的产品价值来提升蒙牛品牌地位。特仑苏是高端的牛奶，蒙牛是高端的品牌。

蒙牛特仑苏广告

接下来的宣传推广，特仑苏采取一种唯美、典雅的调性，让人想象特仑苏的历史。蒙牛特仑苏的推出，让消费者、经销商、行业专家都是眼前一亮，也成为媒体报道的对象。特仑苏让蒙牛品牌定位又得到了提升，所有的广告标版后面开始出现"蒙牛，只为优质生活"。纵观蒙牛品牌的定位发展，可以看出：品牌定位自品牌导入期、品牌发展期、品牌提升期、品牌成熟期都是与时俱进，不断更新与提升，不是一成不变的传播，应根据市场的变化和发展，对品牌的定位及时调整。要让消费者感觉到蒙牛品牌的不断发展和进步，始终充满了活力，公关活动的传播让消费者感觉到蒙牛品牌时刻就在身边，增强了品牌的美誉度和忠诚度。

四、衰退期

行业危机的标志性事件是三聚氰胺事件，随着真相的浮出水面，危机就笼罩着整个乳制品行业，国内超市国产奶粉全部下架，国外就地销毁。信任危机腐蚀着花费十几年建立起来的民族品牌。

蒙牛好不容易熬过了三聚氰胺的寒冬，又遇上了特仑苏的 OMP 添加剂事件，屋漏偏逢连夜雨。这一次，蒙牛的资金链被撕裂，缺口达三亿之多。

2009 年 7 月，中粮联合厚朴基金入主蒙牛，蒙牛进入到全新的发展阶段。

（资料来源：嵊州新闻网）

（三）产品品牌形象分析

美国市场营销协会（AMA）对于品牌的定义是：品牌是指名称、专有名词、标记、标志、设计或者将上述综合，用于识别一个销售商的产品或者服务，并使之同其他竞争的产品或者服务区分开来。简单来说，品牌就是一种标识，首先标识产品或者服务与生产者或服务提供者的从属关系，其次标识与其他竞争者的区别。"品牌形象"概念早在 20 世纪 50 年代就已提出，但是到目前为止还没有建立起一个关于"品牌形象"的稳定的权威概念。

美国著名营销理论专家菲利普·科特勒认为，品牌形象即消费者对某一品牌的信念。品牌不仅仅用以区别商品，它还是一种象征，远超出了文字本身的意义。

美国著名品牌管理理论家凯文·凯勒认为品牌形象就是消费者对品牌认知的综合结果。

品牌形象的建立是由品牌识别、品牌定位和品牌个性三个方面组成的，具体来说有以下几个方面：

1. 品牌识别

品牌识别是指对产品、企业、人、符号等营销传播活动具体如何体现品牌核心价值进行界定从而形成了区别竞争者的品牌联想。品牌识别的精髓在于回答与一个特定品牌相关的问题，即品牌个性、品牌的长期目标和最终目标、品牌的持续性、品牌的价值、品牌的基本事实、品牌的认识符号等。

2. 品牌定位

品牌定位指为某个特定品牌确定一个适当的市场位置，使商品在顾客的心中占领一个有利的位置，当某种需要一旦产生，人们会先想到某一品牌。品牌定位是品牌识别的一部分，是建立一个主张，这个主张必须与众不同，同时用以显示其优于竞争品牌之处。这个主张应该回答以下问题：品牌识别中哪些因素该成为定位的元素，谁是主要的目标对象，什么是传播的目标，什么是优势点等。

3. 品牌个性

品牌个性是指为消费者所感知到的品牌所表现出来的个性特征，它体现的是消费者对某一品牌的感觉，与产品特性相比，它能够提供象征及自我表达的功能。品牌个性是回答"说什么"的问题，掌握品牌个性是完成品牌传播的核心要求。品牌个性是以品牌定位为基础的，品牌个性反映品牌定位，同时又是对品牌定位的深化。两个品牌可能存在同样的定位，但完全可以拥有不同的个性。

品牌传播一致性应从品牌内部要素（即品牌的思想、品牌的识别系统）开始，保持企业或品牌精神理念的一致。品牌定位、品牌个性必须依据品牌识别中的核心识别（即品牌永恒的精髓、本质和价值）来确定，品牌识别为建立品牌定位的限度、规范表达的方式和保持品牌个性提供了框架，三者之间必须确保一致，必须保持协调、统一和连贯。

近年来典型的品牌形象广告的代表例子就是红牛，红牛最初以"累了困了喝红牛"为其产品定位，通过大量的电视广告和平面广告反复演绎其功能性诉求特征，在其功能性诉求逐渐走向疲软之时，推出以"我的能量、我的梦想"和"谁能阻挡你"的情感诉求，将产品个性延伸到品牌的内涵，通过品牌的联想和个性权利增加其品牌附加值。由此，红牛在众多饮料广告中脱颖而出，树立起独特、易识别，并且持久有力的品牌形象。

品牌形象的无形内容主要指品牌的独特魅力，是营销者赋予产品并被消费者感知的附加价值。在这里品牌形象的无形内容主要反映了人们的情感，显示出人们的身份、地位、心理等个性化要求。

第三节 影视广告消费者分析

在影视广告策略的分析制定过程中，消费者分析无疑是最具重要意义的一个环节。消费者是影视广告直接面对的对象，是影视广告集中智谋希望对其产生影响的对象。所以，在制定影视广告策略的前期步骤里，只有了解其目标对象是谁，目标对象有什么样的消费特征与消费习惯，准确预测消费者的需求并及时应对消费者的反应，才能使影视广告实现有效的信息沟通，产生期望的广告效果，并使产品为消费者所接受，企业才能在市场营销中取得成功。

一、明确消费者的角色

在消费者的消费过程中，消费者扮演什么角色，是我们进行消费者分析首先要弄清楚的，影视广告的策划需要有针对性地对不同角色的消费者展开广告策划。消费者角色可以分为五种，即消费的倡导者、决策者、影响者、购买者和使用者。

（1）消费倡导者，即本人有消费需要或消费意愿，或者认为他人有消费的必要，或者认为其他人进行了某种消费之后可以产生所希望的消费效果，他要倡导别人进行这种形式的消费，这个人即属于消费的倡导者。

（2）消费决策者，即有权单独或在消费中拥有与其他成员共同做出决策的人。

（3）消费影响者，即以各种形式影响消费过程的一类人，包括家庭成员、邻居与同事、购物场所的售货员、广告中的模特、消费者所崇拜的名人明星等，甚至素昧平生、萍水相逢的过路人等。

（4）购买决策者，即做出最终购买决定的人。购买者，即直接购买商品的人。

（5）使用者，即最终使用、消费该商品并得到商品使用价值的人，有时称为"最终消费者""终端消费者""消费体验者"。

消费者表现的不同角色，在消费过程中，可能是统一的，也可能是分离的。由于根据购买产品的不同，决策者会有所不同。一般来说，决策者是所购产品的直接消费者或家庭中某领域的权威角色。比如，在保险、汽车等服务或产品的购买中，丈夫一般是决策者；在洗衣机、家具、厨房用品等家庭用品的购买中，担任决策者角色的往往是妻子；在住宅、度假等产品的消费中，则是丈夫和妻子共同担任决策者。在企业的营销活动中，决策者这一角色具有十分重要的价值，因为他们直接导致了购买行为的产生。对于广告策划人员来说，广告的重点诉求对象就是决策者，广告表现策略和广告媒介策略均应围绕这类人群展开。比如在家庭消费用品的广告表现中，可以针对家庭成员的不同角色进行有效暗示——谁该负责某一项购买任务，然后将专家的形象赋予其上，最典型的案例就是宝洁的系列产品，如在宝洁的舒肤佳香皂电视广告中，通常选定母亲为购买者，以"爱心妈妈，呵护全家"的形象作为诉求，使一个家庭中的母亲顺理成章地扮演决策者的角色，并捍卫自己的购买决策。又比如，消费者有可能因为对某个明星的崇拜而做出购买决策，这时候，明星就成为有分量的影响者，策划人员在制定广告表现策略时，可以通过使用形象代言人的方式来增强影响者的示范作用，进而引发消费者的从众行为。

舒肤佳香皂电视广告

在很多人看来，脑白金广告一无是处，更有业内人士骂其毫无创意、"土得令人恶心"。有趣的是，就靠着这在网上被传为"第一恶俗"的广告，脑白金创下了几十亿的销售额，在 2001 年，更是每月平均销售额高达 2 亿。而"今年过节不收礼，收礼只收脑白金"的广告语，正是有效针对了在中国的国情下的一个基本事实：保健品存在的"买者不用，用者不买"的购买者与使用者分离的现象，保健品的需求购买力在很大程度上是间接的。

脑白金广告

比如在儿童消费品的购买中，发起购买建议的和最终的使用者往往是儿童本人，但影响者可能是儿童的亲朋或者父母，决策者和购买者可能是儿童本人及其母亲或父亲，整个消费过程中消费者由不同的人群扮演不同的消费角色。有一个案例是：一家很有经济实力的童装企业，他们的产品定位简单按购买者的心理去选择，以成年人的思想去做儿童的需求市场，完全忽视了作为购买影响者和使用者的儿童的消费心理，因此企业和品牌发展都遭受困境。该童装早期的品牌口号是"穿××童装，做顶尖孩子"，并把这一品牌口号做到店招和门店橱窗，这种完全以父母"望子成龙"的心理定位的童装，与儿童好奇、调皮、不承受压力的心理格格不入，因而不能唤起孩子们的认同；该童装还找来一个汶川地震中的孤儿来做品牌代言人，意在表达企业的社会责任与对苦难孩子充满爱心，这个完全以成年人的思维决定的代言方案实施后，恰恰使品牌形象低端化，现代城市孩子们的同情心都还没有形成，广告也就很难获得孩子们的认同，对于本身定位中高端的该品牌也就无形中形成了降格的局面；后来该品牌干脆在门店外挂起"国际知名品牌"的广告语，这一举措又是以成年人追随洋品牌、大品牌的心理为基调，夸大了宣传既引起家长们的反感，也没能引起孩子们的兴趣。这个事例说明了童装产品的使用者与购买者的心理差异，成年人与儿童的心理差异对产品销售的影响。

二、影响消费者的因素

消费者不可能无缘无故地做出购买决策，他们的消费行为一定是有动机的，也就是说，消费者是在某些因素的影响下而引发购买行为，我们把这些因素归纳为四种，分别是文化因素、社会因素、个人因素和心理因素。影视广告策划，特别是广告诉求主题的确定离不开对这些因素的分析和研究。

（一）文化因素

一般来说，文化有广义与狭义之分。广义的文化是指人类在社会历史发展的实践过程中所创造的物质财富和精神财富的总和。狭义文化是指人类精神活动所创造的成果。在消费者行为研究中，由于我们主要关心文化对消费者行为的影响，所以我们将文化定义为一定社会经过学习获得的、用以指导消费者行为的信念、价值观和习惯的总和。文化通常是指特定社会中存在的独特生活形态，即在思想、认知、情感、信仰、行为上，与其他社会代代相传的不同方式。

有人说："如果有人想欧洲化，他必须去买一辆奔驰车；如果有人想美国化，那他只需抽万宝路，穿李维斯牛仔裤，喝可口可乐就行了。"这一说法中可以窥探出的是文化对消费者的巨大影响力。在很多消费者眼中，奔驰、万宝路、李维斯、可口可乐不再仅仅是一辆车、一包香烟、一条牛仔裤、一瓶饮料，它们更是欧美文化的象征。消费者做出的任何判断和决策，都来自于其喜好和习惯，而这些喜好和习惯又取决于消费者所受的教育及其价值观，这便是文化。文化是人类需求和行为最基本的决定因素，它对消费者的行为产生的影响最为广泛和深远，文化通常表现在各种风俗习惯、宗教信仰、种族、地域、价值观等当中。

文化价值观的不同，会影响消费者的信息搜集方式。消费者的信息收集方式一般有以下几种：商业来源（商家所作的广告或产品推介会等）、经验来源（个人以前使用过同类产品所获得的相关信息等）、个人来源（从家人、亲朋好友那里获取信息）、社会来源（从社会团体或组织、宗教群体、消费者协会等处获得信息）。

文化价值观的不同，消费者对所购买产品的使用方式也不尽相同。如在20世纪70年代，宝洁决定将帮宝适纸尿布推向当时的联邦德国市场和中国香港市场。一段时间以后，两个地区的消费者都表达了自己对帮宝适尿布的不满，德国的消费者说这纸尿布太薄了，不耐用；香港的消费者说这纸尿布太厚了，不透气。为什么同样厚薄的纸尿布在两个地区销售却收到两种截然相反的评价？宝洁公司为此专门进行的一次调研揭开了谜底，原来是两个地区消费者对纸尿布的使用习惯不同，德国文化价值观崇尚严谨，有时甚至有些刻板，德国的年轻父母们每天定时给婴儿换尿布，早上出去上班的时候换一块，晚上回家才又换一块，如此使用当然会嫌尿布薄；而香港的消费者受中国传统价值观的影响，对婴儿的舒适度看得很重，一般小孩一哭，母亲就会去给他换一块尿布，这样频繁更换，当然会嫌尿布太厚。经此教训，以后销往德国的帮宝适尿布都会加厚一些，而销往香港的纸尿布则会略薄一些，以适应两个地区消费者产品的使用方式。

帮宝适尿布广告

影响消费者决策的文化因素主要包括消费者的年龄、性别、种族以及收入水平和地域差异等方面，具体表现在：

1. 年龄

一个年龄亚文化群是由年龄相近，且生活经历相似的人组成的。心理年龄相近的个体可划分在同一年龄亚文化群中。处于某个特定年龄段的个体在购买决策上有许多共同之处，并表现出一些不同于其他年龄亚文化群的特点。消费者的偏好对消费者决策起着十分重要的作用。年龄因素会对消费者的品牌偏好产生影响，个体在某个特定的年龄段易于对某种商品形成持久的偏好。消费者决策过程是一个信息加工的过程，因此消费者的信息加工能力必然会对其购买决策产生影响。

2. 性别

虽然现代社会倾向于缩小男女性别间的差异，但在消费者决策上，男性与女性间的差异依然比较明显。研究发现，男性和女性在拥有一件产品的看法上存在着很大差异。男性成人大多认为，拥有一个产品应使他获得一种优势，使自己与他人有所区别。而女性则倾向于购买能强化个人和社会关系的产品。消费者商场服务质量的评价对其决策产生重大的影响。

3. 种族、民族、宗教

种族也是影响消费者决策的一个重要变量，不同种族的消费者在做决策时会表现出不同的特征。少数民族群体中的成员更容易信任从所属群体中推出的广告代言人，并由此增强对某个品牌的积极态度。消费者的宗教因素是消费者决策的一个重要的预报器。在消费者的个性、收入、家庭形式等影响个体的购买决定的消费变量上，宗教也会产生非常重要的影响。

4. 收入、职业

消费经济心理学的一个基本假定是，消费者对商品或服务的需求是以他们既有购买愿望，又有购买能力为前提的。在这方面的研究中，通常将消费者的收入水平与其社会阶层和职业结合起来进行综合考察。从总体上来说，不同职业的消费者所处的社会阶层也不同，不同社会阶层的消费者主观上认为适合自己的产品和商品也是不同的。

5. 地理

不同地域的消费者在消费偏好上有着显著差异，特别是在食物和饮料消费上。在不同国家，甚至是一个国家的不同地区，人们的物质环境和社会环境存在不同程度的差别，致使不同地域的消费者在消费决策上表现出不同特征。

6. 流行文化

流行文化是时装、时髦、消费文化、休闲文化、奢侈文化、物质文化、流行生活方式、流行品味、都市文化、次文化、大众文化以及群众文化等概念所组成的一个内容丰富、成分复杂的总概念。这个总概念所表示的是按一定节奏、以一定周期，在一定地区或全球范围内，在不同层次、阶层和阶级的人口中广泛传播起来的文化。

流行文化引导消费者的购买和消费模式。从生产与消费的目的看，流行文化生产的目的在于消费，或者说在于满足消费者的文化消费欲求。人们消费某种产品，并不仅仅因为它的物质性和实用功能可以满足他们的需要，还会因其广告所张扬的抽象的、非实用的精神因素能够使消费者产生兴趣和认同。形形色色的广告无不传达着各种各样的观点、价值与精神取向，广告与其说是对产品的推销，不如说是对生活的态度、生活方式、生活哲学和意识形态的表达。比如：李宁这个品牌在中国取得了非凡的成功，不仅仅因为其产品质地优良，更是因为他们营销的是一种理念，我们耳熟能详的"一切皆有可能"这种消费理念已经嵌入了每个消费者的大脑深处，在全中国也是众人皆知的广告口号。流行文化是消费者行为的一面镜子，它能在很大程度上反映消费者的行为。

李宁广告

文化的各个要素，如价值观、规范、习俗、物质文化等，对消费行为都具有一定的影响。从消费者产生消费需求、获取产品信息、选择评判，到做出购买决定以及在售后评价，每一阶段消费者都有自己的价值理念。不论是中庸之道，还是勤俭消费观念，都会直接或间接地体现着中国传统文化价值遗留和影响。不同国家、地区、民族的消费者，由于文化背景、宗教信仰、道德观念、风俗习惯以及社会价值标准不同，在消费者观念及消费行为上会表现出明显差异。不论是诚信为首理念，还是勤俭消费观念，都会直接或间接地体现着中国传统文化价值遗留和影响。随着互联网的飞速发展各种自媒体和流媒体的不断完善，流行文化因素也将进一步影响消费者的行为，消费者的行为在将来可能会对文化的发展产生更大的影响，在这种趋势下新型文化将会随着消费者的行为不断更新并对其产生影响。

总之，树立科学的消费观是极为重要的，我们在现实消费过程中，要正确把握传统文化和价值观对消费行为的影响。研究好文化因素对消费者行为的影响，对于制定合理的广告战略和市场营销工作具有重要的战略意义。

（二）社会因素

社会因素对消费者行为的影响表现在社会阶层和社会群体两个方面，消费者均处于一定的社会阶层。同一社会阶层的消费者在行为、态度和价值观等方面具有同质性，不同社会阶层的消费者在这些方面存在较大的差异。同时消费者行为也受到社会群体及其规范的影响。因此，研究社会阶层和社会群体对深入了解消费者行为具有十分重要的意义。

1. 社会阶层

社会阶层是由具有相同或相似社会地位的社会成员组成的相对持久的群体。社会阶层是依据经济、政治、教育、文化等多种社会因素所划分的社会集团。虽然对社会阶层的划分有不同的方法，但可以确定的是，社会阶层并非由单一的经济标准来决定，而是由多种因素，包括职业、经济收入、受教育程度和价值观等共同来决定的。当然，一个人所处的社会阶层并非一成不变，随着时间的推移，人们所处的社会阶层可能会发生变化，变化的程度因社会的层级森严程度不同而不同。

中国社会科学院社会学研究所"当前中国社会结构演变研究"课题组发表的初期研究报告《当代中国社会阶层研究报告》（陆学艺，2001）划分出当前中国社会的十大阶层。这十个社会阶层是：国家与社会管理者阶层（即党政领导干部）、经理人员阶层、私营企业主阶层、专业技术人员阶层、办事人员阶层、个体工商户阶层、商业服务业员工阶层、产业工人阶层、农业劳动者阶层和城乡无业失业半失业人员阶层。

对于营销和广告策划来说，社会阶层是一个非常重要的概念，因为同一阶层的消费者往往具有相近的经济利益、生活方式、价值观和兴趣爱好等，不同社会阶层的消费者，在产品的选择和购买、休闲活动、购买模式、信息搜寻方式和媒体接触习惯等方面有着明显的差异。首先，在产品的选择和购买上，不同阶层的消费者有着不同的行为。比如在住宅、服装和家具等能显示地位和身份的产品的购买上，处于上层的消费者往往选择环境优雅的住宅，高品位、高档次的服装和家具；中层消费者一般对家具和装修要求不高；下层消费者的住宅环境通常较差，在服装和家具上的花费较少。其次，在休闲活动上，不同阶层之间用于休闲的支出占家庭总支出的比例以及休闲类型都有很大差别。上层消费者一般会选择高尔夫、网球等运动；中层消费者则是商业性休闲设施和公共设施如公共泳池、公园、博物馆的主要使用者；下层消费者一般倾向于团体性的体育活动如足球等。在购买模式上，上层消费者通常会去环境优雅、品质和服务上乘的商店购物，同时，他们喜欢单独购物，对服务有很高的要求，且乐于接受新的购物方式；中层消费者对购物环境也有一定要求，但有时也会选择去折扣店，购物对其来说是一种消遣；下层消费者在高档购物场所容易产生自卑和不自在的感觉，他们一般会选择去折扣店或小店，且对价格非常敏感，喜欢成群结队地购物。在信息搜寻方式和媒体接触习惯上，上层消费者因受过良好的教育，因此对印刷媒体和网络媒体更感兴趣；中层消费者除从大众媒体上获取信息外，也会主动从外部搜寻信息；下层消费者因为信息来源有限，购物时受亲朋好友的影响较大，另外，由于受教育较少，比较喜欢接触电视、广播等电子媒体。

2. 社会群体

社会群体是指通过一定的社会关系结合起来进行共同活动而产生相互作用的集体。群体不是简单地把人聚在一起，群体既为人的社会化提供了场所和手段,又为个体的各种社会需要的满足提供了条件和保障。

社会成员构成一个群体,应具备以下基本特征:一是群体成员需以一定纽带联系起来。二是成员之间有共同目标和持续的相互交往。三是群体成员有共同的群体意识和规范。

社会群体分类一般有:

(1)正式群体与非正式群体。

正式群体是指有明确的组织目标、正式的组织结构、成员有着具体的角色规定的群体。非正式群体是指人们在交往过程中,由于共同的兴趣、爱好和看法而自发形成的群体。

(2)主要群体与次要群体。

主要群体或初级群体是指成员之间具有经常性面对面接触和交往,形成亲密人际关系的群体。这类群体主要包括家庭、邻里、儿童游戏群体等。次要群体或次级群体指的是人类有目的、有组织地按照一定社会契约建立起来的社会群体。

(3)隶属群体与参照群体。

隶属群体或成员群体是消费者实际参加或隶属的群体,如家庭、学校等。参照群体是指这样一个群体,该群体的看法和价值观被个体作为他或她当前行为的基础。因此,参照群体是个体在某种特定情境下作为行为指南而使用的群体。

人们都希望自己与众不同,群体的影响又无处不在,参照群体对消费者的影响,通常表现为三种形式,即行为规范上的影响,信息方面的影响,价值表现上的影响。规范性影响是指由于群体规范的作用而对消费者的行为产生影响。营销中广泛使用这一作用,如广告宣传时常说的该产品为大部分群体接受等。信息性影响是指参照群体成员的行为、观念、意见被个体作为有用的信息予以参考,由此对其行为产生影响。如在你身边有好多人用相同的产品,你就会想要购买。价值表现上的影响指个体自觉遵循或内化参照群体所具有的信念和价值观,从而在行为上与之保持一致。如某些消费者欣赏别人的气质,就通过模仿他的穿着、动作、外貌等方面。

(三)个人因素

个人因素主要包括消费者的年龄阶段、职业、经济状况、生活方式、个性及自我观念。

(1)处于不同年龄阶段的消费者对产品有不同的需求,比如食品、服装、娱乐、运动等产品的消费与消费者的年龄直接相关。

（2）从事不同职业的消费者具有差异化的消费行为。比如蓝领工人通常会购买便宜耐穿的衣服，乘坐公共交通工具，吃快餐盒饭，抽中低档的香烟；而公司总裁则会购买昂贵的深色西服，乘坐高档轿车，在高档餐厅就餐，成为高尔夫俱乐部的会员。

（3）消费者的经济状况不同，则其购买欲望和购买能力会有很明显的区别。

（4）消费者的生活方式直接决定着消费需求与欲望。生活方式是指一个人在生活方面所表现出的兴趣、观念等，通常由一个人的工作和休闲方式、趣味与偏好、自我评价与对社会争议的见解等因素构成。比如，同样是"80后"，有的消费者选择做乐活族（追求健康、环保、可持续的生活），有的消费者选择做月光族（挣多少花多少），有的消费者选择做辣奢族（疯狂追求名牌时尚奢侈品），这些不同的生活方式导致了不同的消费需求。因此，广告不但要生产满足消费者欲望的产品，还要专门针对不同的消费者做不同生活方式的广告。

（四）心理因素

在心理学中，心理学家对人类需求进行了深刻的剖析，其中，对广告策划和市场营销最有启发意义的就是美国心理学家马斯洛提出的需求层次理论。马斯洛认为，人类在不同阶段有不同的需求，这种需求可以划分为五种不同的层次，按其重要程度进行排列，依次是生理需求、安全需求、社交需求、尊重需求和自我实现需求。根据需求层次理论，人们总是首先满足低层次的需求，当低层次需求满足后才会上升到高一层次的需求。

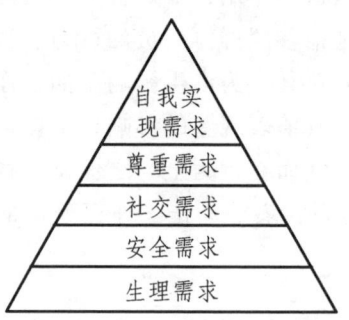

图 3-1　马斯洛需求层次理论

1. 生理需求

生理上的需要是人们最原始、最基本的需要，如空气、水、吃饭、穿衣、性欲、住宅、医疗等。如果得不到满足，人类的生存就成了问题。这就是说，它是最强烈的不可避免的最底层需要，也是推动人们行动的强大动力。

2. 安全需求

安全的需要要求劳动安全、职业安全、生活稳定、希望免于灾难、希望未来有保障等。安全需要比生理需要较高一级，当生理需要得到满足以后就要保障这种需要。每一个在现实中生活的人，都会产生安全感的欲望、自由的欲望、防御实力的欲望。

3. 社交需求

社交的需要也叫归属与爱的需要，是指个人渴望得到家庭、团体、朋友、同事的关怀爱护理解，是对友情、信任、温暖、爱情的需要。社交的需要比生理和安全需要更细微、更难捉摸。它与个人性格、经历、生活区域、民族、生活习惯、宗教信仰等都有关系，这种需要是难以察觉，无法度量的。

4. 尊重需求

尊重的需要可分为自尊、他尊和权力欲三类，包括自我尊重、自我评价以及尊重别人。尊重的需要很少能够得到完全的满足，但基本上的满足就可产生推动力。消费者出于尊重需求购买的产品往往超越产品本身的使用价值，而更多地追求产品的象征意义，比如手表、汽车、饰品等产品。在对满足尊重需求的产品开展广告活动时，应注意挖掘产品的象征价值，从而满足该类产品消费者的心理需求。

5. 自我实现需求

自我实现的需要是最高等级的需要。满足这种需要就要求完成与自己能力相称的工作，最充分地发挥自己的潜在能力，成为所期望的人物。这是一种创造的需要。有自我实现需要的人，似乎能够竭尽所能，使自己趋于完美。自我实现意味着充分地、活跃地、忘我地、集中全力全神贯注地体验生活。消费者自我实现的需要，体现在其借助某种产品，如教育、运动、美食等充分发挥自己的才华与创造力，开发自己的潜能，追求理想，实现抱负。

不同层次的需求会产生不同的购买动机，人们购买食品是基于基本的生理需求，而购买奢侈品则是出于尊重的需求。同样，消费者在购买过程中，会受到其感觉和知觉的影响，比如，女性消费者更易受外在的视觉、触觉的影响而引发购物行为，男性消费者则较为理性。态度是消费者对某一产品的内在感受和情感，如喜爱、厌恶等情绪。消费者对产品的态度直接影响到其购买行为。当消费者对某一产品持否定的态度时，则其购买这一产品的概率可能会大大降低，因此，广告传播的一大任务就是对消费者态度的影响或改变。在消费者头脑中，信念主要体现在其对产品已经存在的印象上，比如德国汽车代表着安全、稳定和高质量，日本汽车则是细腻、省油的代名词等，消费者的信念成为其购买决策的依据。

第四节　影视广告竞争对手分析

《孙子·谋攻》篇中说："知己知彼，百战不殆。"在一些特定情况下，竞争对手的信息甚至比企业某些决策还重要。

一、竞争对手的定义与分类

竞争对手是指在某一行业或领域中，拥有与你相同或相似资源（包括人力、资金、产品、环境、渠道、品牌、智力、像貌、体力等资源）的个体（或团体），并且该个体（或团体）的目标与你相同，产生的行为会给你带来一定的利益影响，称为你的竞争对手。事实上，只有那些有能力与自身企业相抗衡的才是真正的竞争对手。

竞争对手一般分为现实竞争对手和潜在竞争对手两大类。

1. 现实竞争对手

现实竞争对手是指现实存在而且对企业构成威胁。现实竞争对手中，又可以细分为直接竞争对手、间接竞争对手和替代性竞争对手三类。

（1）直接竞争对手，是指产品相同而且是满足同一目标用户群体的需要。比如可口可乐和百事可乐，比如肯德基和麦当劳，就属于直接竞争对手。

（2）间接竞争对手，是指产品可能不同，但是目标用户群是一致的。比如可口可乐和汇源果汁。

（3）替代性竞争对手，是指目标用户群是一致的，但是产品或服务具有较大的优势，能够替代竞争对手。比如柯达胶卷和索尼数码相机。

2. 潜在竞争对手

潜在竞争对手是指暂时对企业不构成威胁的。潜在竞争对手包括行业相关者和非行业相关者两类。

（1）行业相关者，包括横向行业相关者，提供大致相同类型产品或服务的企业，也包括纵向产业相关者，比如上下游企业。

（2）非行业相关者，其本身拥有强大实力，受到巨额利润的诱惑，加入竞争者的行列。比如联想企业主要从事计算机产业生产，但是在手机行业的巨大利润诱惑下也进入到手机市场参与竞争。

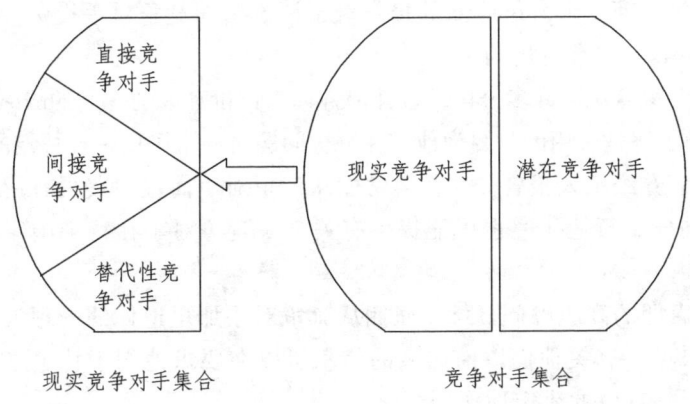

图 3-2　竞争对手分类

二、竞争对手分析的情报来源

对竞争对手的信息进行例行的、细致的、公开的收集是非常重要的基础工作。竞争对手信息的主要来源包括以下几部分：

（1）年度报告。

（2）竞争产品的文献资料。

（3）内部报纸和杂志。这些通常是非常有用的，因为它们记载了许多详细信息，例如：重大任命，员工背景，业务单位描述，理念和宗旨的陈述，新产品和服务以及重大战略行动等。

（4）竞争对手的历史。这对了解竞争对手文化、现有战略地位的基本原理以及内部系统和政策的详细信息是有用的。

（5）广告。从此可以了解主题，媒体选择，花费水平和特定战略的时间安排。

（6）行业出版物。这对了解财务和战略公告、产品数据等诸如此类的信息是有用的。

（7）公司官员的论文和演讲。这对于获得内部程序细节、组织的高级管理理念和战略意图是有用的。

（8）销售人员的报告。虽然这些经常带有偏见性，但地区经理的信息报告提供了有关竞争对手、消费者、价格、产品、服务、质量、配送等此类的第一手资料。

（9）顾客。来自顾客的报告可向内部积极索要获得，也可从外部市场调研专家处获得。

（10）供应商。来自供应商的报告对于评价诸如竞争对手投资计划、行动水平和效率等是非常有用的。

（11）专家意见。许多公司通过外部咨询来评价和改变它们的战略。对这些外部专家的了解是有用的，因为他们在解决问题时通常采用一种特定的模式。

（12）证券经纪人报告。这些通常能从竞争对手简报中获得有用的操作性的细节。同样，行业研究也可能提供有关某一竞争对手在特定国家或地区的有用信息。

（13）雇佣的高级顾问。可以雇佣从竞争对手那里退休的管理人员作为自己的咨询人员，有关他们以前雇主的信息可以在要求他们于特定工作领域提供帮助时起到有效的决定性作用。

三、对竞争对手的广告分析

在影视广告策划的竞争对手分析中，最重要的是直接针对竞争对手的广告情况进行分析。广告是企业市场营销策略的有效手段之一。除了对竞争对手的市场进行实时监测外，对竞争对手的广告监测和分析也是影视广告策划的重要内容。通过掌握竞争对手的广告状况，企业可以制定有效的广告应对策略，以在广告竞争中取胜。对竞争对手的广告监测通常包括以下内容：

1. 竞争对手的广告概况

与竞争对手的市场概况调查相同，广告概况调查也是对最初级、最表层信息的搜集，但却是广告监测中必不可少的一步。具体来说，主要包括：

（1）竞争对手广告活动开展的时间、地点与主要内容。

（2）广告各媒介的具体表现。

（3）广告发布的媒体与具体的时段/版面/地点。

（4）广告费用投入及分配。

(5)广告活动的效果(如销售量、知名度、美誉度、品牌形象、社会影响及其他方面的改变)。

2. 竞争对手的广告策略

竞争对手的广告概况分析可以使企业把握竞争对手开展广告活动的基本情况,而竞争对手的广告策略则可以为企业提供策略上的借鉴,主要包括:

(1)目标市场策略,即广告的目标市场及其营销特征如何。

(2)产品定位策略,即广告的定位是什么,有何合理与不合理之处。

(3)广告诉求策略,即广告的诉求对象是谁、诉求重点有何变化、诉求方法是什么,有何合理与不合理之处。

(4)广告表现策略,即广告主题是什么、广告作品风格有无变化、广告创意如何,有何合理与不合理之处。

(5)广告媒介策略,即采用什么样的媒介组合和媒介排期、广告发布的时机如何、广告投放量的变化,有何合理与不合理之处。

(6)采取的促销方法与手段。

总之,在进行对竞争对手的广告监测时,应先从上述两个方面对每个竞争对手进行调查,然后再将每个主要竞争对手的分析结果综合整理,得到较系统的对比资料。通过这些资料,可以认清企业在竞争中所处的地位,找出竞争对手的薄弱环节,并以此为出击方向进行突破,从而为广告策划提供必要的依据。

需要注意的是,对竞争对手的广告监测工作是一个长期的过程,相关资料不可能通过一次监测就轻易获得,而是在一点一滴的积累中形成的。可以说,没有长期的监测资料积累,就不可能全面综合了解竞争对手的情况,也就不可能制定有效的、针对性强的竞争策略。

【案例】

蒙牛与伊利影视广告分析

1. 企业和竞争对手以往广告活动的概况

蒙牛1999年开始持续至今,其广告活动包括电视广告网络广告、平面广告、户外广告、车身广告、赞助活动(如超女、神五上天、梦想中国)以及促销活动的配合。而伊利1993年开始,持续至今。伊利广告活动包括电视广告、网络广告、平面广告、户外广告、车身广告、赞助活动(奥运会火炬)以及促销活动的配合。蒙牛和伊利共同的目的都是帮助产品顺利导入市场并获得一定的市场占有率。

2. 企业和竞争对手以往广告的目标市场策略

广告活动的目标市场：均以全国为主要市场。

市场细分策略：

蒙牛：蒙牛的目标顾客主要为家庭收入较高的城市居民，创业之初，蒙牛集中开发一级城市的目标顾客，现在逐渐扩张渗透到二、三线城市。不过，为了更好地满足目标顾客的需求，蒙牛还利用更加细化的市场细分变量对目标顾客再次进行细分。具体如蒙牛选择年龄作为市场细分变量，把目标顾客区分为老年、成年、青年、少年和儿童四种不同的消费群体；以牛奶食用时间为变量，把市场划分为早餐、晚餐、休闲和正餐四个细分市场；以产品口味差别为细分变量，按消费者偏好的不同，开发出草莓、香橙、葡萄、水蜜桃等多口味产品。

伊利：伊利作为一家比蒙牛更悠久的乳业公司，它有着先进入行业的优势，即公司有着广泛的社会信誉度。在普通消费者的心中有着绝对的权威，所以其广告诉求旨在争取最广大的普通消费者。

3. 企业和竞争对手的产品定位策略

蒙牛：蒙牛的广告定位从"欢迎来到大草原"到"自然给你更多"再到目前的"只为优质生活"，意在蒙牛不仅要提供自然、绿色、营养丰富的产品，更要为消费者营造优质的生活。

伊利：伊利的广告定位从"青春大草原，自然好牛奶"到"心灵的天然牧场"再到目前的"天然天地，共享伊利"，伊利始终围绕诚信、天然、健康、纯正来进行产品定位。

4. 企业和竞争对手以往的广告诉求策略

诉求对象：蒙牛未来星和伊利QQ星儿童奶的诉求对象都是青少年。

诉求重点：蒙牛的产品主要以健康、安全、营养，诉求重点是青少年儿童。伊利的产品以青春、朝气，注重产品的口感以及大众的青睐。

诉求方法：蒙牛未来星儿童牛奶广告采取从"功能诉求"到"情感诉求"的策略。伊利QQ星儿童牛奶广告宣传诉求强调自己来自大草原。

5. 企业和竞争对手以往的广告表现策略

广告主题：蒙牛以"我们共同的品牌——中国乳都&呼和浩特"为主题，表现我们为内蒙古喝彩，让内蒙古腾飞。伊利注重人文创意，赋予广告温暖的力量。

广告创意：蒙牛未来星儿童成长牛奶：健康、前卫的概念所带给目标消费者的附加利益，另外，在广告语中也一再强调，能带给消费者的更大利益是健康。伊利以"我们来自大草原"为主要基调，同时赋予产品时尚、健康、前卫的理念。

6. 企业和竞争对手以往的广告媒介策略

媒介选择和组合：蒙牛未来星和伊利 QQ 星的广告都主要通过电视媒介和活动赞助，它们都选择了权威的中央电视台的黄金时段播出。而蒙牛赞助"梦想中国""超级女声""神五飞天"，还有"蒙牛城市之间"，伊利则获得了 2008 奥运会的赞助权。另外蒙牛和伊利都与报纸、杂志、网络等媒介相匹配。

广告发布的频率：蒙牛和伊利采取的是间接性发布的排期方法，隔周播出，每次播出持续一周，近一年来广告播出频率基本上没变。

7. 广告效果

在消费者认知方面：在消费者调查中，多数消费者认为他们知道蒙牛未来星和伊利 QQ 星是通过电视广告，而伊利作为一家比蒙牛历史更悠久的乳业公司，有着先进入行业的优势，即公司有着广泛的社会信誉度，在普通消费者心中有着绝对的权威。

在改变消费者态度和行为方面：多数消费者认为，既然有实力打这么久的广告，蒙牛和伊利都是一个不错的产品，而且广告中所说的也有一定的吸引力，因此不妨试一试。可见广告在引起消费者的购买欲望，促使他们产生购买行为方面的确收到了很好的效果。

在促进消费方面：我们在对经销商的调查表明，多数经销商认为蒙牛和伊利在他们那里的确很不错，而且不相上下，主要原因在于企业都打了广告，可见广告在直接促销方面也有积极的效果。

8. 总结

不管是蒙牛还是伊利的成功，其主要原因之一都在于配合营销活动进行了广告宣传。

蒙牛广告的主要优势：

（1）保持了比较高的频率，并且广告诉求满足了部分消费者的需求。

（2）广告创意新颖。

（3）善于结合时事和新闻时间进行营销活动。

（4）懂得如何运用品牌的比附定位策略来壮大自身品牌。

伊利广告的主要优势：

（1）借助政府的强大能力进行公关活动。

（2）伊利作为一家比蒙牛历史更悠久的乳业公司，有着先进入行业的优势，即公司有着广泛的社会信誉度，在普通消费者的心中有着绝对的权威。

第五节　影视广告的表现策略

作为最直观的广告传播模式，影视广告通过被强化的画面、声音、氛围等来实现对消费者的感官冲击，形成有效的心理暗示，创造震撼人心的效果。

一、影视广告表现的意义

1. 影视广告表现是实现广告目标的中心环节

影视广告表现是整个广告活动的一个转折点，它前面的工作多为科学的调查、分析、提出方案、创意、构思，后面的工作是将这些在创作人员头脑中的创意转化成看得见、听得到，甚至是摸得着的、嗅得出的实实在在的广告作品，并将这个作品传达给目标市场的消费者。因此，我们说影视广告表现在整个广告活动中处于承上启下的地位，是实现广告目标的中心环节。

2. 影视广告表现反映了创作人员的基本素质

广告创作人员的水平高低，可以从他的广告作品中一目了然。好的创作人员在创作广告作品时能充分理解广告战略的目标、方针，准确地抓住诉求重点。而水平差的设计人员，其广告作品没有魅力，不能引起消费者的注意。

3. 影视广告表现的好坏决定着消费者对产品的评价

消费者是从广告作品中认识广告商品的，根据 A. 波利兹的说法，广告机能有"说服性原理"和"亲近性原理"两种。"说服性原理"指一般情况而言，"亲近性原理"指已知的东西比未知的东西能使人抱有更大的信任感的一种假说，消费者看到其不了解特性的两种广告商品时，无疑是要选择其中对广告作品有亲近感的商品去购买。所以，即使是只喊出品牌名称的广告，假如能让消费者觉得亲切可信，这种广告同样有助于广告的推销。

二、影视广告表现手段

影视广告表现最终结果是广告作品，虽然表现作品的手法五花八门、千奇百怪，但广告表现的符号主要是语言文字和非语言文字两大系统。

（一）语言文字系统

语言文字系统即影视广告作品中的语言文字部分，包括影视广告中的标题、解说词、标语口号，以及商标、商品名称、价格、企业名址等。影视广告的语言大都是有声的，更能有效地刺激受众的感官。

在运用语言文字方面应该注意：

1. 要掌握好词语创造的随意性特点

词语是能够随意组合的，但必须约定俗成，符合社会语言习惯和承受能力。创造新的词语，要使人们能够接受和理解。

2. 要掌握好语言开放性的特点

在语言的选择上，既要扬弃，又要吸纳，创造活泼、生动、贴切、富有刺激性的广告语言。

3. 要注意非语言表现的补充

当语言表现已穷尽其力时，应注意运用非语言手段来配合。

（二）非语言文字系统

非语言文字系统指语言之外的一切能够传递信息的手段。在影视广告表现中，非语言主要有图像、色彩、音乐、音响等。

1. 图画

图画指影视广告中的影像等。运用图画，可以直观地表现广告商品，增强注意力和说服力。注意图画的表现要具有真实感，能体现广告主题，与广告文字相配合使用。

2. 色彩

色彩是影视广告表现的一种重要手段，能够刺激受众，产生强烈的心理效果。

3. 构图

构图就是对影视广告内容进行编排和布局，达到最佳的视觉效果。构图有一些基本形式法则。这方面的内容，后面还要详细介绍。

4. 音乐、音响

在影视广告中，经常要运用音乐和音响。音乐要注意与广告主题相协调。

音响有环境音响、产品音响、人物音响等，要清晰、悦耳，防止噪音。

各种艺术形式，如舞蹈、雕塑、建筑等，也是非语言文字手段，也可以用于影视广告表现中。

三、影视广告表现成功的法则

1. 传统媒体时代的 AIDMA 法则

美国广告学家 E. S. 刘易斯在 1898 年提出的 AIDMA 营销法则指出，消费者从接触到营销信息，到发生购买行为之间，大致要经历五个心理阶段：引起注意（Attention）、产生兴趣（Interest）、培养欲望（Desire）、形成记忆（Memory）、购买行动（Action），即引起注意—产生兴趣—培养欲望—形成记忆—购买行动。

在传统媒体时代信息不对称的环境下，广告主通过强大的电视、报纸、杂志以及终端等媒介，广泛发布产品信息，动态地引导消费者的心理过程，刺激其购买行为。AIDMA 法则最具代表性的案例要数中国的商业传奇——"脑白金"。随着那条众人皆知的恶俗广告开始在各大电视台滚动播出，人们被灌输了一个难以拒绝的购买理由——送礼。姑且不论道德和审美高标，在这种营销法则下，脑白金终究成了中国最畅销的保健品。

2. 传统互联网时代的 AISAS 法则

AISAS 法则由国际 4A 广告公司日本电通广告在 2005 年提出，Attention（注意）、Interest（兴趣）、Search（搜集）、Action（行动）和 Share（分享）即注意—兴趣—搜集—行动—分享。互联网作为一个全新的媒体介入社会生活，电视、广播、报纸这些曾经的大众媒体被戴上了"传统"的标签。交互式的新媒体开始解构消费者曾经习以为常的行为习惯，也开始解构原有的广告营销推广法则。2005 年，日本广告市场出现了与以往不同的形态：四大传统广告媒体形式的投入金额与前一年相比出现微小的下降，与此同时，网络广告的投入却暴涨了 54.8%。这个变化标志着互联网对生活和产业的影响已经初具规模。在这个背景下，日本电通广告集团率先修改了传统的 AIDMA 模型，提出了 AISAS 模型，用以解释新媒体环境带来的营销新趋势。

Web 2.0 时代是造成消费者行为变化的主要因素。首先，人们可以通过网络主动、精准地获取自己想要的信息的能力大大增强。消费者在进行购买决策的过程中，常常会通过互联网搜索产品信息，并与相关产品进行对比，再决定其购买行为。CNNIC（中国互联网信息中心）历次调查数据显示，"对商品、服务等的信息检索始终是网民对互联网的主要用途之一"。其次，BBS、博客、SNS等社会化媒体技术平台的普及，还赋予了人们发布信息的权利。于是，在消费者进行消费的过程中，还可以作为发布信息的主体，与更多的消费者分享信息，为其他消费者的决策提供依据。消费者的行为改变使营销方式和广告策略也发生了相应的变革。互动、分享的传播模式还给予了营销与消费者近距离接触的可能，这让广告主更加注重网络的口碑。在新技术下，搜索引擎广告、富媒体广告、品牌图形、视频弹窗等长期占据着网络广告的主要形式，这和原来的大众媒体广告一样，本质上还是一种广而告之。

3. 移动互联新时代的 ISMAS 法则

北京大学刘德寰教授提出，根据移动互联时代人们生活形态的改变（尤其是用户主动性的增强），针对传统的理论模型提出的改进模型，即 Interest（兴趣）、Search（搜索）、Mouth（口碑）、Action（行动）和 Share（分享），兴趣—搜索—口碑—行动—分享（ISMAS）。多重媒介式的生活导致受众注意力消散。曾经我们只有电视、广播和纸媒，但现在我们不仅拥有这些，还有手提电脑、平板电脑、智能手机这些种类丰富的媒体终端，它们是如此的小巧、便捷，使得我们使用媒体的方式可以不再是非此即彼，我们常常玩微博听电视，觉得电视不错，就抬头看一会再接着玩。但人类有限的认知毕竟不善于同时干多件事情，媒体的泛在化极大分化人们的注意力，加上广告主为吸引人们的注意力不断增加预算，加大消费信息的传输力度，过剩的媒体形式和媒体内容最终将人们的注意力消散掉了。在广告策略中广告以吸引注意为首要任务变成以激发消费者兴趣为出发点。①

四、广告主题的确定

（一）广告主题的界定

在广告策划中，广告主题的确立就是选择广告中心思想的过程，它是引起广告对象注意、达成广告对象满意、促成广告目标实现的手段。作为一种信息传播方式，影视广告是通过发布一定的信息而达到既定的效果，显而易见，影视广告中的信息内容就成为决定广告成败的重要因素。影视广告主题的选取要根据企业或产品的实际情况及广告目标，使人们在接触广告之后很容易理解广告告诉了他们什么，要他们做什么，力求使广告主题能与消费者

---

① 广告传播新法则：从 AIDMA、AISAS 到 ISMAS[J]. 广告大观综合版，2013（4）.

产生共鸣，进而取得广告的成功。

（二）广告主题的作用

1. 广告成功的前提

引起注意具有明确的主题是广告成功的前提，而在纷繁的信息中提炼出适合产品的核心卖点却并非易事。在广告充斥人们耳目的今天，消费者接触的信息量早已大大超出可以理解并记忆的范围。为了达到吸引消费者兴趣进而理解并记忆广告内容的目的，简单且明确的广告主题就成为至关重要的一点。

2. 不同的传播目标要在不同的广告主题中才能实现

达成传播目标从表面上来看，基本每条广告都包含着一定的刺激或是娱乐的内容，但是从广告策划的专业角度来看，广告讯息是告诉消费者其产品或服务如何解决他们的问题、满足他们的欲望和实现他们的目标的一条途径。广告可以用来传播产品或服务的购买和使用经验，也可以用来树立形象和建立联系，还可以在消费者心目中创建品牌定位。

3. 策划成败的关键

优秀的影视广告主题创作常常是广告策划成败的关键。加多宝公司制定的广告主题"怕上火，喝王老吉"，在传播上尽量凸现红色王老吉作为饮料的性质。在第一阶段的广告宣传中，红色王老吉都以轻松、欢快、健康的形象出现，强调正面宣传，避

"怕上火，喝王老吉"广告

免出现对症下药式的负面诉求，从而把红色王老吉和传统凉茶区分开来。为更好唤起消费者的需求，电视广告选用了消费者认为日常生活中最易上火的五个场景：吃火锅、通宵看球、吃油炸食品薯条、烧烤和夏日阳光浴，画面中人们在开心享受上述活动的同时，纷纷畅饮红色王老吉。结合时尚、动感十足的广告歌反复吟唱"不用害怕什么，尽情享受生活，怕上火，喝王老吉"，促使消费者在吃火锅、烧烤时，自然联想到红色王老吉，从而形成购买。在频频的消费者促销活动中，同样注意了围绕"怕上火，喝王老吉"这一主题进行，使得加多宝王老吉成功占领了凉茶市场。

（三）广告主题的原则

在广告策划过程中，广告主题起着吸引消费者注意、达成传播目标和决

定广告成败的重要作用。而成功的广告主题需要经过精心的策划和选择，并且需要符合以下要求：

1. 目标性

符合广告策划活动的目标是影视广告主题的第一要求，广告目标是统摄广告主题其他因素的指挥棒。脑白金的广告固然被人诟病，但简单明确的广告主题直指礼品市场，不仅使品牌名称深入人心，而且完成了连续 9 年获得全国保健食品销量第一的目标。

2. 差异性

有了差异性才会获得注意力，人云亦云的广告不会在消费者心目中留下任何痕迹。在产品日益同质化的今天，只有差异性的广告主题才能吸引人的注意，并开拓出新的市场。如"乐百氏纯净水经过 27 层净化"的迅速家喻户晓就是得益于其与众不同的广告主张。

乐百氏纯净水广告

3. 一致性

广告主题需要反映广告目标，体现广告定位，忠实服务于整体的传播计划。另外，这种一致性还体现在与产品名称和品牌形象的协调上。如美的集团的一句广告语"原来生活可以更美的"就完美体现出作为家电企业对于生活品质的关注，传达出美的品牌改善生活质量的自身定位。

美的"原来生活可以更美的"广告

4. 延续性

广告主题还需要一定的延续性，能够在整个广告策划活动期间基本不发生变化。广告的效果在于重复，广告传播需要一定时期的积累才能把广告主题深入消费者内心。这种延续性是广告发生作用的基本要求。寻找到能够符合要求的广告主题需要广告策划人员无数次的选择与试验。在过去的市场上，由于广告主题不合适而导致广告策划活动失败的例子不胜枚举。同样以餐饮业为例，美国汉堡王快餐连锁店尝试用广告口号来打开市场的策略一直没有成功。在过去的 15 年里他们曾 11 次改变其广告活动的口号，6 次更换其广告代理公司，却始终未能找到一个能在快餐市场上让其树立起独特风格的广告主题。

美国汉堡王快餐连锁店广告

五、影视广告的诉求策略

在确定影视广告主题之后,就要选择一定的方式将广告主张传达出来,使消费者接受并选择广告产品。这种用来吸引受众注意,并使之更贴近产品或服务的途径就是广告诉求。广告诉求构成了广告的基本内容,并且成为广告达到说服消费者目的的基本手段。美国学者唐·舒尔茨归纳了15位学者关于广告效果模式的研究成果后,将广告发生作用的机理假定为"学习认知—感受情绪—行动意向"这一模式,这表明广告作用的心理机制可概括为诉诸感性或诉诸理性。

(一)理性诉求策略

1. 理性诉求策略概念

理性诉求策略是指广告诉求定位于受众的理智动机,通过真实、准确、公正地传达企业、产品、服务的客观情况,使受众经过概念、判断、推理等思维过程,理智地作出决定。这种广告策略可以作正面表现,即在广告中告诉受众如果购买某种产品或接受某种服务会获得什么样的利益,也可以作反面表现,即在广告中告诉消费者不购买产品或不接受服务会对自身产生什么样的影响。理性诉求是最古老的诉求手段之一,信息全面、具有说服力是它的特点。

2. 理性诉求表现形式

(1)直接陈述。这是最为直接的方法,说明产品的特点和功效,通过描述向诉求对象阐述产品的种种特性。如全新力士润肤露广告:全新力士润肤露有三种不同滋润,配方和香味,充分呵护不同性质的肌肤。如白色力士润肤浴露:含有天然杏仁油及丰富滋养成分,清香怡人,令肌肤柔美润泽,适合中性和油性肌肤。这则广告简单明了,将产品的特性和由此产生的功效一一准确阐述,可以使消费者对这种产品产生全面认识。

力士润肤露广告

(2)引用数据。引用数据可以令消费者对产品和服务产生更具体的认知,翔实的数据远比空洞的、概念化的陈述更有力量。比如,瑞士欧米茄手表的广告创意是这样的:全新欧米茄蝶飞手动上链机械表,备

瑞士欧米茄手表广告

有 18K 金或不锈钢型号。瑞士生产，始于 1848 年。机芯仅 2.5 毫米薄，内里镶有 17 颗宝石，配上比黄金罕贵 20 倍的铑金属，价值非凡，浑然天成。这样精确的描述，使消费者对产品有了更细致的了解，这里的每个数字都使这则广告更具说服力。

（3）利用图表。如果需要引用的数据较多，或者产品结构、设计的特性很难用语言描述，就可以引入简单明了的数字表格、图表或示意图。图表有时比文字更便于传达精确的信息。

（4）类比。直接陈述和提供数据的方法可以清楚传达信息，但难免不够形象。类比是形象传达信息的重要方法。类比的基本思路是：选择对象熟悉的、与产品有相似或者相反特性的事物与产品特性并列呈现，从而准确点出最重要的事实。

（二）感性诉求策略

1. 感性诉求策略概念

感性诉求策略是指直接诉诸消费者的情感、情绪，如喜悦、恐惧、爱、悲哀等，形成或者改变消费者的品牌态度。在这类广告中，消费者首先得到的是一种情绪、情感的体验，是对产品的一种感性认识，得到的是知识产品的软信息。这种软信息能够在无形中把产品的形象注入消费者的意识中，潜移默化地改变消费者对产品的态度。感性诉求广告以消费者的情感或社会需要为基础，宣传的是广告品牌的附加价值。

2. 感性诉求广告要素

（1）明确的承诺。仅想占据某种情感并不够，情感必须变成真实的承诺。

（2）可信度。产品的情感价值越直接、越可信越好。先举正面的例子：一块干的尿布可以使婴儿感到舒服，一个洗碗机可以使生活更方便。再举反面的例子：没有啤酒的聚会是多么百无聊赖，没有手机的人在事业上处处碰钉子。

（3）好的创意。创意是情感诉求广告的安身立命之本，无中生有地制造强烈的感情并不能使消费者产生共鸣，较为明智的做法是以在消费者头脑中扎根的那些强烈情感出发，因势利导地展开创意。就像莫里·施瓦茨所说的："每个人都渴望爱别人或得到别人的爱，但却没有机会。于是只好接受爱的替代品——新车、新房之类。他们希望能得到类似于爱的情感回报……"

3. 感性诉求广告创意注意事项

（1）一定要有真情实感，避免虚情假意。

情感广告依靠的是以情动人，如果广告中没有真情实感，只有冠冕堂皇的空话或者虚情假意，那么这样的广告不做也罢。

有一段时间国内的手机广告出现一种模式，就是用青年男女的情来演绎产品，基本上就是两性故事。之所以称之为两性故事，是因为广告的内容里只有一男一女，然后发生一点故事，但是这样的故事没有让人感觉到有真实的情感在里面，久而久之人们会对此类型的广告感到反感。

相反，几年前雕牌洗衣粉的广告（下岗篇）就是一个很感人的广告，年轻的妈妈下岗了，为找工作而四处奔波，懂事的小女儿心疼妈妈，帮妈妈洗衣服，天真可爱的童音说出："妈妈说，'雕牌'洗衣粉只要一点点就能洗好多好多的衣服，可省钱了！"门帘轻动，妈妈无果而回，正想亲吻熟睡中的爱女，看见女儿的留言——"妈妈，我能帮你干活了！"年轻的妈妈眼泪不禁随之掉下来。

雕牌洗衣粉的广告（下岗篇）

（2）把握感情的限度，避免广告中出现不道德的内容。

情感广告创意还应该注意把握感情的限度，避免广告中出现不道德的内容，中国传统的感情都是比较含蓄和内敛的，表达爱情的时候或许只是一个充满爱意的眼神或者是一个拥抱，远远没有西方人那样奔放，西方有很多创意很好的广告，用到中国市场上就不行，所以我们或许可以学习西方人创意的方法但是不能照搬他们的创意内容。虽然随着流行文化的相互渗透，各国不可避免地会吸收一些外国的文化，但是感情的限度还是需要把握的。

如可口可乐广告，女主角在家里和男友玩游戏机时，问男友是否想来一罐可口可乐，男友一口答应。但女主角发现冰箱里只剩下一罐可口可乐了，她决定和男友一起分享，但男友竟然抢过可口可乐，准备自己一饮而尽。女主角气愤之余，将自私的男友抛进窗外的泳池，而她自己则站在窗口，独自享受着可口可乐。该创意旨在告诉人们：现代年轻人对于生活中的一切都有自己的评判标准，不轻易妥协。但是绝大多数中国人看了这个广告都不会看出"不轻易妥协"这个主题，相反大家看到的是一对年轻人仅仅为了争一罐可乐而大打出手，其中的一个

可口可乐广告

还将另一个抛进泳池,然后独自享受可乐。在别人强调"好东西大家一起分享"的时候,可口可乐却告诉人们要争着独自享受,或许它的出发点是好的,不轻易妥协,年轻人确实有这种精神,但是它却没有恰到好处地表达出来,虽然名为"爱情篇"实际上是没有把握好感情的限度,结果将爱情变成了不道德。

(3)避免文化的冲突。

广告战略讲究本土化,广告创意同样也要本土化,不同民族有不同的传统文化和信仰,因此在做广告的时候一定要了解当地的风土人情,避免跟当地的文化产生冲突,尤其是情感广告创意的时候,广告创意人员一定要先彻底了解当地的风俗人情,不要做出一个被消费者唾弃的广告,不仅损害广告主的利益,也伤害了消费者的情感。

之前日本的某品牌汽车广告是让在中国代表王者的狮子给该品牌的汽车下跪,严重伤害了中华民族的感情,忽略了历史和中国老百姓的民族精神。因此该广告在媒体上一投放,立即掀起轩然大波,遭到无数消费者的反对,很快该广告就被禁止投放,并且制作广告的广告公司和广告主都在媒体上公开道歉。这次事件对该品牌汽车在中国市场上的销售自然起了负面影响。

日本汽车广告

在印度,牛是被当作神来敬的,所以印度市场上的广告中不能有对牛不敬的内容;在美国种族歧视是一个很敏感的话题,所以在广告创意的时候一定要避免涉及种族方面的问题。这些都是很明显、很容易就能想到的问题,还有一些比较隐蔽的问题,就需要广告创意人员去仔细发现。情感广告的创意一定要绝对本土化,一旦一不小心踏入禁地,后果是不堪设想的。利用人的情感可以让一个品牌获得成功,同时也可以让一个品牌毁灭。

企业可以借用中国的民俗来表现产品,从而使之更加贴近人心。2005年,友邦保险首次在中国大陆推出"源自中国"品牌宣传活动,以夺目的友邦红、富有中国传统特色的大门,以及鲜明的标语"世界保险巨擘——源自中国",给消费者留下了深刻的印象。根据广告投放后的市场调查,消费者对友邦的广告画面及传达的讯息回忆率相当高,对友邦的品牌印象也有很大的提升。友邦保险也被评为2005年最具影响的跨国企业之一,这都是民族感情的胜利。

【案例】

大众银行系列广告：马校长合唱团、母亲的勇气、梦骑士

《马校长的合唱团》是大众银行的一部电视宣传广告，广告中，以马大山的故事作为纽带，最后提出了大众银行的"关注·陪伴·相信"的商业理念。广告中采用的是张惠妹的配音，其真实的故事是在南投信义乡的东圃小学，马彼得校长凭着他的热诚，组成了"原住民童声合唱团"，15年来，利用课余时间，辛苦地带领这群原住民部落学童练唱。马校长不是圆了一个人的梦，而是圆了许多人的梦，圆了小朋友最美丽的梦想，让这群原住民小朋友找到自己，开拓新的视野。尽管平凡，尽管生活再怎么困顿，只要有一股坚持下去的心，相信都可以做到自己想要的，马校长始终相信：让天使相信，自己就是天使。

大众银行系列广告

《母亲的勇气》于2010年2月12日农历除夕前正式首播。大众银行之所以选择在此时推出品牌广告，除了希望能强化"不平凡的平凡大众"品牌精神，也希望能与大众分享正面的信念与价值。事实上，根据调查显示，消费者对于大众银行友善、温暖且亲切的形象印象相当深刻。

《梦骑士》大众银行藉由这支广告鼓励人们不论年龄层都应勇于努力逐梦、筑梦，别被现实环境困住。广告的确是改编自2007年弘道老人福利基金会所发起的"挑战八十、超越千里——不老骑士的欧兜迈环台日记"活动，当时带领了17位平均81岁的不老骑士完成机车环台创举。

该系列广告在诉求策略上运用了情感诉求。广告本身，没有跟观看者介绍很多有关大众银行的业务，而是以人与人的交往，拉近了大众与大众银行的熟悉感，从而弱化了其本身的商业味儿。现今顾客对于大众银行认知程度并不高，大众银行藉由系列广告主打企业形象及培养顾客认知，不老骑士系列告诉观众，人活着，是因为梦想，在观众受广告感动之余会开始思考逐梦并且筑梦，而要实现梦想，当个不平凡的平凡大众，最需要的无非是金钱，大众银行希望顾客看了广告之后，需要借钱就会想起大众银行。大众银行的系列广告选取的都是平凡的故事，凸显了广告的主题和品牌定位。当顾客想要创业或实现梦想时，缺少资金的他们，会因为看过大众银行的广告而让他们去跟大众借钱，希望能透过大众银行能来实现自己的梦想。

大众银行一直深信也期许自己是"属于大众的银行"，系列品牌广告的创意"平凡的平凡大众"即是希望能去发掘台湾社会许多平凡大众的不平

凡故事，并透过这些故事传达台湾人坚韧、勇敢、真实且善良的一面。这些是大众银行希望传达给台湾社会大众的正面价值，这就是感性诉求广告的力量。

三则独立的广告故事在2010、2011年传遍台湾，透过网络传遍中国大陆，被各大社区类网站热捧为最感人的广告。乍看之下，几则故事和大众银行之间并没什么联系，但实际上大众银行潜移默化地树立了一个感性的品牌形象，提高了知名度和美誉度。

第六节　影视广告的媒体策略

影视广告媒体策划是根据对企业营销环境的分析、产品的分析、消费者的分析及竞争对手分析，从而确定电视广告是选择全国性的媒体、还是地区性的媒体或是地方性的媒体。对媒体的确定，不仅仅使广告的效果达到最优，还能最大程度地节省广告费。

一、影视广告媒体策划的概念及内涵

（一）影视广告媒体策划概念

影视广告媒体策划指通过合理安排广告投放以达到企业广告营销目标的过程。如何评估媒介的有效性？如何选择最有效的媒介？以及如何操作最有效的媒体？这些都影视广告媒体策划需要解决的。

（二）影视广告媒体策划内涵

（1）广告媒体策划应该与企业的广告活动一致，共同服务于整体营销战略。

（2）广告媒体策划应该具有整体性和前瞻性，对媒体活动整体规划，对现实预测性思考。

（3）广告媒体策划要以市场调研为基础。

（4）广告媒体策划的目的是追求广告活动进程的合理化和广告效果的最大化。进程的合理化要求媒体活动要符合现实情况，并且要能够适应市场的发展；效果最大化要求媒体策划能够产生最佳的媒体效应和广告效果。

（5）广告媒体策划要包括媒体实施工程的监控和最终效果评估方案设定。

（6）广告媒体策划的结果应该体现为有一定范式与格式的媒体策划文本。

二、影视广告媒体策划

（一）媒体市场状况分析

1. 行业状况

行业状况包括行业及公司业务范围、行业特点，行业发展历史、现状及趋势，市场问题、规模、成长潜力，行业地理分布特征。

2. 企业状况

企业状况包括公司规模、成长及利润状况，公司的知名度、美誉度，公司的市场地位。

3. 产品状况

产品状况指产品类别、产品特征、产品品质，产品设计、包装、用途，产品组合、产品定价，产品生命周期所处的阶段。

4. 竞争对手状况

竞争对手状况包括竞争对手的规模、市场份额、成长潜力；竞争对手的弱点分析；竞争对手的营销活动。

5. 消费者状况

消费者状况包括人口统计、地理分布，消费者心理分析；消费者行为分析；影响消费行为的因素分析，如文化因素、社会因素、个人因素；消费者决策过程分析，如需求确认、信息寻找、产品评价、购买决策、购后行为。

6. 渠道状况

渠道状况包括销售层次分析，如采取的流通网络类型分析；与分销渠道各级成员关系分析；经销商分析；渠道地区策略。

7. 宏观经济环境状况

宏观经济环境状况包括经济状况、政治形势、文化环境、自然环境、技术环境。

（二）媒体目标确定

1. 广告的有效性

广告即是讯息的发布，又是一种沟通的形式。所有影视广告的最终目的就是：发布的广告被人们知晓，用途和作用能够明白，意图能够沟通，达到人人皆知的效果。

因此在选择目标时，不同的商品有不同的受众群体，在不同的受众群体中，采用什么样的方式、方法，达到什么样的知晓效果，都取决于发布的广告是否有效？沟通是否达到预期目标？在影视广告制作为成品后的说服力或注意力，没有引起消费者注意或没有看见，这就直接影响媒体策略的目标和效果。有效的广告信息沟通，必须从消费者的注意力开始。

消费者必须对广告中所携带的信息进行识别和接受，这一广告信息处理包含了目标群确定的评价信息、信息的来源、最终可取的通信所建议的任何行动。这种目标设定评价过程可能会反过来，诸如：产生的发布者的视觉美感、质感和态度的形成，未来行动的意图，选择的目标群体的潜意识发展，并最终驱使消费者的行动。

2. 广告的目的性

从受众对广告的接受过程看，其心理反应分为以下五个阶段：感知、接收、记忆、态度、行为。

（1）感知是影视广告信息对于消费者产生效果的直接反应的首要环节，是受众知晓广告的存在的直接反应，接下来才会引起人们对广告的注意和后续效果。

（2）接收是影视广告流向人们的过程，是人们理解广告内容、了解商品的过程。影视广告的感知与接收，即对视觉效果的震撼，画面质感、音乐、音效的喜爱程度的接受。

在影视广告的媒体策略中，要引发消费者对广告的接受，就必须注意一点：与时俱进的视频创作和流行音乐、偶像明星的加入，是起到至关重要的因素。

（3）记忆是消费者思索消费的过程中，做出是否购买商品的不可缺少的条件。在影视广告的记忆环节中，消费者往往是接受视频的审美情趣后，留下的记忆，由此记忆带来的广告信息传递。在这个记忆过程中，还有一个保留时间长度与画面或音乐、动效的深度问题。

那么在影视广告的媒体策略中，为了使消费者的记忆深远，还得在色彩上形成极大的反差，偶像演员在当时受欢迎的程度，以及音乐的最为流行的片段的深刻印象上下功夫。要达到不被遗忘，广告策划就需要在时间段播出的选择上、在影视广告的视觉元素的打造上、在记忆的深度细胞的刺激功能上发挥作用。

（4）态度分为两方面：一是受众对影视广告产生的认知情况；二是消费者对商品的功能产生的认知情况。

这是一种审美功能与记忆功能的结合体。广告本质是一个功利行为，在媒体策略阶段，怎样将审美功能演变为深度的认知，从而达到购买的过程，这就是态度；怎样将记忆功能转化为消费功能，这也是态度。受众对商品的态度，就是受众对影视广告的诉求过程的转化的态度功能的行为过程。

（5）行动是影视广告发布的最终目的。怎样才能驱使人们去购买的行动，就是影视广告的媒体策略最后的效果。

在这里"场景再现"是趋势人们行动的动力之一，为了实现这一行动，媒体策略就将在这一情景中起作用。例如，通过有影响力的媒体推送，发布诸如媒体偶像签名销商、竞猜有奖营销、包括饥饿营销、新品上市打折、优惠所带来的行动等，都是影视广告媒体策略的方式、方法。

三、影视广告媒体选择与组合

所谓媒体的选择，就是通过具体分析评价各类媒体的特点及局限性，找出适合广告目标要求的媒体，从而使广告信息顺利地到达目标顾客。不同的媒体具有不同的特点。一方面表现在空间上，如传播的范围、对象等；另一方面表现在时间上，如传播速度和被看或听的时间等。影视广告媒体研究就是要研究媒体的各种特点，选择最有效的媒体和媒体组合，以尽可能少的费用，顺利实现广告目标。

（一）传统媒体

在新媒体与传统媒体交融的时代，广告投放策略需要了解媒体策划过程中选择传统媒体的具体标准，也需要新媒体的大数据支持，使得广告投放有更高的精准度。对于传统媒体而言：

1. 覆盖域

覆盖域即广告媒体发挥影响的范围，或是媒体的普及状况。覆盖域是考察广告媒体的一个重要指标，广告主企业或广告经营单位在选择广告媒体时，首先就要考虑媒体是否能够影响到目标市场的消费者。

2. 收视率（点击率）

收视率为专门收视收听某一特定电视节目的人数或户数的百分比。通常是以 100 个家庭为基数，然后测定收视节目的家庭所占的比率。广告主和广告公司往往以此来决定是否购买这一时段的广告，而电视台也以此作为制定广告价格的一个依据。

3. 到达率

到达率是表示在一定时期内，不同的人或家庭接触某一媒体广告的比例。如计算电视节目的到达率，以 100 为基数，如至少收视一定节目或广告 1 次以上的家庭（不重复计算）为 20，则有 20%的到达率。

4. 触及率

触及率是广告经某一媒体传播后，触及到的人数与覆盖域内总人数的比率。触及率不能准确地表明触及广告信息人数与媒体受众之间的关系，但触及率高的，媒体的可用性也高。

5. 毛感点

毛感点指广告通过媒体传播所获得的总效果，是各次广告传播触及人数比例的总和。电子媒体一般用总收视（听）率来表示，就是把一段时期的各收视率相加得出的。因为电子媒体需要多次反复播出广告，观众往往会多次接触到广告信息，就有一个频度的概念。毛感点是可以重复计算的，经过累加后可能超过 100%。这一指标能够比较清楚地表明一则广告通过媒体所取得的总的传播效果。

6. 频度

频度又称平均收视频度，是表示至少收视 1 次以上电视的家庭（人）的收视次数。把广播电视的到达率乘以频度，就可以知道总收视率。

7. 权威性

这项指标主要是衡量媒体的影响力，是对媒体的传播效果在质的方面的考察。广告对消费者产生影响，一是广告作品产生的作用，二是广告推出后所产生的作用。

不同媒体的权威性不同，如一家体育类报纸刊登体育用品的广告可能更有说服力，一个娱乐性的节目插播文化娱乐类的广告可能更有效果。一种资信较高的媒体所发送的广告可能更令人信服。从媒体本身来说，也会因其空间和时间的不同，权威性有所差别。

8. 每千人成本

媒体费用分绝对费用和相对费用两类。绝对费用是指使用媒体的费用总额；相对费用是指向每千人所传播广告信息所支费用。千人成本是将一种媒体或媒体排期表送达 1000 人或家庭的成本计算单位，是衡量广告投入成本的实际效用的方法。

（二）数字媒体及媒介融合

日臻完善的互联网支付体系，使数字传播渠道真正具备了销售渠道功能，比起擅长打造品牌影响力、传播力和知名度的传统媒体，数字媒体在销售转化和流量变现方面优势明显。因此，数字媒体广告投放比例持续攀升，成为广告主破解营销传播实效难题的锁钥。中国传媒大学广告主研究所的调研数据显示，广告主在移动端的投入持续加大，移动端成为广告主数字媒体花费增长的主要动力。中国传媒大学广告主研究所调研数据显示，新闻资讯、搜索引擎和社交媒体已逐步成为企业主要运用的移动互联网媒体类型。

新闻资讯应用凭借其用户黏着优势受到广告主的青睐，在媒体平台选择方面，诸如腾讯新闻、搜狐新闻和今日头条等用户覆盖率广、启动频率高的大流量平台可以成为广告投放的选择。另外，许多定位和功能更细化的垂直资讯 APP，以其新闻内容的深入和专业，黏着细分消费者，传播更加精准；在广告形式方面，原生广告成为广告主普遍采用的广告投放形式，通过沉淀目标用户阅读内容和习惯等行为数据进行个性化广告投放，同时将产品与品牌的信息渗透到新闻资讯、专题报道等媒介信息中，实现与用户阅读场景的无缝对接，在潜移默化中灌输品牌产品知识。以微信、微博为代表的社交媒体类型，因为具有建立企业账号与用户进行直接沟通，加深品牌与用户的亲密关系，口碑带动销售转化等优势，也成为广告投放的新阵地。

移动互联技术已经成为破解媒介疆界区隔的关键，也是加速传统媒体与数字媒体互通互融的重要力量。广告投放借助移动互联进行媒介融合运作的形式主要表现在三方面：

其一，户外媒体与移动端的融合。通过添加二维码建立户外广告和手机之间的链接的方式，已经被广告主普遍采用，随着 LBS、传感器等移动互联技术的日臻成熟，户外媒体与移动端的融合将更为深入。例如，美国 Clear Channel Outdoor 发布的一款技术工具能将户外装置变成数字接口，当行人经过时，移动传感器会启动装置，向行人推送广告信息或移动网址等，实现户外广告与智能手机的近距离对接。国内，分众传媒通过移动 Wi-Fi 与 iBeacon

技术实现随时随地和消费者手机连接,分众传媒联合百度及电商为广告主们建立起具有强大互动能力,并能够实现搜索、消费大数据分析的精准投放平台,广告主可以通过这个平台实现消费者的触达、互动,引爆购买和分享。

其二,电视媒体与移动端的融合。虽然电视广告份额逐年下降,但电视媒体在影响力和受众覆盖方面优势明显,近年来广告主主要通过"微信摇一摇""边看边买"等"电视+移动端"的互动新模式,为品牌和产品创建新的广告展示平台和新的流量入口。

其三,PC端与移动端的融合。在程序化购买方面,随着越来越多的网络广告预算向移动端倾斜,广告主对于打通移动端与PC端用户行为数据的需求越来越高,旨在破解两者的业务重叠和冲突问题,充分利用移动端的定位、互动和创意展现及PC端的创意轮播优势,实现全方位的品牌展现和精准推广。②

【案例】

<h3 style="text-align:center">卡姿兰 2009 年电视媒介策略</h3>

一、品牌背景

在中国快速发展的彩妆市场,卡姿兰是国内品牌迅猛发展的代表。从 2001 年诞生以来,卡姿兰一直秉承浪漫时尚的美丽理念,致力于为中国女性提供增加魅力的解决方案,在中国近 240 亿左右的巨大彩妆市场,在众多国际知名品牌的包围之中,步步为营稳扎稳打,取得了骄人的市场表现。2009 年,卡姿兰更是以昂扬的姿态席卷电视荧屏,时尚天后蔡依林代言的卡姿兰广告以时尚、青春、活力的形象彰显着卡姿兰的品牌魅力。

卡姿兰广告

二、市场环境

国内的彩妆市场直到 20 世纪 90 年代才在商品经济的大潮下起步,很多国内厂商发现商机,一时间市场上出现了很多彩妆产品,但几乎没有专门生产彩妆的厂商,往往都是护肤品企业为了一时利益而衍生的附属品,市场杂乱无章,品牌更无从谈起。而国际品牌则利用其成熟的市场营销和品牌运作经验进入中国,轻而易举地获取了中国女性消费者的心,香奈儿、兰蔻、娥佩兰、雅诗兰黛、ZA、欧莱雅等大多数品牌牢牢占据了国内高端彩妆市场,利润丰厚。

而欧莱雅旗下的品牌美宝莲则以具有亲和力的价格走了一条大众品牌路

---

② 陈怡,李月月. 2016 年广告主媒体策略三大变化[J]. 新闻记者,2016-07-19

线，较低的价格并没有损害美宝莲的品牌形象，从1995年进入中国以来，美宝莲一直通过大手笔的广告投入和高档商场的专柜建设使自己成为时尚、潮流的代言，相较于在中国彩妆市场上进攻高端功力不够、走大众路线又流于大路货的国产品牌，美宝莲在矛盾中求得了统一。1998年、1999年美宝莲唇膏销量连续两年稳居全国第一，至2003年，在中国已经实现了完全的赢利，成为主打大众彩妆市场的龙头品牌。

卡姿兰初期发展时，非常聪明地选择了对美宝莲的跟随策略，在实力还不够强大、没有鲜明的差异化定位时，选择依托龙头品牌赚取自己的原始资本也是一种策略。从产品到渠道到价格到形象专柜，卡姿兰紧随美宝莲的脚步。当然，卡姿兰对自己是严格要求的，产品原料上的严格选择，对国际流行色彩的准确把握，对产品包装更时尚精美的追求，都极大满足了消费者对大众时尚彩妆的深层需求。卡姿兰凭借这种高性价比的优势，利用美宝莲的强大广告攻势，主攻二、三级市场的终端网点，建立了比较成熟的渠道，吸引了大批年轻的女性消费群体。经过原始的资本积累，卡姿兰目前已经拥有了自建的几万平方米的彩妆生产基地，并拥有自主的研发能力，取得了骄人的成绩。虽然如此，卡姿兰却面临着品牌影响力的缺失，从品牌知名度来说，还远未达到美宝莲的高度，从品牌的忠诚度和美誉度来说，也还需要很大的努力。卡姿兰必须跳出美宝莲的舞台，开创一片属于自己的天地。

三、媒体策略：品牌打造，广告先行

2005年以前，卡姿兰一直坚持在中国化妆洗涤美容用品交易会上作赞助投入。另外，在专业行业杂志《中国化妆品》开设"品牌专刊"宣传自己，这种小范围的宣传主要针对经销商完善渠道，却基本没有针对消费者的产品及品牌宣传。但是在企业发展到一定程度时，想要在激烈的市场竞争中进一步扩大自己的市场占有率，就必然需要提升自己的品牌价值，而要做到这一点，就必须找到更强势的媒介载体来做更强有力的品牌推广。

要和众多国际知名品牌一样，选择《时尚》之类的高端平面媒体吗？经过分析，卡姿兰认为那样的高端平面媒体并不适合自己，这和卡姿兰本身的大众定位有关，2006年开始，卡姿兰在《瑞丽》《女友》《知音》《爱人》等大众女性爱看的杂志上投放大量广告，反而是有效的。但是这种专业的杂志媒体影响力毕竟有限，受众面窄，难以满足卡姿兰向更广泛的大众女性传播品牌信息的需要。

毫无疑问，应该选择更具效力的大众传播媒介，而当今世界上最主要的大众传播媒介是什么？卡姿兰想到了电视媒体。卡姿兰选择中央电视台

（CCTV）作为其主要的传播平台，以部分省级电视台作为补充。中央电视台是国家级电视台，其权威性毋庸置疑，对于提升品牌的高度起着助推器的作用，其覆盖率非常广泛，中央电视台1、2、3、5、6、8等几大频道更是高达90%以上，这是企业迅速提升品牌知名度的强大保证，在针对全国的市场传播方面，中央电视台有着省级电视台无法比拟的绝对优势。卡姿兰作为针对大众的品牌，选择了中央电视台作为传播平台，也就是找到了将品牌带上快速通道的钥匙。通过严谨的分析，认为CCTV3是最适合卡姿兰投播广告的频道。

从量化数据来看，CCTV3的日均收视率一般在0.5%左右，平均到达率一般高于50%，平均每周进入收视前60强的节目大概10~15个，所有这些指标都仅次于CCTV1，高于其他频道；从质化指标来看，CCTV3在广告的可信度和品牌实力感上对应的数值分别为8.6%和8.37%，仅次于CCTV1和CCTV2，而在节目的创新力、栏目的竞争力和大型活动竞争力三个指标方面都名列第一。

从观众构成来看，中央电视台1、2、3、5、6、8这几个主要频道中只有CCTV3和CCTV8是两个以女性观众为主的频道，CCTV8的女性观众比例虽然更高，但是它的观众群体以年纪较大的家庭主妇为主，对于时尚潮流的事物不敏感；相反，CCTV3的女性观众群体无论从学历、收入方面都高于CCTV8，以追求时尚美丽的白领女性为主，而这部分人群正是卡姿兰的主要目标消费者。CCTV3收视数据的硬性指标是卡姿兰的广告信息能覆盖到更多人群的保证，而观众构成的贴合则是卡姿兰的广告信息传递给精准人群的保证。

频道确定后，其次要选择的就是广告资源。对于卡姿兰这样一个新晋中央电视台的新品牌来说，广告投播之始，曝光频次必须合理，既不能太少，也不能太多，因此其制定了套装广告为主的媒介策略，选择CCTV3最优质的套装资源《节目导视》精彩栏目组合从4月到年底贯穿播出。《节目导视》每天在CCTV3主要的王牌娱乐节目前后播出，收视率高且稳定，而且可隔日轮换不同的广告版本播出，15秒广告还可以分拆为"10秒+5秒"的形式，费用不加收，这正好满足了卡姿兰公司旗下两个品牌卡姿兰和凯芙兰同时曝光的需要。广告播出的稳定和灵活达到了有机的统一。

中央电视台之外，卡姿兰还选择了目前关注度较高的省级卫视湖南卫视作为补充，将晚间的精品栏目囊括殆尽。中央电视台的"面"和湖南卫视的"点"互相配合，相得益彰。卡姿兰向中国2亿多城市女性宣告着"时尚就是卡姿兰"的理念，开创了卡姿兰炫彩的新舞台。

第七节　影视广告策划书

一份完整的影视广告策划书大致应包括如下内容：前言；市场环境分析；广告重点；广告对象或广告诉求；广告地区或诉求地区；广告策略；广告预算及分配；广告效果预测。

一、前言

前言应简明扼要地说明广告活动的时限、任务和目标，必要时还应说明广告主的营销战略。这是全部计划的概要，它的目的是把广告计划的要点提出来，让企业最高层次的决策者或执行人员快速阅读和了解，使最高层次的决策者或执行人员对策划的某一部分有疑问时，能通过翻阅该部分迅速了解细节。这部分内容不宜太长，以数百字为佳，所以有的广告策划书称这部分为执行摘要。

二、市场环境分析

市场环境分析一般包括四方面的内容：企业经营情况分析；产品分析；市场分析；消费者研究。撰写时应根据产品分析的结果，说明广告产品自身所具备的特点和优点。再根据市场分析的情况，把广告产品与市场中各种同类商品进行比较，并指出消费者的爱好和偏向。如果有可能，也可提出广告产品的改进或开发建议。有的广告策划书称这部分为情况分析，简短地叙述广告主及广告产品的历史，对产品、消费者和竞争者进行评估。

三、广告重点

影视广告的目标策略，一般应根据产品定位和市场研究结果，阐明广告策略的重点，说明用什么方法使广告产品在消费者心目中建立深刻的印象；用什么方法刺激消费者产生购买兴趣；用什么方法改变消费者的使用习惯，使消费者选购和使用广告产品；用什么方法扩大广告产品的销售对象范围；用什么方法使消费者形成新的购买习惯。有的广告策划书在这部分内容中增设促销活动计划，写明促销活动的目的、策略和设想。也有把促销活动计划作为单独文件分别处理的。

四、广告对象或广告诉求

广告对象或广告诉求主要根据产品定位和市场研究来测算出广告对象有多少人、多少户。根据人口研究结果，列出有关人口的分析数据，概述潜在消费者的需求特征和心理特征、生活方式和消费方式等。

五、广告地区或诉求地区

广告地区或诉求地区应确定目标市场，并说明选择此特定分布地区的理由。

六、广告策略

广告策略要详细说明广告实施的具体细节。撰文者应把所涉及的媒体计划清晰、完整而又简短地设计出来，详细程度可根据媒体计划的复杂性而定。也可另行制定媒体策划书。一般至少应清楚地叙述所使用的媒体、使用该媒体的目的、媒体策略、媒体计划。如果选用多种媒体，则需对各类媒体的刊播及如何交叉配合加以说明。

七、广告预算及分配

要根据广告策略的内容，详细列出媒体选用情况及所需费用、每次刊播的价格，最好能制成表格，列出调研、设计、制作等费用。也有人将这部分内容列入广告预算书中专门介绍。

八、广告效果预测

广告效果预测主要说明经广告主认可，按照广告计划实施广告活动预计可达到的目标。这一目标应该和前言部分规定的目标任务相呼应。

在实际撰写广告策划书时，上述八个部分可有增减或合并分列。如可增加公关计划、广告建议等部分，也可将最后部分改为结束语或结论，根据具体情况而定。

【案例】

劲霸男装

一、背景和难题

劲霸男装起源于海上丝绸之路的起点——文化古城泉州，产品以高档休闲夹克为主，消费群定位为25岁到50岁之间的成功人士，展示成功男士沉稳、自信的气度，诠释时尚、休闲、经典、浪漫生活，开创休闲服饰新概念，体现男人对高尚生活与浪漫情调的追求。

劲霸男装广告

然而劲霸男装前期的品牌诉求的是一种张扬的个性、一种霸气的体现。虽然与品牌名称"劲霸"相较符合，但是给人一种阳刚有余、儒雅不足的感觉，内涵直白、意境浅显，偏离了其目标消费群体的价值取向与心理需求。因此其销售情况一直不算太理想，在全国商务休闲男装品牌中排在较后的位置。

我们知道在现代社会，服装代表的是一种生活态度、一种文明、一种艺术。一个服装产品要成为知名品牌，最根本的要素不在于它的表象，而源于它的内涵——丰富的人文思想。

人文思想是品牌的灵魂，服装品牌的核心价值定位应该以传统文化为支撑，以人文意识、人格化与某种生活情趣为象征，从中挖掘品牌内涵与价值，使服装品牌具有鲜明的个性，以迎合目标群体的消费需求，给予情感满足。这也是劲霸在初期发展受阻的根本原因。发掘出劲霸真实的品牌内涵与价值，就是劲霸脱离樊笼的关键。

辗转之下，劲霸在2002年找到了特劳特（中国）战略定位咨询公司（下文简称：特劳特）为其做企业战略定位。经由专业的"定位理论"专家团队帮助下，劲霸男装迎来了腾飞的契机。

二、首次定位：入选卢浮宫

2003年的中法文化年，为法国人了解中国文化、中国艺术开启了一扇重要的窗口。同时也为中国服装新秀——劲霸品牌提供了一个千载难逢的机遇。在法国卢浮宫代表中国56个民族服饰的展出，让劲霸有了向世界证明自己的机会。

在卢浮宫参演后，特劳特分析认为，应该借助这次在卢浮宫演出的机会，为劲霸的品牌故事增加亮点，并且提炼了定位语：入选卢浮宫。以"入选卢浮宫"为"宣传点"，使之成为劲霸男装实现品牌重大飞跃的强大助力。

为了更好地展现劲霸男装为"入选卢浮宫"的大品牌，劲霸最终将这一轮广告拍摄的任务,交给了广州汉狮影视广告有限公司(下文简称:汉狮)。在这一系列的广告创意中,汉狮运用独有的"心智链接"方法,把握住劲霸男装本次制作电视广告的核心,成功地为劲霸男装在全国各个省、市、自治区2000多家专卖店的销售业绩推波助澜,奠定了劲霸男装此后7年连续入选"中国500最具价值品牌",成为中国休闲男装第一价值品牌的基础。

众所周知,浪漫的法国人对于美有着无比执着的追求精神,这从法国艺术在欧洲甚至世界独树一帜就可以看出。而卢浮宫,无疑是法国的艺术圣殿,法国人对于在卢浮宫展出的作品,自然有着更为挑剔的要求。能够入选巴黎卢浮宫的男装,便赋予了劲霸男装艺术珍品的含义。如何让劲霸男装与"入选卢浮宫"这个艺术殿堂天衣无缝地结合起来,成为了这次广告制作的关键。

广告大师伯恩巴克曾经说过:"10亿年来,人类的本性从没改变过,再过10亿年也是一样,只有表面的东西会改变","谈论人类的改变很时髦,但一个传播应注意不变的人性。人的语言常掩饰他真正的动机,但你必须去挖掘什么是人类的原始启动力、行动的本能。如果你知道这些,你便能切中核心感动他。"因此电视广告中,能否深刻洞察消费者心理,才能让广告成功与消费者达成沟通。

通过洞察消费者心理,汉狮发现"入选卢浮宫"这句定位语,能够将人们对巴黎卢浮宫的好感迁移到了劲霸品牌上,提高了消费者的信赖度、好感度。在顾客心目中提升劲霸男装的品牌,树立起一种劲霸男装与皮尔卡丹、阿玛尼、范思哲、古奇等世界顶级服装为同等品牌的品牌形象。

为此,汉狮还特别前往法国巴黎,克服了重重障碍,得到卢浮宫的同意,成为首家进入到卢浮宫拍摄的影视广告公司。

汉狮结合"心智链接"的方法,紧扣劲霸目标消费者的欲望,达到抢占消费者心智的目的。"你看到的都是你想看到的,人们只对自己感兴趣的东西留下印象。"根据此定位理论指导,汉狮观察和访问了大量劲霸目标消费者,筛选提炼出了这些人群的心理需求,他们是社会的中挺力量,他们创造财富,用心付出,担负起社会的责任,建立男人的信仰,他们追求成功,热爱生活。于是广告片中出现了如下设置:长相成熟沉稳男模特,漫步在巴黎的石板街道上,遥望各个经典建筑做出思索,观赏卢浮宫内各式经典雕塑。这些都是目标消费者非常喜欢和向往的场景,同时也与劲霸男装的产品契合度非常高。

广告创意从劲霸男装的目标消费者本身出发,顺应他们的欲望,将品牌和他们喜欢或向往的事物联系在一起,鼓励他们去追求、去实现自我,而在劲霸男装电视广告中,演员游弋在巴黎街头及卢浮宫内,加上入选卢浮宫的定位语,使人们下意识中在关于"巴黎""艺术气息""时尚"等元素里,从此与劲霸男装有了联系。因此，当受众下次想起潮流男装时，很容易就想到了劲霸男装。

这些与巴甫洛夫经典的"条件反射"实验有很重要的联系。狗听到铃铛响的时候，是不会流口水的，而递给狗一块肉的时候同时响铃，如此反复多次之后，只需要响铃，不给肉，狗却会流出口水。这是条件反射实验的内容，而"心智链接"是在条件反射实验的基础上，由汉狮经过长年的广告实践和思考提炼总结出来，关于如何让广告产生作用，并使之从实际上影响消费者购买行为的理论。广告是个被动学习的过程，我们将品牌精神比做铃声，而消费者欲望自然就是那盆肉，将两者反复结合不断出现，消费者就能对品牌产生条件反射，实现无意识的品牌忠诚。

在劲霸男装的电视广告，能够发现没有在讲述劲霸男装在设计有多出色，也没有强调剪裁上多强悍，更没有对比劲霸是不是比其他竞争品牌更强。大家只看到了男模特优雅、从容、自信地漫步在巴黎及卢浮宫。这是为什么？

回顾一下广告，巴黎的石板街道，巴黎埃菲尔铁塔，卢浮宫这些代表艺术时尚的场景频频出现。追求成功，热爱生活的目标消费者难以抗拒对这些场景产生向往，因为这些场景正正是这群目标消费者的欲望！

把消费者"有设计的男装"的理性需求提升到"男人应有品味与自信"的非理性欲望，把"入选卢浮宫"的劲霸男装和时尚巴黎带来的品味与自信链接起来反复播放，通过条件反射原理实现无意识的品牌忠诚。

果然这一轮的广告打破了市场格局，在传播一段时间后，劲霸男装的销量达到井喷，开创了中国休闲男装品牌里"劲霸男装"的时代，广告内容更是好评如潮，在今天看来还是激动人心。

三、2006年德国世界杯——首次大型体育整合营销

到了2006年，伴随着劲霸男装在市场，尤其是在茄克领域领先地位的逐步确立，品牌从起初的跃升期进入更高层次的掘进期。在市场规模增长式爆发之后，劲霸亟需一次机会，在消费者心目中树立起劲霸是中国茄克第一品牌的意识，而2006年世界杯恰逢其时地满足了这一需求。

面对新的品牌阶段，特劳特分析认为，世界杯是世界上最受欢迎的赛事之一，让中国队出现在世界杯上是球迷不变的期盼。而且劲霸的目标消费者及潜在消费者，观看世界杯赛事的几率非常高。因此，定位公司提炼出劲霸发展全新阶段的广告定位语，"劲霸男装，引领中国茄克走向世界"。

汉狮再次运用心智链接的方法，抓住了中国球迷期盼中国队能够早日走向世界，与世界其他强队同场竞技的愿望。以广告内容反复进行链接，从而

达到抢占消费者心智的目的。根据定位理论指导，于是在广告片中出现：足球飞过巴黎及卢浮宫的场景，身穿劲霸茄克的男模特跃起射门，球飞过类似球门的石柱，冲向远方。这些是自信、帅气的动作与定位语营造的气氛，都是目标消费者期待和追求的场景。

广告创意从消费者出发，顺应他们的欲望，将品牌与他们喜欢向往的事情联系在一起，给他们一个完成愿望的片段，劲霸男装《前锋篇》中，适时地出现射门得分的场景，加上"劲霸男装，引领中国茄克走向世界"，使人们下意识中在关于"力量""奋斗"和"足球"的元素里，从此加上一个"劲霸男装"。因此，当受众想起"力量""奋斗"和"进球"时，很容易就想到了"劲霸男装"。

消费者"世界级的茄克"的理性需求提升到"男人就要有力量"的非理性欲望，把"劲霸男装，引领中国茄克走向世界"与充满力量感的男人形象链接起来反复播放，通过条件反射原理实现无意识的品牌忠诚。

在世界杯进行的一个月时间里，每一粒精彩进球都伴随着劲霸的广告，一位身穿劲霸茄克的男模特，在卢浮宫做出超难度的凌空射门动作。走向世界的中国茄克与男人就有充满力量进行反复链接，甚至还有期待中国足球能够具有力量走向世界的美好愿望。

劲霸的品牌形象开始深入人心，而后续宣传活动也在销售终端同时展开，由于央视广告的拉动，消费者的参与热情非常高，劲霸男装全国专卖店及销售专柜人潮涌动，迎来又一个销售高潮。

2006年德国世界杯，劲霸在营销费用上翻了几番，达到3800万元。再加上那句豪气干云的"引领中国茄克走向世界"，让劲霸男装作为中国茄克产业引领企业的地位得以牢固确立。

四、2010年南非世界杯——再创体育营销新记录

连续两届进行世界杯营销取得巨大成功后，劲霸更加注重在大型赛事里的广告投入，因此在2010年南非世界杯之际，劲霸启动新一届世界杯营销的征途。2010年恰好是劲霸成立30年的重要时刻，已是三十而立的劲霸男装，经过多次大型赛事期间的广告营销造势后，基本确立起茄克第一品牌的地位。特劳特经过分析后，提炼出这个时期的定位语："专注茄克30年"。

起初，这条广告是由劲霸的全案代理公司执行制作，但是该公司对于定位理论的广告在理解不到位，导致成片的效果不理想，给消费者的感觉劲霸男装成为了博物馆藏品的感受，失去了劲霸一贯以来的力量感、自信感、速度感等品牌特点。

试播后的效果表明这条片子无法满足劲霸世界杯营造的要求，因此决定重拍一条新片。但当时离世界杯开幕只剩下半年，时间上十分急迫，这时劲霸决策层想起了此前多次帮助他们的汉狮。经过劲霸多番思索后，还是决定将重拍的任务交到汉狮手上。

临危受命的汉狮在这一次，依旧运用自己"心智链接"的方法来指导这次工作。男人到了30岁就应该有自信有力量地去面对一切困难，三十而立的劲霸必须要有更高的追求。在依靠自己的本领取得市场领先的地位后，更应该确定自己今后的目标与发展方向。

汉狮认为应该让三十而立的劲霸与其主要目标消费者沟通起来，抓住这群事业成功或正迈向成功的人士的需求，沉稳自信且充满力量的社会中坚分子，有追求而且专注于事业的"创富人群"。

基于这种认知，汉狮再次启用了王老吉广告的御用导演Gera及其制作班底，从全球范围内搜集而来的十多位顶级男模特，动用了一流的美术与置景，将上海一座废旧厂房进行翻新，并且不计成本地在拍摄前安排了多次彩排，让男模特间培养起默契，只为了能在广告中体现劲霸男装自信激情，有力量有速度的品牌特色。同时强调劲霸领先的版型设计，突出更好的版型让茄克更有型的品牌内涵。

根据定位理论指导，人们只会看到自己想看到的，人们只对自己感兴趣的东西留下印象。因此在广告片中出现了如下创意场景设置：

广告创意从消费者出发，顺应他们的欲望，将品牌与他们喜欢向往的事情联系在一起，给他们充满力量、激情和满足感的片段，在影片中，适时地出现男模特充满力量、激情、自信的场景，突出更好版型的茄克，加上"专注茄克30年"的定位语，使人们下意识中在关于"激情""力量"及"满足"的元素里，从此加上一个"劲霸男装"。因此，当受众想起"激情""力量"及"满足"时，很容易就想到了"劲霸男装"。

把消费者"穿有版型的男装"的理性需求提升到"男人应该有激情力量和满足"的非理性欲望，把"专注茄克30年"与速度、激情、力量的画面链接起来反复播放，通过条件反射原理实现无意识的品牌忠诚。

在世界杯期间，劲霸通过激烈争夺，拿到了央视世界杯转播赛前、赛中、加时赛等五个黄金时段的广告播出权，费用高达7600万元，投入金额是国内服装企业中最高的。2010年，劲霸销售额超过20亿元人民币，在全国范围内设立了3000多家形象统一管理规范的品牌专卖店，连续7年入选"中国500最具价值品牌"的劲霸男装，以148.77亿元的品牌价值排名50位，继续蝉联中国休闲男装第一价值品牌。汉狮也凭劲霸男装广告，夺得"2010中国广告实效案例大奖"荣誉。

五、结语

2002年劲霸第一次与"定位理论"的专家团队合作，至今一起走过了10年。对定位理论，劲霸是最忠实的执行者，也是最大的受益者。10年前，劲霸在商务休闲男装品牌中默默无闻，如今已然稳居头把交椅，主打产品茄克的销量连续多年全国领先，被评为中国服装行业标志性品牌。汉狮协助劲霸男装奠定了茄克第一品牌的地位，2010年品牌价值飙升至148.77亿元。

本章思考题

1. 企业为什么要制订广告计划？
2. 为什么IBM、P&G、可口可乐公司、百事可乐公司、微软公司等都没有设立自己的广告公司，而把广告业务交给企业之外的广告公司来做？
3. "果粉"清晨6点半排队，先抢购再上班。iPhone的新品上市总能带来一阵苹果热旋风。请尝试分析iPhone的市场策略。
4. 举例分析广告创意表现背后的广告策略。
5. 请找出中国移动和中国联通两家公司的移动网络服务中，直接构成竞争关系的套餐服务，并分析两个竞争服务产品各自的优势和劣势。

第四章　影视广告创意

没有人会怀疑，广告创意是广告作业中难度最大、最富挑战性、最具创造性和艺术性的一环。美国前总统罗斯福曾说过，"如果我不当总统，就做广告人"，这可是世界历史上最高层次的人物为广告人做过的最有分量的讲话了。美国 BBD 广告公司创始人威廉·伯恩巴克（William Benbach）认为"创意是广告的灵魂，是将广告赋予精神和生命的活动"。创意是广告的关键，没有好的创意，广告充其量是二流作品。没有创意的广告是成本最昂贵的广告。威廉·伯恩巴克说："我们没有时间，也没有金钱，允许大量以及不断重复广告的内容，我们呼唤我们的战友——创意，要使观众在一瞬间发生惊叹，立即明白商品的优点，而且永不忘记，这就是创意的真正效果"。

第一节　影视广告创意概述

一、影视广告创意的概念

创意，原意是指创造性的意念。中国古已有之，早在公元一世纪东汉王充写的《论衡》一书中就已经出现过，其意是指写文章能有新意。但创意作为一种思维方式、工作方式，特别是作为一项职业、产业，还是西方创导和兴起的。1960 年，美国著名广告大师詹姆斯·韦伯·扬（James Webb Young）出版了广告名著——*A Technique for Producing Ideas*（《产生创意的方法》），标志着广告创意作为一门独立的学科问世。

创意一词最早来自英文单词 create, creative, creation, idea, 虽然这几个单词的英语意思都有所差别，但在广告创作中都将它们翻译为"创意"。按照中文的解释，创意都被理解为新意。在广告界中，创意有广义和狭义之分。从广义上来理解，广告创意是综合了市场、产品、消费者等多方面的因素，在根据广告主所要求传达的信息，通过广告的传播方式把诉求内容变成消费者易于接受的表现艺术形式。从狭义方面看，广告创意就是一种新的概念、新的组合形式、新的表现手法。

创意是一个广告创作的灵魂，是整个广告的核心。因此一个好的广告创意有助于提高广告活动的预期目标；提升产品和企业的知名度、美誉度，能在消费者的心中保持较高的地位。

影视广告创意是一项创造性活动，是将广告主题视觉化的构思过程。因而影视广告创意是指广告创作的专业人员在广告战略指导下，根据广告主题的要求，恰当地运用影视艺术手段，精心巧妙地创造一个新鲜独特的视觉化点子的构思过程。

二、影视广告创意的特点

影视广告创意是科学性与艺术性的结合，影视广告创意有以下两个方面的特点：

1. 科学性

影视广告创意的科学性是指影视广告创意是按一定的科学规律和手段进行的，具体表现在：

（1）运用科学的方法对消费者与市场进行调查研究。时刻记住广告的本质是推销术，以量化和定性分析为基础，对市场、企业、产品、消费者及竞争者进行的科学的调查研究，从而为广告主提供相应的参考数据及建议。

（2）恪守产品或品牌的事实。对产品或品牌特性、功能等既不夸大，也不虚饰，而是实事求是地展示相关信息，从而使广告信息单纯化、清晰化。

（3）严格按照广告策划的科学程序。广告策划具有一定的程序和规律可循，这样才使广告创意承前启后，从而视觉化广告主题，实现市场销售目标。

（4）重视广告创意的概念测试。结合产品特点与消费者心理，对创意精雕细琢，提炼出概念并对之进行相关测试，使之成为"实效"广告片的基础。

（5）熟悉影视拍摄制作的基础知识。能够在创意时将预算与目标结合考虑，尽量多做小成本、大效果的广告创意。

2. 艺术性

影视广告创意的艺术性是指用艺术化的手段创造广告形象，具体表现为：

（1）发挥影视广告视听结合的特性。注意运用影视思维方式，塑造品牌的同时也演绎品牌的个性，让广告主题变得生动、鲜明和形象。

（2）广告创意应着眼于增强广告说服观众的艺术感染力。在进行创意时，应多想想怎样在片子的开头抓住观众，整个片子怎样才能让观众印象深刻。

（3）符合广告创作原则。善于从成功广告案例中汲取营养，体会"情理之中，意料之外"叙事方式，揣摩"旧元素，新组合"的特点，使创意不脱离广告创作的基本规则。

（4）重视社会风俗与禁忌。熟悉当地各种社会风俗，并注意各类禁忌。尊重消费者的审美情趣，与消费者形成真诚的对话。

总之，科学性与艺术性的高度统一，是确保影视广告创意成功的有效途径。我们既不能以片面的科学做借口，使影视广告成为枯燥乏味的产品说明书；也不能以纯艺术的思考方式对待影视广告，使之成为中看不中用的"花瓶"。

三、影视广告创意的基础

影视广告创意的基础，纵向来看是创作者对市场调查与预测、消费者需求和产品的特殊认知。横向来看涉及社会经济发展、消费水平的程度及消费潮流的导向等。

影视广告创意的基础还建立在相关量化指标上，包括直接、间接资料的获得、衡量标准的考量、问卷及抽样的设计、管理，数据的处理和分析，市场的预测等。

影视广告创意必须具备各方面的知识，具有敏锐的洞察力及娴熟的执行力，因而影视广告创意的基础包括以下几个方面：

（1）提炼广告客户传达的有关商品信息，并有效传达给消费者。

（2）能够将信息有效传达，引起受众的关注，从而促使受众产生消费欲望，实现预期的广告目标。

（3）能够在有限的时间、篇幅内，将广告主想要传达的信息转化为受众易于理解和接受的方式，更好地吸引受众的注意力，维持受众对产品或者企业好感度，促使受众产生购买的欲望。

广告创意是为客户服务的，必须使广告接受方即广告消费者也能得到满足。因为如果广告客户通过广告单方面推销某一创意，强行灌输信息，这会让消费者不满意而无法正常沟通，从而让广告创意流于形式而得不到消费者的认同去购买。

四、影视广告创意的原则

创意无边界，创意就是旧元素的新组合。但这样组合未必能成为优秀的广告创意，对于影视广告创意来说，其限制性尤其明显。一般来讲，影视广告创意应遵循如下几个原则：

1. 真实性

影视广告创意的本质就是真实性。一个好的影视广告创意要建立在真实性上，这样才能让广告对象产生信服，才能获得长远的成功。

2. 艺术性

采用一切特殊而有效的艺术手段，使得影视广告创意得到更淋漓尽致的表现，让广告对象传递信息的同时也带来一种审美的愉悦。

3. 简洁性

在这个信息爆炸的社会，影视广告创意应该简洁明了，才能使得信息被有效的记忆以及识别。

4. 系列性

为了达到广告的目的，加强传达力度，形成系列广告，可以充分发挥影视广告的特长。因为个别传达不能形成规模和长期效应，系列传达既有面的展开，也有点的深入，还有线的延伸，容易在消费者心目中留下深刻的印象。

近年来，在消费者眼中较为成功的系列广告篇当属 2011 年至 2012 年益达口香糖的系列广告。通过精准的定位，益达口香糖的"酸""甜""苦""辣"系列广告引起了新一轮的系列广告风潮。益达口香糖系列广告通过四个小故事讲述男女主人公与益达之间的爱情故事，每一次广告片的发布，都使得观众期待下一个广告片男女主公人会发生怎样的故事。这样的系列广告形成了长期的效应。

益达口香糖系列广告

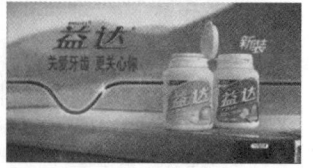

图 4-1　益达口香糖系列广告之"酸"篇分镜头截选

图 4-2　益达口香糖系列广告之"甜"篇分镜头截选

第四章 影视广告创意

图 4-3　益达口香糖系列广告之"苦"篇分镜头截选

图 4-4　益达口香糖系列广告之"辣"分镜头截选

第二节　影视广告创意的来源与过程

一、影视广告创意的来源

在影视创作中，有一句众所周知的话："剧本剧本，一剧之本"，创意与影视广告的关系同样也可以用这句话来形容，那么创意是怎么来的呢？是对专业知识的精深研究，还是对生活中的细致体会，这是一个值得探索的问题。

一个好的影视广告创意，既离不开对专业知识的精深研究，也离不开生活中的细致体会。如果单单只有专业知识的精深研究而没有生活中的细致体会，那么创意就缺乏打动人的东西；反之，就没有必然的关联性。创意是一件奇特的事情，有时候得来全不费工夫，有时候又难觅踪迹。那么，影视广告创意的来源基于哪些方面呢，我们对以下几个方面进行研究：

1. 了解市场、企业、产品、消费者

只有通过对市场、企业、产品、消费者这四个基本的环节进行深入细致的了解，掌握创意所需的信息，才会产生创意。要做好这四个基本环节的了解，创作人员必须付出辛苦的劳动，需要到现场进行实地的调研，获取大量的数据，拥有丰富的一手信息，从中获得启发。所谓走的多，看的多，听得多，想得多，那么就会发现别人未曾发现的东西，产生创意的可能性就多得多。

【案例分析】

2006年强生"因爱而生"系列广告

此广告对市场分析透彻、人群划分精准，更为难得的是抓住了产品本身的特点做文章，动之以情晓之以理，打动人心不在话下。

强生"因爱而生"系列广告

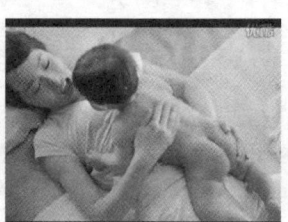
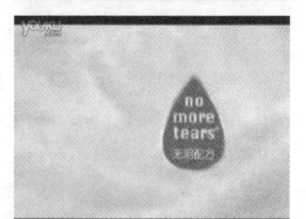
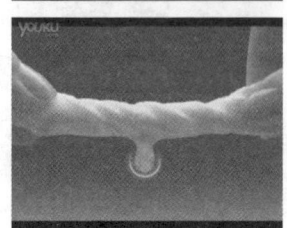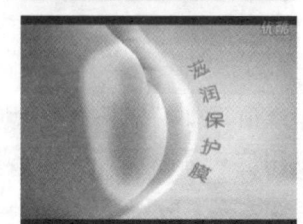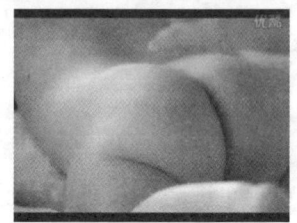

图 4-5 强生"因爱而生"之倍柔湿巾分镜头截选

2. 明确的广告定位

一个广告创意并不是适合任何品牌的产品,而需要精准的广告定位,有利于找到创意的来源和突破口。一个优秀的创意需要考虑清楚从什么角度来表达,确定怎样的整体基调,应该做哪些事情等。

【案例分析】

2008 年农夫山泉"大自然的搬运工"

农夫山泉与众不同的广告定位,把握了现代化社会里人们对自然界的向往,以"天然、健康"为核心诉求,向消费者传递了"真正"的"优质"水源。

农夫山泉"大自然的搬运工"广告

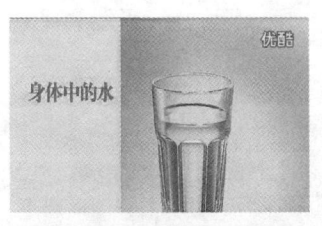  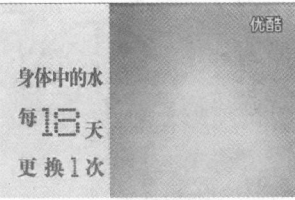
 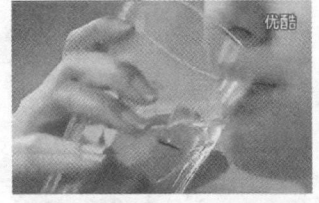 

图 4-6 农夫山泉"大自然的搬运工"分镜头截选

3. 对媒体语言的研究

影视广告的创意，当然离不开视听艺术，视听语言的画面、声音、时间等要素都要准确。

4. 源于生活的感悟

生活是创意的源泉。一个好的影视广告创意来源主要有以下两个方面：

（1）生活情趣的形态指人们在日常生活中感受到的生活情趣，如情调、品位、乐趣、体验等。

（2）生活价值的形态指生活表达了社会认可的成就感、成功感、自豪感、满足感和归属感。

【案例分析】

2008年荣昌肛泰铁人三项篇

该广告片很好地抓住了消费者的需求点"不怕水、不怕坐、不怕动"。这样简洁有力的广告语来自生活，朴素又自然，且便于记忆。由此看出，好的广告创意离不开好的生活洞察和消费者需求。

荣昌肛泰（铁人三项篇）

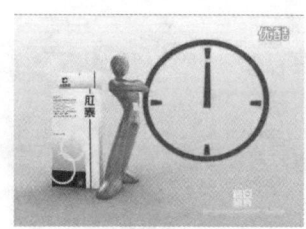  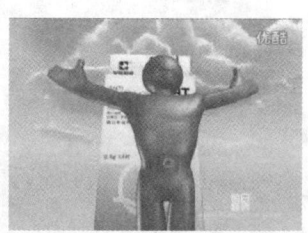

图4-7 荣昌肛泰铁人三项篇分镜头截选

二、影视广告创意的过程

影视广告创意的过程是创作人员根据广告主题和预期目标，进行一番精心策划和思考，然后运用一些艺术手段，把掌握的材料创造成形象的过程。詹姆斯·韦伯·扬在《生产创意的方法》(A Technique for Producing Ideas)一书中提出了完整的产生创意的方法和过程，他的见解在我国广告界颇为流行。

产生创意的整个过程是：

1. 二类资料的收集

一方面是创作者所需要的资料，即广告原型情报收集；另一方面则是平时不断累积的资料。

2. 分析阶段——找出商品的差异之处

主要是对获得的资料进行分析，找出商品本身最能引起消费者注意的地方，发现能够打动消费者的关键之处，也就是广告的主要诉求点。

先把商品能够打动消费者的关键之处列举出来，主要有几个方面：

（1）广告商品与同类商品都具有哪些共同属性，如产品设计的主要概念、生产工艺的水平，产品自身如适用性、实用性、造型、使用难易程度等方面有哪些共同之处。

（2）与竞争商品相比，广告商品的独特之处，优点在什么地方，从不同角度对商品的特性进行举例分析。

（3）商品的生命周期正处于哪个阶段。不同的商品生命周期所反应的特性不同，其创意的思路及出发点也不相同的。

我们可以将这些商品的所有相关特性列举出来，做成一个"U"形的柱状图，底部是商品的每种性能特点，左侧是重要程度的等级，可分为5或10级，右侧则是带给目标消费者的利益的等级，同样也是可分为5或10级。然后按照这些等级为每一种商品的性能进行评级，一种刚上市的洗面奶的特性有：用量少，控油好，洗完不紧绷，控痘，去黑头，保湿等。先按照重要等画出柱状图，在柱状图的旁边再按照这些性能画出他们的利益等级。如果有两种或者两种以上的性能他们的柱状图等级都高于其他性能的话，如控痘、去黑头、保湿等。我们可以推断出这款洗面奶的对于面部皮肤的治疗性较好，适合皮肤经常出现问题的年轻人。通过这样的列表方式，可以清楚商品性能和消费者的需求和所能获取利益之间的关系，然后用简短的几句话来进行描述，最后结合目标消费者的具体情况，找出商品的诉求重点。

3. 反复构思阶段

在对有关资料进行调查和研究之后，就开始进行构思了。这一阶段需要的时间具有不确定性，难以估计。它是一个需要大量的思考、但是可能没有结果的过程,很多时候我们会"众里寻他千百度,蓦然回首,那人却在灯火阑珊处"。创意是神秘而不可琢磨透的,因为你不知道它什么时候会突然涌现。

当创作人员的思路陷入了瓶颈时,我们需要进行调整,放下脑海中一直思考的问题,转移注意力,调整思路,放松一下自己紧张的情绪,或者换一个新的角度去思考问题。有时灵感会突然迸发,一个好的创意可能就会在不经意间产生。影视广告创意是会常常在人们的潜意识中出现。

4. 创意闪现阶段

在精细的分析之后,想法往往会涌现,创意会接踵而来。这些创意往往有不同的特点和方向,要注意把每个创意都详细地记下来,不能只满足一两个创意和想法,要多积累优秀创意。创意是广告人员创作的智慧结晶,是独一无二的。这就要求广告创作人员要拥有活跃的思维,要有天马行空的精神,不受约束地去创意。

5. 创意形成阶段

创意成形时,要将之前所想出来的创意逐个研究和分析,最终选定其中一个。在研究过程中,要从几个方面加以思考:所提出来的创意是否符合广告目标和产品特点;是否适合已经选定媒介进行投放;与竞争商品的广告相比是否具有独特性、差异性。

三、优秀影视广告创意应具备的条件

广告创意既是独创性意念的寻求过程,也是广告设计师对于意念的表达方式和表现形式的设计过程。优秀的影视广告创意,不仅需要有好的想法作为依托,而且需要以好的画面来对想法进行呈现和表达。

(1)创意上,意料之外,情理之中。既符合生活的逻辑,又有超出常人的想象。

(2)视觉上,视而可识,察而见意。既能抓住受众的眼球,又能让受众读懂创意的内涵并认同。

(3)画面上,夺目雅致,激发美感。既要有强大的视觉冲击力,又要雅致美感的形式。

(4)制作上,考究精良,变而不虚。既对制作水准提出较高要求,又对制作手段提出多样化并与设计构思相吻合的要求。

(5)社会效果上,功效显著,恰如其分。艺术水准与商业效果、社会效应并举。

以李奥贝纳的广告创意观点为例:
(1) 有趣却无销售力的广告只有原地踏步;
(2) 有销售力却无趣的广告令人憎恨;
(3) 摩擦产生星星之火,星星之火是点燃伟大创意的巨焰;
(4) 要单纯,要使人记忆深刻,要让人乐于注意,看得有趣;
(5) 广告中原创的诀窍,不在制造新奇花哨的图文,而是组合熟悉的图文,产生新的趣味;
(6) 伟大的广告创意总是出其不意地单纯,触动人心而不凿斧痕。

第三节 影视广告创意的思维方法

广告在今天的市场营销中有着举足轻重的作用,是传达商品信息的重要手段。广告创意则是广告业务的灵魂,从事广告创意不能仅靠偶尔的创意灵感,作为谋生的职业手段,广告人需要具有创意源源不断的涌现才行。因此,支撑创意的创造性思维显得尤为重要,它不仅是获得创意的常用方法,更是创意持续发生的有力保障,否则在创意的工作中知识很快就会耗尽、创意很快就会枯竭,如果具备良好的思维方式和思维习惯,从事创意才可能左右逢源,享受其中的乐趣。

目前,在我国常用的影视广告创意思考方法主要有三种:

一、水平思考法

水平思考法,又称为戴勃诺理论、发散式思维方法,是英国心理学家爱德华·戴勃诺博士提出的。水平思考法的原则是抓住主导思想、多方位的思考,便于产生一个有效、简单以及理想的见解,以摆脱旧观念的束缚。

水平思考法不仅是一种技巧,更是一种考验心智的方式。水平思考和领悟力、创造力以及幽默间的关系十分密切,这四种历程都有相同的基础。后三者都只是可遇不可求,但水平思考却在我们的能力范围内。

水平思考法是从各个问题的本身向外的一个发散,各方向拥有不一样答案,所以又称为发散性思维方法。发散的思路,彼此间都没有关联性的存在,每种答案也没有正确答案。水平思考法是一种创造性的思考,往往有令人意想不到的效果。

水平思考法有以下四个特点：

（1）多方位的角度对事物进行了解思考。

（2）用逆向思维的角度进行分析。

（3）考虑一个事物与其他事物之间的异同。

（4）一个创意通过联想后，可以引导出更多的创意进行思考、修改。

【案例分析】

聪明的韩愈

从前，有位教书先生，他给学生出了道题，看谁能用不多的钱买一件东西，能把书房都填满。学生人人动脑筋，认真思考。放学后，他们都到市集上去了。第二天，有的买来了稻草，有了买来了树苗，可是谁都没有把房子填满。一个叫韩愈的学生走进书房，从袖子里取出一只蜡烛，把它点燃。烛光立刻照亮了整间屋子。先生见了连声叫好，称赞韩愈是个聪明的学生。

摸石子

甲向乙借了一笔高利贷，无力偿还，得去坐牢；乙借机想娶甲的女儿做老婆抵债，姑娘誓死不从。乙提出了一个解决办法，乙对姑娘说："现在我从地上捡起一块白石子、一块黑石子装进口袋里由你来摸。如果你摸出白石子，你父亲的债就一笔勾销；如果你摸出的是黑石子，那你就得和我成亲"。说完，乙就从地上捡起两块黑石子放进了口袋。乙的这个动作却被姑娘发现了。如果你就是甲的女儿，你会怎么办？通常的办法有以下几种：第一，拒绝摸石子，然而问题得不到解决，甲还得去坐牢；第二，揭穿乙捡起两块黑石子的诡计，问题仍然得不到解决；第三，不得已，随便抓出一块黑石子，违心地同乙结婚。看来以上办法都不尽如人意。

现在，我们以水平思维来考虑。就是将思考的焦点移向水平方向：由口袋中的石子移到地上的石子。当姑娘的眼光从口袋移到地面（也就是说她转移了思维方向），想到乙的两块石子是从地上捡起来的。于是她伸手到口袋里抓起一块石子，在她拿出口袋的一刹那故意将其失落在地上。这时她对乙说："呀！我真不小心，把石子掉在地上了。我抓出的那一块石子是黑是白已经无法知道了，但这也无关紧要，看看你口袋里剩下的那一块，肯定与掉在地上的那一块不一样……"口袋里无疑是一块黑石子。乙不能承认自己的欺骗行为，只好无可奈何地承认姑娘取出的是一块白石子。就这样，姑娘巧妙地实现了大逆转。

二、垂直思考法

在一个相对固定的范围内，按照一定的思考线路从上到下进行垂直思考，这种思考方式叫垂直思考法，又称为逻辑思考法，即逻辑推论、演绎论证。

此种方法侧重于已经有一定知识基础和经验，来重新组合而产生创意，并且在受众现阶段的心理基础上产生广告创意，因此往往会缺乏自己的思想，缺少新意。

垂直思维方法最常见也最典型的运用，就是数理化等自然科学——因果关系非常清楚、逻辑性很强，是一种线性型关系，不会有什么偏差。不过在现实生活，往往一个问题有很多种的答案。例如从 A 地到 B 地，路线会有好几种选择，最短的直线距离不一定是最好的选择，这其中要受到多种因素的制约，例如路况不好等问题。

在进行影视广告创意时，水平思考法可以弥补垂直思考的不足。水平思考较之于垂直思考有许多优点和特点，戴勃诺博士从 10 个方面进行了比较：

（1）垂直思考法是选择性的；而水平思考法是生生不息的。

（2）垂直思考法是一个方向上移动；水平思考法的移动则是为了产生一个方向。

（3）垂直思考法是按部就班的；水平思考法则可以跳来跳去。

（4）垂直思考法，必须保证每一步都正确；用水平思考法则不必。

（5）用垂直思考法，为封闭某些途径而要用否定；用水平思考法则无否定。

（6）用垂直思考法，要集中排除不相关的东西；用水平思考法则欢迎闯入的机会。

（7）用垂直思考法，类别、分类与名称都是固定的；用水平思考法则不必。

（8）用垂直思考法，要遵循最可能的途径；用水平思考法则探索最不可能的途径。

（9）垂直思考是无限的过程；水平思考则是或然性的过程。

（10）垂直思考是分析性的；水平思考是激发性的。

三、集体思考法

集体思考法是通过集思广益进行创意的方法，这种方法又称"动脑筋会议"或"头脑风暴",这种方法是广告创意思方法中最常这种的方法。该方法是 20 世纪 70 年代左右由美国 BBDO 广告公司副总经理奥斯本提出的,后来在广告界广为流行。

这一种集体思考方法,常在召开会议的前一两天通知将要参与开会的人员,告诉开会人员开会时间、地点、议题等信息。参加的人员一般都是由广告经营人员和创作人员组成,人数在 10~15 人。会场主持人一名,记录员 1~2 名。会议开始时,会议主持人要详细的讲述这次会议要讨论的话题和需要的注意事项,以及相关材料背景后,任由参与会议的人员开动脑筋发散思维。会议记录员将大家的创意想法记录下来,并向会议人员展示,以便激发思维,开阔思路,互相启迪和补充。

使用这种方法的时候,要注意:一是禁止批评。对每个人员提出的创意不能进行评判和议论,毫无限制地自由发表看法。二是创意越多越好尽量让每个人都畅所欲言,随意地发表自己的看法,使得创意越多越好。三是对创意的质量不进行评价。即使创意不具备可实施性,也可以提出。鼓励别人在其他人构想的基础上联想、斟酌、修改等,从而产生新的创意。

集体思考法,是随着社会经济发展而产生并得以广泛运用的。现在的广告活动不再是个人活动能够完成的,而是集体思考或者集体合作之后的决策活动。

第四节　影视广告创意的主张

随着现代影视广告业的不断发展和创作实践的需要,各种各样的影视广告创意主张便应运而生。下面介绍几种影视广告创意的主张。

一、产品论

20 世纪初中期,世界经济是在战后开始活跃,市场开始呈现出竞争趋势。这时候商品往往都相对单调,同质化现象较少,消费者更注重产品的包装、外形、功能等实际价值,而不在意产品以外的其他附加值等。在这种条件下,市场竞争主要通过产品本身的特点以及特有的功能所造成的差异性来实现。在这样一个时期,影视广告大师李奥·贝纳的"与生俱来的戏剧性"理论诞生了,他认为任何一种产品都具有一种使它能够在市场环境生存的因素,这就是"内在的戏剧性",影视广告人就是把"戏剧性"寻找出来,认为"创意就在产品中寻找"。李奥·贝纳强调尽量发掘产品本身的内在价值,在这些内涵提炼出对消费者而言最重要的元素，再将这些元素用影视广告的形式传播出去，达到提高销量的广告的目的。"与生俱来的戏剧性"理论是从产品本身出发，一切都是围绕产品进行创意，是从"产品本身看待产品的一种特殊方式"。

【案例分析】

丁桂儿脐贴广告（气球篇）

在这个广告片中，丁桂儿脐贴抓住自身自有的、与众不同的东西——产品优势，中药外用使用方便、安全、见效。该广告片的成功之处就是创新产品类别，引导消费者新的需求，给消费者新的消费体验。

丁桂儿脐贴广告

图 4-8　丁桂儿脐贴（气球篇）分镜头截选

二、独特的销售主张（USP）

USP 在前文已有简单介绍，其基本要点有：

1. 每一则广告必须向消费者"说一个主张（Proposition）"

必须让消费者明白，购买广告中的产品可以获得什么具体的利益；广告为什么改变人们的态度，引起人们的购买欲望并实施购买行为，这需要人们在改变之前，先给人们一个理由。

2. 广告的主张是独一无二的（Unique）

所强调的主张必须是竞争对手做所不拥有的，必须说出其不同之处，在品牌和诉求方面是独一无二的。

3. 所强调的主张必须是强而有力的（Selling）

主张必须是强而有力的，必须聚集在一个中心点上，集中引导消费者来购买相应的产品。

"独特销售主张"理论可以看成"与生俱来的戏剧性"影视广告创意理论的一种延续，光靠产品内部的"与生俱来的戏剧性"还不够，还要保证这种"戏剧性"是独一无二的，是竞争对手所不具备的，可见"独特销售主张"理论带着强烈的竞争性，它必须保证自身品牌在同类竞争品牌中与众不同的卖点。

【案例】

M&M"只溶于口，不溶于手"

罗瑟·瑞夫斯在 1954 年为 M&M 奶油巧克力糖果策划的广告已经成为业界教科书般的案例。在和客户的交流中，他发现 M&M 是第一个用糖衣包裹的巧克力，于是发展出"只溶于口，不溶于手"的 USP，这个创意一直沿用到 20 世纪 90 年代。进入中国市场，这一创意沿用了 40 年。

M&M"只溶于口，不溶于手"

像苹果一样去体验一杯啤酒吧

英国 Somersby 啤酒公司推出的一支广告中，开设了一家 Somersby 啤酒的体验店，从内置、摆设、工作人员的服饰上看，都像极了苹果体验店。卖啤酒的却能将啤酒的卖点转为体验一下啤酒所带来的感觉，这独特的卖点，确实吸引了不少关注。

"像苹果一样去体验一杯啤酒吧"广告

图 4-9 《像苹果一样去体验一杯啤酒吧》分镜头截选

三、品牌形象理论

20 世纪 60 年代初,世界经济迅速发展,市场竞争激烈,相同产品中的品种越来越多,商品的差异化越来越小,品牌之间的同质化现象严重。随着人们购买力的不断提高,消费者越来越重视在消费中获功能以外的其他附加值。在此时期,大卫·奥格威提出了"品牌形象论"。该理论作为广告创意理论中的一个重要理论,影响了许多广告创作,使得在那一时期出现了大量优秀的、成功的广告。

品牌形象论认为,塑造良好的品牌服务是影视广告的主要目标。当产品种类很多时,消费者不会简单地只为了产品的功能而去购买产品,因为对产品功能的满足选择很多。消费者很容易因为对一个品牌有印象以及好感而产生购买动机,所以影视广告创意要力图塑造一个知名度高的产品品牌形象,并且任何一个影视广告创意都是为了品牌长远的利益。要竭尽能力地为产品塑造品牌内涵,使得消费者得到他们所认同的实际效益和心理利益。相对"独特销售主张"品牌理论从最初的物质层面进入到了精神层面,表达的方式是一种可见可感直击消费者内心。

品牌形象理论的基本要点:

1. 为塑造品牌服务

这是广告最主要的任务,广告就是要力图使品牌具有并且维持一个高知名度的品牌形象。知名度是品牌形象建立的基础。

2. 对品牌的长期投资

任何一个广告都是对品牌的长期投资，广告应该尽力去维护一个好的品牌形象，而不惜牺牲追求短期效益的诉求重点。品牌形象一旦建立将可保证源源不断的利润。

3. 描绘品牌的形象

随着同类产品的差异性减小，品牌之间的同质性增大，消费者选择品牌时所运用的理性就越少，因此描绘品牌的形象要比强调产品的具体功能重要得多。

4. 用形象来满足消费心理需求

消费者购买时追求的是"实质利益+心理利益"，对某些消费群体来说，广告尤其应该重视运用形象来满足其心理需求。

【案例】

2012年1号店"不二之选"品牌形象广告

1号店在电视上投放品牌形象广告，诉求直白精准——不用排队，在家收货。毫无疑问，这是对传统零售商店直刺刺的挑战。"排长队，二了吧"，尽管有人表示这创意和广告语都有点儿二，但广告带给消费者的单纯信息和说服力都在宣告着一个新的购物时代的成熟。

1号店"不二之选"品牌形象广告

图4-10　1号店"不二之选"品牌形象广告分镜头截选

四、定位理论

进入 20 世纪 70 年代，阿里斯和杰克·特劳特提出了新的影视广告理论——定位理论，到了 80 年代，定位论被流传被奉为经典理论。他们推出的《影视广告工信战略——品牌定位》一书，指出定位是一种新的传播方法，定位理论的核心是使某一种品牌、公司、或产品在消费者心目中获得一个中心点，占有无可替代的位置。这样消费者在面对琳琅满目的品牌时就会有一个不可替代的优势形象在心中，只有在消费者心智上下功夫，才能让他们不会选择纠结，才能创造出一个心灵空间，才能使得影视广告表现出差异性。只要消费者产生了该需求，就会马上想到影视广告中这一品牌、这家公司或者产品服务，达到"先入为主"的目的。

15 年之后，杰克·特劳特又与人合作出版了《新定位》一书，对定位提出了新的见解：应将视角转向注意消费者，对消费者进行深入系统的了解，确立基于消费者的新定位方法；要适应市场的变化，做好重新定位；定位中的感觉创意是非常重要的。《新定位》认为："定位思维要成功，必须'由外向内'，……决定必须以外部为基础，以市场为基础。……消费者和市场角度来看。""定位必须符合消费者脑中的观念，而不能同这种观念背道而驰。"

【案例】

2013年《青春"狠"酸甜》蒙牛酸酸乳

根据该品牌的定位——青春,选择了青春活力的代表五月天来为该产品代言,"哭要'狠'酸,笑要'狠'甜",伴随着五月天《OAOA》的背景音乐,全新 TVC 也以"青春'狠'酸甜"的励志面貌示人。

蒙牛酸酸乳广告

图 4-11 《青春"狠"酸甜》蒙牛酸酸乳分镜头截选

五、品牌个性理论

品牌个性理论（Brand Character）认为：产品+定位+个性=品牌性格。在与消费者的沟通中，从标识到形象到个性，个性是最高层面，形象只是造成认同，而个性能造成崇拜。塑造品牌个性，应使之独具一格，历久弥新。为了让联想的脉络更直接，选择能代表品牌个性的象征物往往很重要。如花旗——鹰；IBM——大象。

Wrangler 是一家源于美国西部的服装品牌，与 Levi's、Lee 并称为美国三大牛仔品牌。其悠久的历史可追溯到 1904 年，深受牛仔和牛仔竞技者的欢迎，超过 80%的牛仔比赛冠军都选用 Wrangler 作为比赛服装，据说第二次世界大战时都是接美军军服的订单。为改变 Wrangler 美国中年牛仔的传统形象，2009 年起，Wrangler 开始推出"We are animals（我们是动物）"的品牌广告。

Wrangler 广告

着力打造自己野性、性感的品牌个性。在现代大都市生活的城市年轻人，被钢筋混凝土裹挟，受到各方面的管束教化实在太多，而"我们是动物"说出了他们心中的那句话——别想太多，去放松，去释放，听从本能，回归我们本真的部分——我们是动物。

六、ROI 理论

ROI（Relevance，Originality，Impact）理论实际上是 20 世纪 60 年代 DDB 广告公司的一套创意指南，由伯恩巴克（William Bernbach）创立。

Relevance（关联性）：强调创意的广告应突出与商品、消费者的相关性。

伯恩巴克说："如果我要给任何一个人忠告的话，那就是在他开始工作之先，他要彻底地了解做广告的商品。你的聪明才智，你的煽动力，你的想象力与创造力都要从对商品的了解中产生。"广告如果与商品和消费者失去了关联，就失去了意义。

Originality（原创性）：创意就是要与众不同，突破常规。伯恩巴克说："我认为广告上最重要的东西就是要有独创性（Original）与新奇性（Fresh）。""你一定要有想象力，你一定要有创造力。""用你的创造力，你的吸引力，以及你的聪明才智来促进商品的优点，并使其易于记忆。""一定要是新奇的与有创造性的，才能使它值得记忆。"广告没有原创性，就缺乏吸引力和生命力。

Impact（震撼性）：强调广告创意要有渗透力，要使广告进入消费者的心里，对消费者产生作用和影响。广告如果没有冲击力，就不会给消费者留下任何印象。

ROI 理论不仅是一套创意指南，同样可以作为我们检验广告效果的标准。如哈药六厂的公益广告《洗脚篇》就是通过小孩观察妈妈给自己的母亲洗脚时，在妈妈不知情的情况下摇摇晃晃地给妈妈端水洗脚的故事很是打动了好多消费者。

哈药六厂公益广告

七、情感销售主张

情感销售主张（Emotion Selling Proposition）简称 ESP。现代市场丰富的商品和严重的同质化现象，使得人们对商品的功能性需求不断减少，情感需求不断上升。随着人们在广告狂轰滥炸中理性程度不断提高，一个产品如果仍然以具体功能、产地、工艺等作为诉求点，会招致消费者的厌倦。"感人心者，莫先乎情。"感情是最容易触动人心、让人难以忘怀的。

一则广告能促使消费者产生积极的情绪和情感体验，那么消费者与产品或品牌就建立起了一种情感连接，这将远远超越功利性的商品交易关系。交易是短暂的，而一种积极的情感体验是有记忆的；交易是冷冰冰的一次性关系，而情感是有态度的卷入。早在 1981 年米歇尔和奥尔森就提出了情感迁移假说，该假说认为品牌态度除了在品牌认知的基础上形成之外，另一个重要通道就是由广告态度迁移过来的。

情感销售主张的基本观点包括：

（1）与独特的销售主张不同，情感销售主张认为广告应着眼于触及人心的情感方面，特别是在商品同质化的今天，人们更需要有情感的商品。每一次与消费者的沟通都应促发他们正面的情感体验，去打动而不是说服他们。

（2）独特的销售主张属于理性诉求，而情感销售主张属于感性诉求。理性诉求需要找到支持点来支撑产品利益，以理服人。感性诉求不是通过分析、推理，而是通过卷入、感染人心底最柔软的部分，以情感人。

（3）情感销售主张主要围绕亲情、友情、爱情、乡情和怀旧等题材展开。人非草本，孰能无情。感情虽然难以量化，但如果拿捏得当便能俘获人心。

【案例】

麦当劳 2012 年《熬夜看比赛 Staying up》广告

作为 2012 年伦敦奥运会赞助商，麦当劳在奥运会开幕前夕推出了的情感型广告——"Staying up（熬夜看比赛）"。第一次，父亲睡梦中被吵醒，发现儿子不睡觉在熬夜看比赛，于是进门直接把电视关了，示意儿子早点睡觉。第二次，父亲又发现儿子在熬夜看比赛，这次直接把电视机搬走了，可"技高一筹"的儿子早已在衣橱里准备了一台备用电视。看着儿子大白天打瞌睡，夫妻俩很无奈。到了晚上，儿子为了防止父亲发现，把房间能透光的地方都遮住了，更是夸张地用床单在电视机前搭起了小帐篷。还是被发现了，当父亲卷开帐篷时，儿子很失落。但这次父亲不仅没有关电视和表示愤怒，反倒递给儿子麦当劳，钻进小帐篷和儿子一边享用夜宵一边享受比赛。

"Staying up（熬夜看比赛）"广告

八、品牌人性理论

品牌人性理论的代表人物是美国广告权威詹姆斯·韦伯·扬（James Webb Young）。他认为："广告创意是一种组合商品、消费者以及人性的种种事项。真正的广告创意，眼光应放在人性方面，从商品、消费者及人性的组合去发展思路。"最能打动消费者的无疑是广告中体现的人性部分。一个成功的广告往往能较好地运用人性要素去触动消费者。

人性可以指人所具有的正常的感情和理性。广告诉求的目标受众是人，因此从某种意义上说广告学从属于"人类"学。以人为主体的世界丰富多彩，人性是一个内涵丰富的主题，生命的新陈代谢、人的喜怒哀乐、感情的相互交流以及对生活的追求等都构成了生活中极为广泛的题材。因此，大多数成功的广告都善于挖掘人性的心灵深处，满足人们心灵深处的渴求与祈盼，对人的价值肯定、对和平安宁和幸福美满的憧憬等都成了广告表现的新主题，它是显示人类自身价值的一种诉求。

人性是你我共有共通，在别人的行为中能看到自己影子的东西。人性的东西不分阶级、贫富、好坏和意识形态。人性特质包括被世人肯定的部分，也包括一些被世人否定的部分。当你看到别人正在践行这些人性特质的时候，你不会去嘲笑它，因为他正是你的某种潜意识投射，你会报以会心一笑，像理解自己一样去理解它。所以，人性题材往往能进行跨界传播，打破因国界、种族、文化背景、教育水平等带来的沟通障碍。

【案例】

马来西亚国家石油公司"只要可能都要回家吃团圆饭"广告

中国农历除夕要吃团圆饭。华人小学的老师要求班上学生画出自己心中的团圆饭，一位男生心不在焉、东张西望看着别人画，因而遭到老师训斥。课后，同学们都兴奋地奔向车站等着父母接走。该男生坐在车站长凳上做着不同的挥手表情，同学们一个个被接走，最后只有他一人落寞地一直坐着。忧伤的音乐下，一位母亲模样的女士终于出现，男生走过去非常委屈地抱着她。后来，他们一同来到了目的地——孤儿院。字幕出现"只要可能都要回家吃团圆饭"。马来西亚国家石油公司通过此人性素材和消费者做了很好的沟通。

马来西亚国家石油公司广告

本章思考题

1. 针对本章节中所提的影视广告创意的两个特性，列举例子，并对其进行深入分析。

2. 根据本章节所说的影视广告创意，寻找一个产品，为其设计一个影视广告创意。

3. 影视广告的创意来源有哪些？在这些来源中，最主要的来源是什么？

4. 影视广告创意产生的过程中，需要注意哪些问题？我们应该怎么克服这些问题？

5. 根据本节所提及的几种思维方法，寻找一个产品，分别用不同的思维方法对其进行广告创意。

6. 根据影视广告创意的几种主张，寻找与其对应的案例，并对案例进行深入分析。

第五章　影视广告创意表现

在影视广告中，创意与表现，前者是内涵，后者是形态。具体而言，影视广告以实现创意的完整性为目的，通过影像的媒介传播，以具体的、形象的、可被认知的方式出现在消费者的视野，准确阐释其广告信息，达到预期目的。

影视广告的表现形式多种多样，基于视听语言本身所特有的影视功能与艺术形式，使得影视广告的创意在实现上可望可及，影视广告创意的表现形式是整个广告活动中极具创造性的活动，它涉及艺术、人文、社会、军事、科技等各种领域，是对创意与信息的再度创作。当"表现"作为动词解析时，它充满了活泼的生命力，呈现一切创作活动的诉求与思维状态。

第一节　影视广告创意与表现的关系

影视广告创意是连接广告主体与广告内容的桥梁。通过创意，广告信息被简明扼要地概括，开始实现下一步广而告之的阶段。在这一阶段中，我们不得不谈到，创意与表现的阶段，需要做好头脑风暴疯狂震荡的准备，把抽象的形态如何演变成具象的存在，便是此阶段的主题。内容与形式，诉求与表达——在影视广告中，创意与表现之间的依存关系与独立的个体特征最具挑战性。

一、影视广告的表现特征

影视广告兼具视觉与听觉的表现能力，对观众具有较强的吸引力。它以影像表现为主要形式，要求在有限的时间内，既可清楚地阐述广告的内在信息，又不失艺术地借助影视语言表达出广告的内在诉求与思想精华。

时间与空间在广告表达上具有可置换与调整的可能,不同于其他形式的传播方式,影视广告必须在倒计时的时间流程中极为精准地表达出一切内容,这使得广告具有严格的时间限制。然而,这也是影视广告的另一优势,即运用非线性时间的编辑,创造出超越线性时间的单一与静止。不过,与平面设计不同的是,影视广告在表现手法上相对自由,尽管有时间限制,但就整个画面的形式与构成而言,它毕竟是多维空间,有影视的镜头与景别,场景的转换等一系列表现方式,运动性极强。影视广告的表现方式是创意的外在呈现与形态,是人们认识广告信息的最直接、最原始的方式。

二、影视广告中创意与表现的联系

把创意变成表现形式,是抽象到具象的演变过程,除了具有影视作品的一般特性之外,影视广告的表现则在广告与表现上有它特殊的定义——按照广告的整体策略为广告信息寻找有说服力的表达方式、为广告发布提供成型的广告作品的过程,即为广告表现。具体来讲,可分为以下几个方面。

1. 影视广告的表现形式是广告创意的具体呈现

由于影视广告所采用的表达方式不再是单向的文字或者平面的图例,一切被赋予运动的有思想意义的事物出现在视觉屏幕中时,观众的感知被开启,生活经验中的信息、符号被扩大。在影视广告的表现中,人们常常运用不同的修辞,以具体的形态呈现商品的抽象概念与意义,原本需要语言或文字叙述的内容通过活灵活现的视觉表达传达出广告的精要。我们可以这样认为,广告创意是广告表现的前身,是如何把主题具体、真实地表现出来的创造性思维;而影视广告的表现则是具体实践创意的具体化、物化的二次创造方法与过程。

2. 影视艺术的表现手法是实现广告创意的重要形式

影视广告的优势在于它包容了文字、图片、动态的一切视觉信息,它的创造性来自于对多媒体与新媒体的优势利用,拥有电视媒介与影视作品的双重身份,以视觉造型作为重要的叙述和表现手段。我们常常看到在影视广告中,运用有生命力的事物来传达广告信息,比如:动物或者人物,当然,也常常运用拟人化的表达方式使得画面更具表现与张力,这显示了影视艺术在实现广告创意上的重要地位。通常,在影视广告中所涉及的影视元素大多包括:构图、光线、色彩、道具、布景、声音、音响、字幕、演员、时间等。

3. 影视广告创意与表现的互位关系

创意与表现之间是相互影响、相互作用的关系，在某种环境中，两者之间没有完全清晰的界限，当创意者秉承从广告呈现结果的效果考虑时，创意与表现的思考与两者身份的转换界限就被模糊。就影视广告中不同类型的表达手法来讲，表现手法、形式是实现创意的最终载体，这使得前期创意时，需要考虑更为实际的行为、形式，激发或制约了创作空间，以达到最终的实践意义。然而同时，在表现阶段，创意是表现的准星，不仅是提供前期的思维与点子，同时也是表现阶段完成后作为测定是否符合主题内容的标准。由于时代的发展，表现所具有的各样手法大多在技术与技巧的硬件接收上被广泛利用，若单一依靠表现的手段来完成一则广告的所有内容，实属单薄。只有充满内涵与思想价值的创意才会使得表现手法在极其有限的时间与资源环境下，达到最终的效果。可见，优秀的广告在创意阶段给予了表现上极大的热情与信心，使得表现与创意可以毫无隔阂地连接为一体，在宣传中显得特别，使消费者铭记在心。

创意与表现的互动是十分频繁紧密的，两者之间相互推动与创造，碰撞出不同层面的火花，显现着两者相互作用相互依赖的辩证关系；而广告表现同样为创意营造出不一样的视听环境，根据不同的创意与主题，具备不一样的表现语言形态，即使是平淡无奇的广告，若在表现阶段得到有效的执行与表达，也能超过预期的效果。所以，创意与表现，不是随意的排列组合，而是有的放矢、画龙点睛的艺术性合作。

三、影视广告表现在创意中的作用

一个人在生活中表达自己的方式一般通过语言与行为，这是我们了解对方的一般依据。不一样的态度和行为方式表现出不同的内在思考与思维方式，所以，尽管方式有许多，但是表达只有恰到好处，才可以让彼此没有误会，被人接纳与了解。若语言、行动与内在表达完全合一，个性突出又不失真实，这是便是优化的表现。与此类似，影视广告的表现与创意的合理配搭与表述，方才完整、清晰地叙述广告信息的真正内容与意义，表现出广告内容的价值所在。与上述思考模式一样，语言所囊括的方面十分复杂，我们需要考虑措辞、语态、语气、语法等具有行动能力的方式方法，以便可以更好地呈现内在的诉求。概括影视广告表现在创意中的作用，可总结为以下几个方面。

1. 影视广告表现的独特手法与视角决定创意的"排他性"

所谓"排他性",在广告中即呈现出独一无二的地位与价值。这是广告创意的灵魂所在,一则广告若在创意上失去了它自身的个性与特别之处,便成为创意的一大败笔。

【案例】

瑞士公益广告《酒精作用下的现实体验》

对于大多数人来讲,酒后开车的惨重结果这一话题,不免有些严肃与沉重,但是瑞士的广告者们,首先采用了非传统的视角观察,这次不是高速路上的惨痛和血腥,而是邻居家被迫再次遭到酒精后无脑的"骚扰"。广告采用人们真实的经历——醉汉。再赋予一点戏剧性——酒精催化后的醉汉痕迹:摇摆不定地四处张望、满嘴呢喃,稀奇古怪地埋怨同伴……直到在不远处的"STOP"出现,这便是他的清醒归宿。这则广告中,口吻幽默,真实不失风格,易被接纳。可见,一个好的广告不仅创意重要,同样在独特的表现手法上若具有独特的表达角度与方式,更是锦上添花,使得创意不仅难以被模仿,同时也具有深刻的信息的焦点。

瑞士公益广告

图 5-1　瑞士公益广告《酒精作用下的现实体验》

2. 影视广告表现的作业水准是实现创意的重要前提

影视广告表现的作业水准是现今许多广告商家所追求的，毋庸置疑，这与产品的预期投入的智力、精力、财力有关系。在这里特别想强调的是，在实现广告创意上，由于影视广告通常投入的物资与时间成本一般不低于其他广告形式，尤其对于某些高端产品而言，不仅需要到位的创意，更需要精湛的表现水平。例如，通常可见的汽车广告，特别要求突出产品技术、产品技能的专业性优势，需要配合与创意等量甚至超越创意本身的描述，使得视觉效果有别于平面，能够在视听上达到超凡脱俗的效果，体现出影视广告的优势。但依然有案例，忽视表现本身的作业水准，常常导致丧失一个不错的广告创意。不难发现，影视广告的作业水平与强有力的执行水平有着紧密的关系：会意并完全把握其精髓，在策划中有完备的逻辑与应变能力，在实施中具有专业技能、技术，团队的组织与人力的和谐搭配都是先要的保障。需要注意的是，一些有创意但最终欠佳的作品，总结而言，多在于不恰当的表现，这一类教训以一些国际性品牌为多数——未能完全了解并理解其表达方式的内涵与意义，如民族、习俗、特殊环境、宗教信仰等，因此在选取素材与表现手法上需要更多角度考证与研究。

第二节 影视广告表现的类型

具有视听语言艺术的影视广告为广告主们最为青睐的陈述方式之一，而且影视广告的发展已经成为各样媒体传达的领跑者，它拥有独特的感知号召力，形象且充满想象力，是商品与各样宣传炙手可热的表述通道。

影视广告的创意需要得到表现形式的支持，好的表现手法是一部广告作品成功的前提，它增强广告创意的认知度与形象创意的概念。当今，不仅在电视，也在电影、录像、互联网等传播媒介中出现，影视广告在表现类型上所具有的特点也十分明显。

以下借用具体的案例与分析的方式，一一陈述影视广告表现的基本类型。

一、"3B"原则

特点：这一原则是美国广告大师大卫·奥格威提出的，3B 是"beauty（美女）""beast（动物）""baby（婴儿）"的简称。从影视广告的表现角色来看，由于这三种形象是最符合大众人群的口味,受众面广,角色易于接受。美女——性诉求、婴儿——情感诉求、动物——人性爱的诉求,可见,十分符合人类生命的天性,易赢得消费者的注意和接纳。下面,以"beauty""baby"的实例进行分析。

优点:唤起受众情感、拉近距离。

注意:固有的套路。

【案例分析】

篇名:跑酷世界

关键词:beauty——美女,家庭主妇

色彩:彩色

时间:13′00″

跑酷世界广告

图 5-2 跑酷世界广告

跑酷这一运动一般都以男性为主,很少有广告投向女性。然而在这则广告中,我们明显看到女性的气质——优雅、坚定、美丽、运动还有当下社会对女性独立意识的认可。

总结:不得不承认,作为影视广告中引人注意的女性,不论是风姿卓越的表达还是娴熟安静的气质都具有典型视觉冲击,作为特定的人群,beauty——美女需要塑造的不仅是外在的美感,同时别忘寄予产品的内在信息。

【案例分析】

篇名：起亚超级碗太空婴儿
关键词：baby——婴儿、情感
色彩：彩色
时间：1′00″

起亚超级碗太空婴儿广告

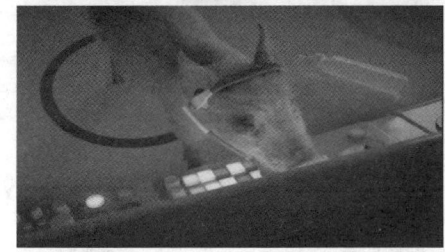

图 5-3　起亚超级碗太空婴儿广告

广告意图在于突出起亚汽车可给人情绪上的震撼效果。作者不仅引用了小孩，而且在此基础上进行了加工——运用太空的幻想和婴儿的纯真进行对比，将汽车的诞生与智能结合婴儿的无限想象力作为科技开发的诱因，特写太空娃娃呆板的面孔有了各种变化。此处借用拟人、夸张的修辞手法。镜头构图呈现极简主义风格，突显了播放器外观简洁非凡的个性。

总结：我们在使用"baby——婴儿"元素时，不可忘记小孩子的特性，这里我们无须突出视觉，而是唤起人性中纯真与怜悯的性情。借由孩子可爱纯真的特性，突出与广告信息的关系。

二、名人代言式

名人代言是指通过在社会有一定影响力的电视明星、体育明星及商界明星等为产品或品牌所做的代言。影视广告的普及使"名人代言"迎来了黄金时代，人们热衷或崇仰的具有影响力的明星。据统计：从 1979 年 1997 年，美国名人影视广告量增长了 10%（Belch & Belch，2001）。到 21 世纪，名人广告约占美国电视和印刷广告的 25%（Erdogan，Baker & Tagg，2001）。在日本，名人广告更是占到了各种形式广告的 70%（Kilburn，1998）。由此可见，这样的方式不留余力地抓住了消费者对广告的关注与对产品的记忆。"名人代言式"，以名人们对品牌的推崇与介绍，把产品一并推广出去。

优点：记忆性强、传播速度快。这一广告类型的优点就是记忆性强，传播速度快。受众在对明星的喜爱和认同中投射到产品或品牌之中而让其相信。

注意：资金预算、可信度。

【案例分析】

篇名：阿迪达斯（运动篇）
关键词：陈奕迅、梅西
色彩：彩色
时间：2′00″

阿迪达斯（运动篇）广告

图 5-4　阿迪达斯（运动篇）广告

阿迪达斯是由德国著名 AG 成员公司制造，享誉全球。该广告镜头采用运动内容，直截了当地表明了产品的最主要特点和领域，而不同国家不同地区的著名名人的代言，又很好地表明了阿迪达斯的另一个特点：知名和流行。该品牌一贯喜欢采用名人代言式的手法，的确具有影响力，针对不同的国度与民族，它所选取的人物，不论是在体育方面，还是在演艺方面，都是新生代、实力派的综合体，满足消费群体的诉求，也阐明产品的追求。在这则广告中，著名球星梅西与中国歌手陈奕迅跨界式的穿越手法，展现了阿迪达斯在中国的真诚与体贴。该广告不具有很明显的独特性，但在画面的剪辑组接上却很到位。强烈的电音，强烈而变化的视听节奏，带给人强有力的运动感。

当然，最主要的是不断深入自己的文化内涵的探求：坚持、勇敢、真挚的态度，不仅是一个运动品牌的主题，也是人生生命的主题。这正是阿迪达斯在品牌概念中希望传递的。

总结：尽管名人代言式广告不免枯燥，名人的出现占据了所有的焦点，但重要的还有镜头组接间的逻辑关系。在这组影视广告中，我们可以看到，镜头的动静结合拿捏有余，切换的速度不断增进时，人物的眼神特写画龙点睛。如果选择以名人来代言，需要把握好名人与产品的文化信息的完好结合。

三、卡通人物式

特点：一切以拟人形态出现，具有生命气息的动画创作可为"卡通人物式"，在表现手法上，如 3D、剪纸、手绘、泥土动画等。动画可以采用与现实写真不同的艺术形式，卡通形象独具一格，富有动感和新鲜的元素，同时，超越现实的表现手法，弥补了实体的缺憾，突破了现实拍摄的局限性，造型夸张，可天马行空地表达更丰富的内容。

优点：创意性、不拘形式。

注意：情节及人物性格。

【案例分析】

篇名：Adobe CS5

关键词：多样性

色彩：彩色

时间：45″

Adobe CS5 广告

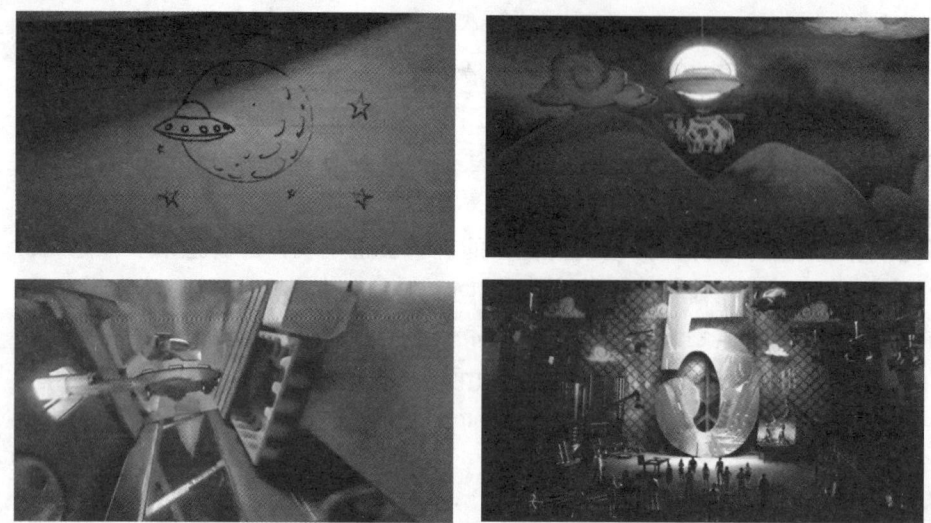

图 5-5　Adobe CS5 广告

广告片子只用了一个很长的镜头持续放映,以此象征 Adobe CS5 工作流畅的特点。

不管是电影,电视节目还是广告,它们都是以内容为主。这个广告是用各种不同的动画的发展来讲述 Adobe 的发展史,首先是翻页动画,然后是折纸动画,再到泥偶动画,最后是现在的 3D 科幻动画。从简单到复杂,同时也说明了 Adobe 的发展,越来越多的功能,像动画一样越来越先进。画面最后拉出来一个"5",是一个拍摄现场,所有的动画道具都在这里。这也说明了 Adobe CS5 不仅增加了新功能,还保留了以前的一切优点。

总结:广告的节奏不仅是通过情节的发展和表演来体现的,它还通过声音和剪辑等来体现。这个片子为了表现 Adobe 这个品牌发展很迅速,剪辑出视觉感很快速的感觉。

四、比喻象征式

比喻,是指将外在相同而实质不同的两个事物以此喻彼,又称为比拟式或类比式;象征,与隐喻式蒙太奇相近,以具体的事物阐释抽象的概念。在影视广告中,具体指把产品的功能、服务或产品的重要性,用比喻和暗喻的手法将其形象进行表达,让消费者一目了然,达到传递信息的目的。

优点:具象且意义深远。

注意:本体与喻体的选用。

【案例分析】

篇名：兰博基尼 LP560-4 跑车广告
关键词：性格丰富、耐人寻味
色彩：黑白、彩色
时间：4′00″

兰博基尼跑车广告

图 5-6　兰博基尼 LP560-4 跑车广告

在此广告片中，我们可以明显感到全片共分为四个主题，分别为"魅力""地位""品位"还有"速度"。这四个主题相互承接，由远及近，共同托出此片的主题：

魅力，是一部车在外观与性能上有人性的设计与吸引力。
速度，是动物追求的天性，同样也可以让人得到快感。
地位，是所有成功人士内心的隐形需求。
品位，代表了一个人的精神追求和审美眼光。

某日，日光隐耀。钢筋水泥丛林的都市里，纵横交错的高架路，一辆纯黑色兰博基尼 LP560 跑车，泛着金属的光泽，穿梭于城市街道之中。兰博基尼的气场是摄人心扉的，道路两旁的人们都不禁驻步，投来羡慕惊讶的目光。穿过街角，穿过隧道，如闪电般迅速的兰博基尼静悄悄地来到某个喧闹的高端私人会所，一时间整个人群安静了下来，镜头一闪，不知所措的摄影者站在城市街头，茫然的注视四周，突然黑色的兰博出现在他们的视线范围内，完美的艺术品，整个城市似乎也成了兰博基尼的陪衬。在郊区的高速路上，两辆兰博，一黑一白，如互相试探的男女，一辆耐不住冲了出去，而另一辆开始拼命追赶。他们沿着美国西海岸，经过洛杉矶、圣迭戈、长滩，一路向南飞驰。最后在金光闪烁的瞬间，兰博基尼的标志赫然出现在眼前。

　　这个广告中有各种各样的信息：高档的会所——显示车与人的关系，暗示地位与品位；在街头的潇洒踪迹——象征人们对气质的共识；在高速路上的狂奔（音效的特殊处理）——比喻成一头充满力量、正向对方攻击的斗牛，与大马力高性能跑车的特性相契合，同时彰显了创始人斗牛般不甘示弱的个性；黑色与白色的相遇—暗示兰博基尼具有人性化的情感，两性的吸引，雄性与雌性的双面结合，展现该品牌的性情多面。在这组时长 4 分钟的广告短片中，作者把"比喻与象征"作为重要的表现手法，表现内敛又充满力量的特征。场景都是一片钢筋水泥的黑白色，而唯有广告的中心——兰博基尼，流动着一股难隐的光泽。

　　总结：由于"比喻象征式"在影视广告中是最为普遍且重要的表现手法，因此，在镜头语言与影视手法上所引用的方式更为细腻，借用兰博基尼的广告手法，详细分析关于该广告的形成方式。

　　这则影视广告摄影技法是表现方式的重要凭据。在构图上，放射状构图的技巧与运动镜头的交错结合起到了突出该产品性能的作用。无论是交错纵横的高架桥，横平竖直的城市景观，或是流淌的轨迹，都有大量的线条存在。城市中，建筑、马路、车流形成了有节奏的形式感，似乎毫无生命，传递着一种王者孤独的感觉，使观众感到紧张和压抑。同时该广告片中也使用了许多明暗对比，例如兰博基尼在夜晚时分开至会所的场景，散发兰博基尼震慑人心的魅力；在最后一个场景中，两辆兰博基尼互相追逐，天空一片晴朗，更表现了一种速度与激情的快感。通过跑车光泽与周围枯燥的城市景观的对比，表现了兰博基尼的与众不同的精彩。除此以外，潮湿的路面，道路两旁玻璃幕墙反射的倒影，都丰富了画面的内容，使其不会因为黑白的画面而令观众感到枯燥。

五、歌舞式（音乐风格）

音乐结合舞蹈是影视广告中流行的表现类型。音乐自身的节奏和韵律具有特殊的吸引力，加入舞蹈或者相应的具有节拍性的视觉动作与之呼应，整个感官更容易被调动，引起观众的内在感情。在影视广告中，一般喜欢采用具有丰富元素的流行音乐或者经典性的音乐门派，而后者在许多广告中更容易被颠覆与创新。值得说明的是，广告中音乐的作用常常在广告词中大放异彩，把平日陌生的广告语通过一段小小的音乐歌唱进行推广，事半功倍。近年来，许多 MV 的表现手法与歌舞式的广告相互结合，也为广告的创作手法提供了更广阔的环境，值得借鉴。

优点：易于传唱、具煽动性。

注意：时间的把控、后期节奏剪辑。

【案例分析】

篇名：无限挑战

关键词：律动、轨迹

色彩：彩色

时间：1′57″

"无限挑战"广告

图 5-7　无限挑战广告

毫无疑问，作为 1919 年就开始畅销的全球性饮料，可口可乐是大家的挚爱。与同样在全世界具有名声的百事可乐不同，可口可乐一直以它大红色热情包装为消费者熟悉，在这个广告中，作者借用活泼跳跃的节奏继续将"大红色"的热情与奔放延续，把现代气息的韩国流行乐作为背景，唤起人们对可口可乐亚文化流行的热爱与回忆，加入舞蹈表演，亮出了"可口"也"可乐"的一面。这就是歌舞式的影视广告，因着具有画面感的音乐，在整个表达上呈现丰富元素，使观众更能被吸引并记住产品的特性。

总结：把握节奏与人物造型在动作上的一致性是关键的，可参考一些优秀的 MV 进行分解学习。

六、纪实手法（纪录片风格）

纪录片的功能为：认识、发现，它因真实、直接、朴素的叙述风格为人们所欢迎。在影视广告中，纪录片形式的广告也有直面与委婉两种方式。一方面，引用真实性的与观众类似的体验，可以拉近广告与消费者的交流距离；另一方面，一些纪录片在表达中不直面剖析而是引人入胜，把思考与分析的权利留给观众，也会有更大的冲击。采用这样的方式是为了使消费者对产品的展示或者服务有足够的了解，引发人们的信任。

优点：贴近观众、可信度高。

注意：把握"纪实"的尺度。

【案例分析】

篇名：家和记鱼丸
关键词：长镜头
色彩：黑白
时间：4′56″

"家和记鱼丸"广告

图 5-8　家和记鱼丸广告

这是一个传统的菜品——鱼丸。故事采用纪录形式的摆拍，将鱼丸的传统与某品牌的发展夹叙夹议地交叉在故事当中，让故事有一种年代久远又娓娓道来的真实性。在故事中，影片合理地将鱼丸的传统追溯到秦始皇的年代，突出菜品的历史；同时将历史的文化融入生活中，成为人情。这样的纪录手法让故事充满了真实的乡情。

总结：纪录式的手法，喜欢尝试长镜头，透露对过程的关注在镜头语言的表达上，以手持的方式来反映人们的情绪和视角的改变等。

七、"性"含义广告

"性"与"暴力"是欧美广告特别喜欢采用的形式，原因与"3B"广告相似，吸引观众注意。但是在"性"含义广告的表现上，同样需要适可而止，因为恰到好处是避免广告陷入言多必失的首要技巧，在一定程度上唤醒观众的视觉意识，对产品投入关注。香水、女性用品等喜欢运用类似的广告手法。此类广告的优点是吸引受众，幽默的场景及画面让受众对产品没有芥蒂。

优点：吸引、幽默。

注意：尺度的把握。

影视广告实务

【案例分析】

篇名：百事可乐 激情四射
关键词：激情、错觉、可乐
色彩：彩色
时间：54"

"百事可乐 激情四射"广告

图 5-9 "百事可乐 激情四射"广告

大男孩坐在在酒吧里，求爱好戏即将发生。坐在吧台的校园女孩不停暗送眼神示意其中一位拘谨又呆滞的男孩，羡煞旁人。男孩的两位朋友不停地鼓励并加以怂恿，于是，向勇敢与坦诚前进的大男孩喝完一罐百事可乐便起身朝吧台走去。这时，整个剧情开始翻转：当女孩起身面对大男孩时，男孩却视而不见继续朝吧台深处走去，两位朋友不解，这时一位金发碧眼的美女出现在镜头中，以女性的特有气质，骄傲地展示女性的魅力，在大男孩面前，两位朋友立即拍手叫好，可惜大男孩却熟视无睹地朝向里面的人物走去——一位健硕的男士，大跌眼镜！

这则广告不仅采用了性暗示，同时还放置了"两性"与"同性"的话题在其中，引出大反差的幽默。"性"与"幽默"结合在一起，往往是不错的选择。

八、纯字幕广告

纯字幕让画面的阅读性得到提升，字幕在画面的呈现方式与搭配，取决于镜头的表现方式,在影视广告中,字幕的运动感与节奏是值得考虑的。

优点:语言明确。

注意:字幕的表现形式。

【案例分析】

篇名:苹果

关键词:递进式叙述

色彩:彩色

时间:1′00″

苹果公司广告

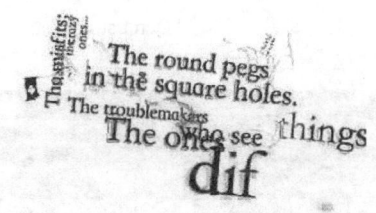
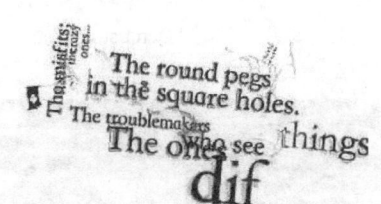
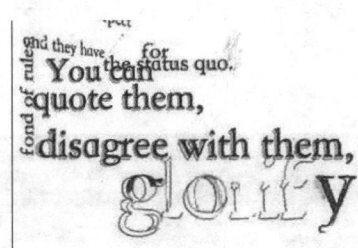
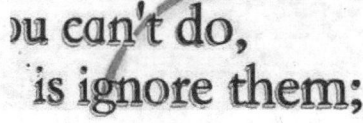

图 5-10　苹果公司广告

很简单的叙述方式,字幕广告果然是一个实用的方式。在经过总结与锤炼之后,把更多需要大篇幅图像表达的内容通过一些词汇就直接表现出来。在我们现今快速消费的时代,人们追求效率,所以,在这则苹果产品的广告中,苹果公司一贯的概念一致:简单、实用、经典。白色的背景如苹果的产品形象一样干净,所以字幕广告若抓住了产品的特性,以抽象的方式进行表达。

总结：排版形式非常重要，利用不同形式又富有新意的转场方式，自然可以达到惟妙惟肖的效果。

九、戏剧冲突式

"戏剧冲突"意味着有故事性，有表现性，同时也有情节性。有矛盾冲突的影视广告会给人十分难忘的印象，当然，一波三折的故事写作在影视电影中时常出现，但是在短小精悍的广告中同样可以进行沿用，不仅是针对一则，还可以做成多则连续性的广告，这样的例子很多。此类广告优点是具有品牌个性。

优点：具有品牌个性。

注意：易忽视产品本身。

【案例分析】

篇名：Confused
关键词：传统、历史
色彩：彩色
时间：1'00"

"Confused"广告

图 5-11 "Confused" 广告

这则广告十分有趣味性，因为是一个药品广告，广告所要传达的信息除了药性十分好之外，还有该品牌是老字号，拥有多年历史。所以，这个故事的大体内容又借用 80 年代港片的武打动作，回到一种怀旧式的情景中，一位不知身世的武侠正在与一位年老的武林高手一决高下。此时，中途杀出一个亲戚，开始数算他们之间的关系，从父子到曾祖父……这则影视广告采用的情节点不多，但是突然的转折打破了故事的单一性，使观众对品牌所传递的概念铭刻于心。

戏剧冲突式的方式需要和短片电影一样注意其中的文本，在后期剪辑上也须斟酌蒙太奇的叙事性要义。

十、散点式

散点式又称为多情节片段，指的是不同人物在不同场合的展示同样的主题。一般情况下，先展示其情况与现象，组合排列循序渐进，再抖出包袱，最后作出归纳与总结，使得整个情节层层递进不断深入主题。此类广告优点是逻辑性强、递进主题。

优点：逻辑性、递进主题。

注意：首尾呼应。

【案例分析】

篇名：三菱汽车

关键词：时代、亲情

色彩：彩色

时间：1′05″

三菱汽车广告

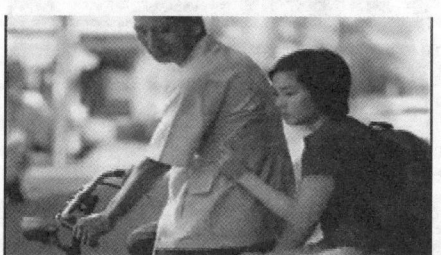

图 5-12　三菱汽车广告

与戏剧冲突式有相似之处，在广告的编写上需要更多考虑到文本的写作内容，下面，把整个广告的文本大概展示如下，以便参考：

特写镜头，办公室，女儿一边忙碌，一边给父亲打电话：
"爸，我这个礼拜可能没办法回家了"
"对呀！比较忙哦。"
　画面切到女儿的回忆。
独白：爸爸的背是我回家经验里最深刻的记忆，每次回家的路上，一定会经过的那个糖厂福利社，我记得那里冰棒的味道，像父亲背的味道，他总是坚持要接我回家，后来我在台北念书放假回家，他也一定要来接我。
画面切到女儿办公室，继续给父亲打电话。
"阿爸，我明天想回家也……不用了，不用了，我买车了。"
头发花白的父亲坚持在等女儿的那家福利社前，骑着那辆老式自行车来接女儿。
独白：我第一次开车回家，快到家前，我看到爸爸还是坚持要来接我：
"爸，叫你不用来接我啦，等多久啦？"
父亲骑车在前面，不时地回头，女儿开车跟在后面，热泪盈眶。
独白：我想他是怕我忘了回家的路吧。
广告语："三菱汽车全省164个家，欢迎您随时回家"。

总结：与戏剧冲突式有相似之处，在广告的编写上需要更多考虑到文本的写作内容，以普通人为主人公，简述亲情的珍贵，唤起消费者对三菱汽车的情感认识，由于三菱名字来源于两部分："mitsu"表示"三"而"bishi"表示"菱角"。三菱的标志是岩崎家族的家族标志"三段菱"和土佐藩主山内家族的家族标志"三柏菱"的结合，后来逐渐演变成今天的三菱标志。用家人的亲情突显品牌中合力与团结的文化意义。

十一、特殊效果式

"特殊效果式"又有"画面特效""声音特效"的称谓，其内在涵义是指应用一定的表现手法达到非常态的视觉创意，引发观众兴趣，更多的作品喜欢采用特效来表现，增强广告的形式感、使广告更具冲击力。

优点：新媒体与传统结合。
注意：增强其内容性。

【案例分析】

篇名：The Family 网站广告
关键词：讲述、记录
色彩：彩色、黑白
时间：2′00″

The Family 网站广告

图 5-13　The Family 网站广告

特效式的广告类型往往都以概念式的内容为主，在表现上有后现代与超现实主义的风格缩影。在这则广告中，特效的表达配合特殊的关键词，使广告具有冲击力。

总结：画面的特效与声音的特效式合一的，在特殊效果式的表现上，对视觉的色彩、画质都有较高的要求。

十二、系列性广告

如系列片一样，我们需要对一个主题进行承前启后的组合与带有延续性的讲述。系列性广告可以往往采用同一人物在不同境况，或不同环境同一人物，再或不同人物不同故事等等不一样的组合形式，不过彼此的主题是一致的，诉求一致，风格也相似。

优点：延展性、优点。

注意：不同故事的关系。

【案例分析】

篇名：男孩女孩

关键词：独白、回忆

色彩：彩色

时间：1′00″

联合航空系列广告

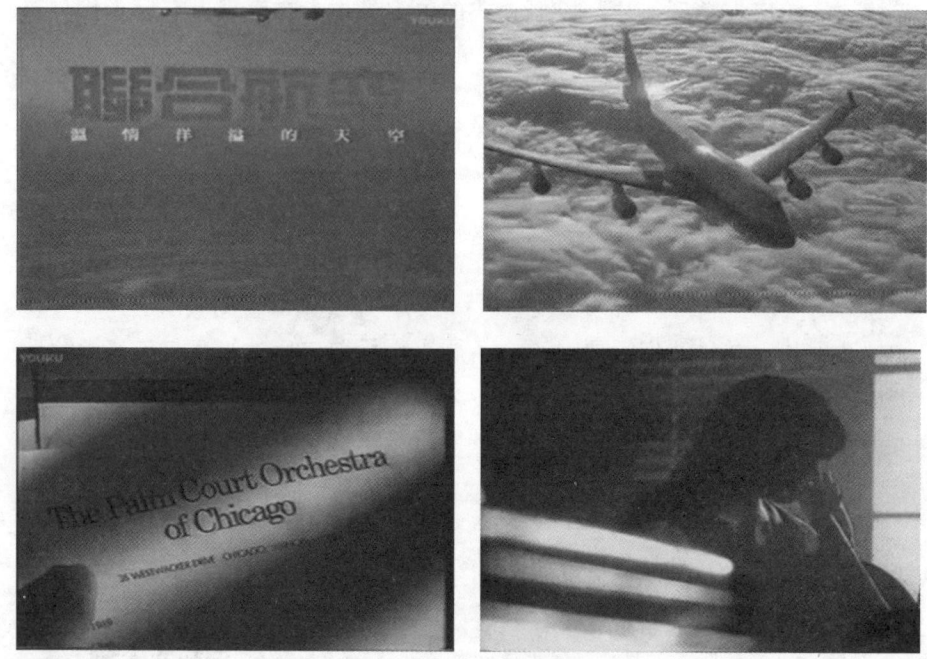

图 5-14　联合航空广告

　　这是联合航空公司的系列性广告片，两则广告都是从小人物的故事开始讲述，相同之处都是以男孩的内心世界来讲述对他们来说最为难忘的情感。前者是一段男孩到男人的成长过程，后则是女孩到少女的蜕变，都是伴随成长而发生的变迁。面对相聚与分离主题，两则广告的叙述手法都采用类似于纪实的故事性镜头，都配有独白，显得更加真挚与动人。在拍摄手法与故事主题上相似，由人物的内心情感的变迁与生活中的聚散上升到航空公司的功能——为人们来去与世事的变动提供物资的可靠保障，冠以情感。

　　总结：系列性故事常常有承上启下或者相互呼应的功能，在多则广告连续的时候，注意手法的一致性。

十三、借力方式

　　该表现手法适合用于品牌推广阶段的产品，由于自身的名气暂时还不够，所以借助其他的要素来提升自身价值，或者借公认或与受众群体相似的事物，表达自己的立场与品牌性格等。比如权威机构、名流望族等，这些被借用的要素往往在社会生活中具有影响力与说服力，此类广告能够提升品牌认识。

优点：提升品牌认识。

注意：内容新颖。

【案例分析】

篇名：Elvis

关键词：明星、组合

色彩：彩色

时间：50′00″

Elvis 广告

图 5-15　Elvis 广告

尽管 BBC 已家喻户晓，但它依然运用经典推崇在线广播，而借用的题材是猫王及明星级团队，目的是表述 BBC 的团队如猫王的团队一样，都是顶尖又赋有个性的组合，会为广大听众奉上不一样的视觉盛宴。这则广告以借力为主，还运用了类比的表现手法。

总结：借力常常需要有一些不一样的推崇方式，往往得人心的表现是伴以类比或者象征辅助的表现手法，不显突兀。

十四、恶搞风格

"恶搞"通常是指对严肃与敏感话题，进行陌生化解构或解读，将原本美好或正常的事物，用自嘲、戏说、调侃或讽刺等手法进行重新演绎或组合，来传达产品或服务的信息。当代文化中日益盛行，非常风趣。此类广告具有调侃、轻松的风格。

优点：调侃、轻松。

注意：对经典段子戏说得当。

【案例分析】

篇名：多芬男士洗发水
关键词：性别、对比
色彩：彩色
时间：45″

多芬男士洗发水广告

图 5-16　多芬男士洗发水广告

　　一个男士错用了多芬女士洗发水，发生了一系列奇怪的事情。最后换回男士多芬洗发水，恢复了男士应有的风貌。广告引人发笑，突出了多芬的品牌特质。一箭双雕，把多芬的男女洗发产品进行了戏剧化地写照。

　　总结：用搞笑的语言与想象对比办公室熟悉又沉闷的场景，使消费者产生对广告商品的注意、兴趣。

十五、观念广告

　　特点："观念广告"起源于当代艺术的"观念艺术"。是一种具有艺术传递与强烈导向的视觉艺术表现方式、特别注重方式和风格在画面与音效上营造的形式展现。情节淡化、破坏常态时空、自由的想象力这是该手法的主要特点,此类广告的时空感强,人们可以自由联想,而且观念意识明显。

优点:时空感、自由联想、观念意识。

注意:画面的逻辑性。

【案例分析】

篇名:Home to Home

关键词:房屋、表情

色彩:彩色

时间:1′42″

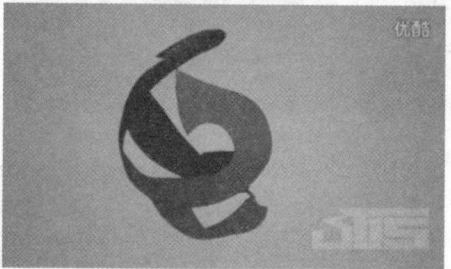
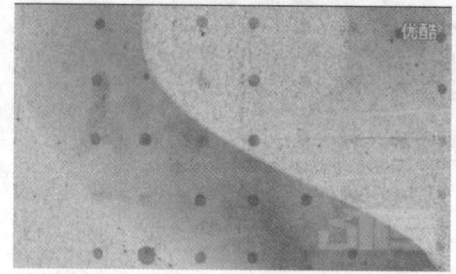

图 5-17　Home to Home 广告

该广告主要以当代文化中的当代艺术为主，对符号学内容作用的解释是比较容易理解的。广告以每个标志的字幕和相对应的抽象画幅的演变作为整个意识的传达过程，让观众对事物的理解更多了一些艺术形态的情绪和感官认识。同时，又用了拟人的修辞手法。

总结：利用了广告中最为重要的功能，以抽象代替具象，把功能用形容词表现出来。意识形态的广告往往在时空与镜头上都有大胆的突破与创造。

十六、电影广告

电影广告追随于影视广告之后，现今已成为不可替代的广告媒介。随着电影形式的不断革新与转型，发达的电影产业为广告带来了不一样的话语权，广告与电影结合成为广告主进军市场的重要方式之一。

电影产业发达的国家或地域，电影广告自然也相对发达，在影院插播广告、电影进行中植入广告、为电影本身制作短片广告，同时以微电影的方式为电影量身定做相关的宣传片之类的，均属于电影广告的范畴。电影广告以高效且一举多得的宣传方式，以众多活跃观众为对象，采用精良的新式电影手法，在短时间内对广告主体进行推广，成为当下备受欢迎的"隐藏媒体"。

1. 电影搭片广告——微电影

微电影是电影在多媒介产生中诞生的，具有时间短、节奏速度较快、剪辑丰富的特点，具有完整的故事情节，一般可在各种具有视频功能的移动设备新媒体平台上播放，通过网络平台进行传播，是当代电影广告用以宣传电影、制作预告片、植入广告、电影搭片中运用最为普遍的形式。

【案例分析】

《把乐带回家》

背景介绍：《把乐带回家》是百事公司出品、慕斐广告有限公司制作的一部微电影，这部短短九分钟的微电影集结了以百事不同食品、饮料为诉求代表的各路明星，

《把乐带回家》广告

包括张国立、古天乐、周迅、罗志祥、张韶涵，借用春节过年团圆的传统话题，以感性的诉求口吻，点燃观众们的"胃口"。电影广告中的象征意义十分明确：团年，象征百事品牌所推入市场的各种副食产品集体团结于荧屏，"回家"的主题更深地显明其品牌的温馨与内在涵义及外在形式上，以微电影的方式把"百事可乐、大吉大利（粒）、年年有乐事"这几个常见的广告语集合

为一体。这部原创的微电影反映了社会家庭的矛盾,同时又以其产品为线索解决其矛盾,深化了品牌意义。

  优点:感情诉求、穿插性推入

  注意:情节、人物性格

  关键词:百事品牌

  色彩:彩色

  时间:9′48″

图 5-18 《把乐带回家》广告

总结：该影片直接运用电影的拍摄方式，原创一部简单的故事影片，阐述百事这一品牌的历史性与品牌意义。其中讲述了几个长大成人的孩子在年岁不能返家，孤独的父亲在回家的路上碰到一个神秘人物（古天乐饰演），孤单二人开始了年夜饭…… 影片由于是短片形式，有足够的时间长度来充分展示一个中国传统家庭中"不传统"的生活元素——百事薯片、百事可乐。影片中以神秘人物把"百事"送到不同儿女的生活现场为主线，把"百事"植入时代与成长的话题中，最后故事同样首尾呼应，落点在中国式的亲情表达——"百事可乐"大团圆的生活上。

【案例分析】

《进》《舍》

背景介绍：2008 年，奥迪公司联手孙周叙导演拍摄了一部名为《生活相对论》的微电影，这是奥迪公司的第一部网络电影，当时称为"电影版广告"或"剧情版广告"。2012 年 5 月，奥迪推出了中国首部城市感悟系列微电影《进》《退》《取》《舍》。对于汽车品牌的广告主而言，微电影广告从构思开始，就把产品的功能、理念巧妙地渗透到一个好的故事中，一个完整的故事可以改变以往影视作品后期强硬的植入广告的痕迹感。微电影广告的片长往往比电视屏幕上的广告更长，能更好地表达所要表达的核心。

《舍》广告

优点：镜头语言

注意：品牌与情节的关系

关键词：篇章、年代

色彩：彩色

时间：20′00″

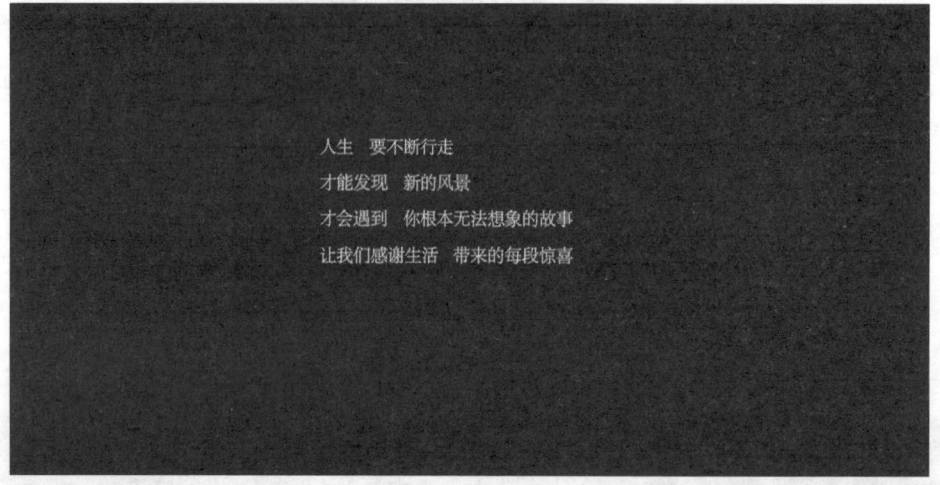

人生 要不断行走
才能发现 新的风景
才会遇到 你根本无法想象的故事
让我们感谢生活 带来的每段惊喜

第五章　影视广告创意表现

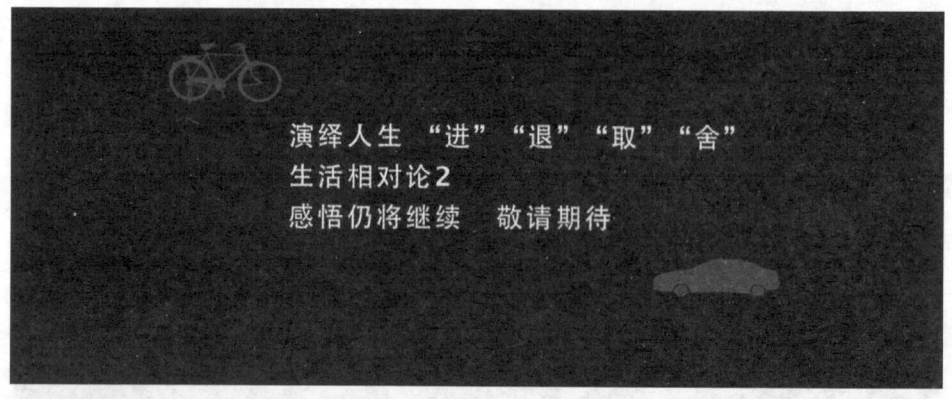

第五章　影视广告创意表现

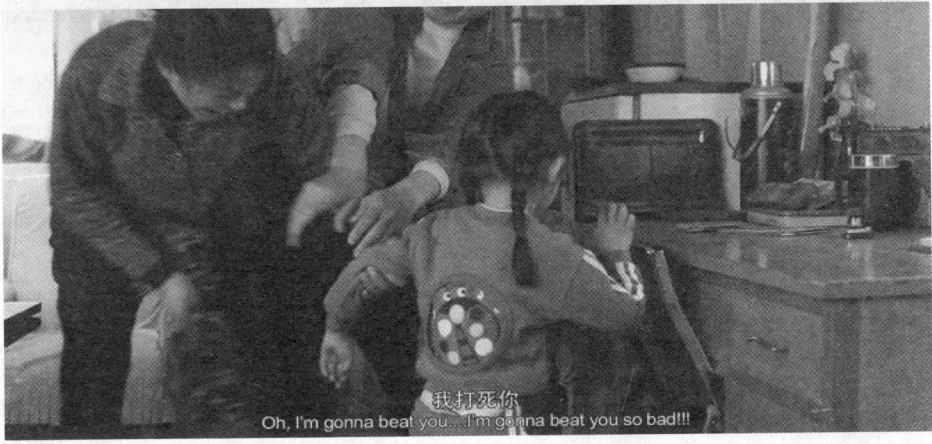

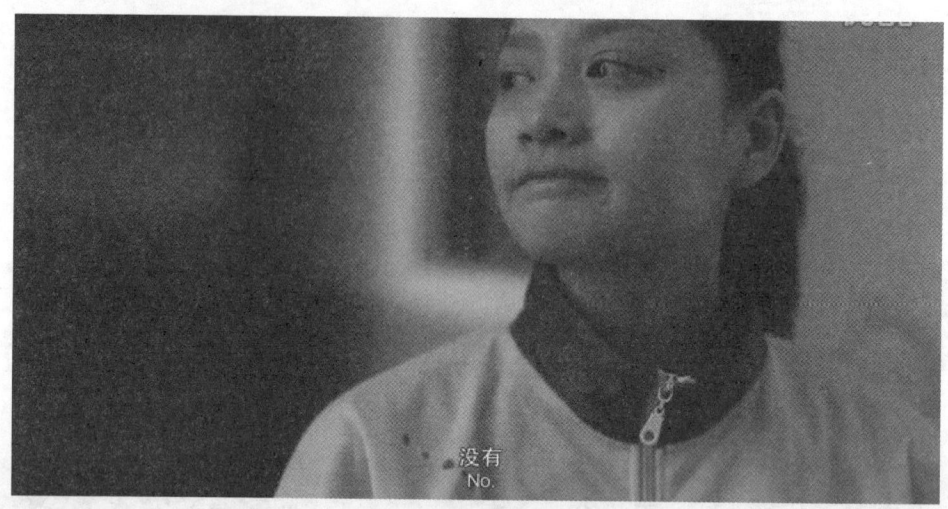

图 5-19 《进》《舍》广告

总结：《进》《舍》这两部微电影均是为奥迪品牌代言，两部影片均讲述小人物的心理故事，以活出不平凡的人生作为故事的主要内容。奥迪联手高群书导演打造的《生活相对论 2》表达了奥迪丰富的品牌理念，该系列的微电影选择在杭州、拉萨、北京、上海四大城市分别结合"进""退""取""舍"四个主题展开叙事，传达了奥迪公司"进退皆为努力，取舍皆为收获"的品牌理念。微电影广告往往会给我们带来许多的感动和人生感悟。汽车微电影广告常常通过"情感诉求"的方式感染受众，让受众产生对该品牌的好感。

【案例分析】

《香奈儿 NO.5 香水广告》

背景介绍：法国导演让-皮耶尔·热内（Jean-Pierre Jeunet）与女主角奥黛丽·塔图，充满怀旧色调的画面，以及奇妙的光影效果配合，充分表现出了香奈儿 NO.5 魅惑的神秘芬芳，以及它永恒的经典魅力——黄昏的巴黎，偌大的车站，由奥黛丽·塔图演绎的新香奈儿女郎。她小跑着，奔向满载着传奇的东方列车。驶往土耳其的路途，无法言语的浪漫与传奇经历，使得故事只能由呼吸间的香氛来体察与叙述。

优点：雅致、浪漫

注意：文化符号、消费群

关键词：传奇、经典

色彩：彩色

时间：2'21"

香奈儿广告

图 5-20　香奈儿广告

总结：香奈儿品牌的广告的制作不论画面构图还是人物设计、场景的考量上，都突显了该品牌追寻经典与传奇的特质，这是电影广告中公认的精而简的代表作。这部广告拍摄于行驶中的列车，而这部列车驶向的是东方——充满故事文化符号的象征之地。东方列车是欧洲的长程列车，由巴黎行驶至伊斯坦布尔，横贯欧洲大陆。东方快车虽然最初是指通往东方（近东、土耳其）的国际列车，但后来在各种通俗文学中均已用以指代激情的异国旅行或豪华旅游。导演选取这样一列传奇的列车作为广告背景，有着对香奈儿NO.5香水重塑内涵的用意，隐喻着其寻求着冒险、不可比拟的感知探险性格。借着传奇而改变，让香奈儿的经典情怀依旧如初。

细腻纯熟的电影拍摄手法与镜头语言，是微电影在广告代言中的特别之处，它可以适时调节与劝导消费者，在心理诉求上得到了极高的发挥。该片引用4个篇章，采用插叙与倒叙的方式讲故事，电影风格的各样优势得以集中展现。

2. 电影搭片广告——植入广告

植入式广告较传统广告来说是一种较为新兴的广告形式，主要特点是将产品或品牌以各种巧妙的形式融入影视剧的内容中，相对于硬性广告而言，具有亲和力和隐蔽性。

【案例分析】

《一页台北》

背景介绍：台湾诚品书店俨然是台湾文化产业中大有成就的品牌，无数的地产公司愿意在自己的黄金地带上为诚品留下一席之地。透过《一页台北》这部影片，

《一页台北》广告

可以看到当下的台湾诚品是一个怎样的品牌，它的吸引力究竟在何方——这部电影以爱情和生活方式为主题展开介绍，失恋的小凯为了追寻在法国的女友而每天来到诚品书店看法语书籍学习法语，感动了店员Susie。在小凯去法国的前一个晚上和Susie经历了种种趣事，小凯发现自己所要追寻的美好和爱情近在咫尺。走出电影看诚品的核心价值就是：人文、创意、艺术、生活。这部电影里展现的不是海誓山盟的爱情，而是生活里每个一个不经意的细节，给人善、爱、美以及终身学习的生活理念。

优点：温文尔雅

注意：故事与广告的联系

关键词：寻找、阅读

色彩：彩色

时间：84′00″。

图 5-21　《一页台北》广告

总结：这部电影在赚取票房的同时也为诚品书店当了一个优秀的广告媒介，并把广告的受众准确地定位在了"80 后""90 后"的新人群身上。这部电影故事的开头与结尾都定格在诚品书店里，而对于书店的镜头，开头和结尾的拍摄都是在一个设计的超人性化的书架前，给人传递了诚品的人文环境和自身特色。电影了解了当今市场的需求和环境，即传达的东西需要巧妙地与市场营销和心理学联系起来，为影视服务，也为广告添彩。

植入广告在电影中，已经成为整合营销的一种有效途径，与不同品牌在线下的活动与销路相呼应。植入广告在电影中存在时间较短，但曝光频率多为反复，使得观众印象较深，同时因出现在不同的电影中，其品牌效应与品牌表达也与之呼应，使得广告环境在电影中得到更好的展示与发挥，与单独花费成本拍摄相比，较为简易。

第三节　影视广告创意表现手法

影视广告创意，首先需要我们对影视语言与文字语言有深入的理解。在以视听为主的镜头表现中，影像以它独有的语言形式，将人们熟悉的基本材料以视觉与听觉完美结合的方式呈现，达到广告的目的与效果。创意永远是无穷尽的，不同的事物与对象都会唤起我们不同的讲述方式，在一切创意之前，我们需要了解的是创意在影视范畴中的表现手法。下面，我们就影视广告创意的表现手法进行分类阐释。按照广告创意的类型划分，可以有以下几个类别。

一、解决问题

在一定时间内可以完成一个简单思考的逻辑过程——提出问题、分析问题、解决问题。这样的思考方式在许多广告中经常见到。以消费者的角度，提出可行性解决方案，当然，应注意突出矛盾冲突，明确其目的是引入产品的属性特点，最后应满足消费者的心理。这种方式往往在戏剧情节上有一定的亮点，尽管手法众多，不过总的说来，都是以抛出问题，再解决问题为主线。

【案例分析】

金纺洗衣液（柔软篇）

手法阐释："产品实证创意手法"——以实际的使用结果作为验证产品的论据。许多新上市的产品本身的特点突出，新鲜的科技含量也备受瞩目，对于这样的产品，我们使用产品实证式可直接反映产品的功效，赢得消费者的信任。

金纺洗衣液（柔软篇）广告

手法思维：用产品特点来做实证性的示范，比其他表现手法更有说服力。但是，这种产品展示形式一定要真正挖掘到产品内在的核心价值。

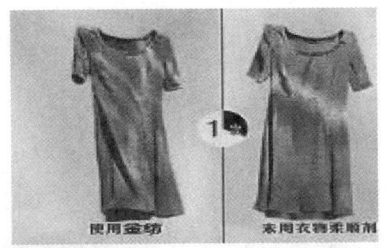

图 5-22　金纺洗衣液（柔软篇）广告

广告中一个普通的女孩，在用金纺洗衣液护理衣服后，喜欢的衣服洗过很多次都还是柔亮舒适的，她照着镜子也喜欢上了自己。广告语："让金纺全新柔亮配方帮你，它能保护衣服光泽，经过多次洗涤，衣服依然柔亮如新。"

这个广告中画面简单直接，目的是突出被推广产品的功能，使过去的陈旧焕然一新，抓住消费者的诉求点，突出细节的刻画，巧妙地将产品最大的特点与消费者的需求相融合。

广告虽然简单直接，但在影视手法上却有新意：抓住女孩子衣橱里不断更换的特点提出问题"如何使陈旧再次更新"，进而又上升到生活的主题"如何使过去褪色的回忆再次找回""如何让青春不悄悄离开"层层深入的画外音，以女孩独白的方式，道出了许多女孩的心声，即使是产品实证，也不乏新意在其中。这正如前面所说"产品实证式的创意就在产品当中"，抓住产品的特点，扩充特点中的普遍意义。例如，以词汇方式来扩充如下：

褪色　→　失去　→　青春　→　色彩
↓↓↓↓　→　心理态度　→　重拾昔日光景
回忆　→　年华　→　装扮　→　靓丽

这样的方式可以无限拓展，运用词组之间的想象力来铺展表现手法的多样性。另外，广告中运用的配乐节奏起伏明显，展示出产品自信感，再一次表现出衣服的柔亮舒适给人带来的心情变化。

面对同行产品的竞争，在对自己产品进行广告推广的时候，寻求独特并且最具价值的角度，细节刻画是非常重要的，画面中女孩的烦恼通过特写镜来表现，让观众在心理上产生共鸣，从而吸引消费者。

二、理性说服

"理性说服"类广告通常是有力地展示产品的功能性，尽管是比较传统的思考方式，不过，对于消费者而言，是十分简单明了的。对于产品的具体性能与消费者自身的关系，在广告的功能上是特别强调的。所以，广告表现上，既可以运用写实的手法，把产品的基本用途、特性等以真实的方式具体表现出来，让消费者可以实际地感知到产品与自己的关系，也可以借用间接的方式，比如形象、品牌、文化等来描述产品的情况，前者给人亲切、实在的感觉，后者一般运用难以直接表述的商品。

【案例分析】

华为手机 P7

手法阐释："形象思维"是一种借助于具体形象进行思考的创意表现手法。具有生动性、时代性的思维活动。形象思维是以直觉为基础，利用分析、综合、比较、类比等逻辑方法，对已有的意念进行改造加工、组合拼接，最终建立新的意念形象。常常用以突出产品技能、专业核心方面的陈述，一方面把专业领域内的功能简单明白地进行阐释，一方面也可以进行较为实际的类比，让消费者对其产品性能有客观深入的了解。

华为手机 P7 广告

手法思维：形象，是最直接具象的表达。多数广告选择形象的创意手法大致有共同的诉求，某具体物象、人物、文字、画面等可以指代具有多重意义与符号的内容。重点不仅在于选择怎样的一个"象形"事物，而在于怎样反映该事物所代指的背后意义。当然，这也是一个较为省心与简便的创意手法。

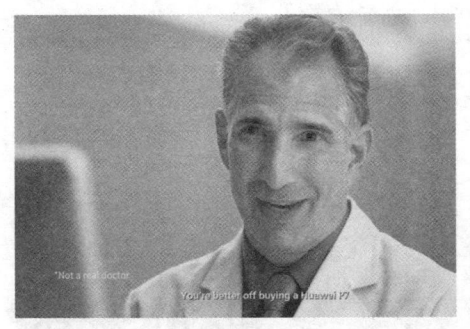

图 5-23　华为手机 P7 广告

华为技术有限公司是一家生产销售通信设备的民营通信科技公司，华为海外销售额已达到 220 亿美元，产品已经进入包括德国、法国、英国、葡萄牙、荷兰、美国、加拿大等欧美 14 个发达国家。作为在全球具有影响力的国产品牌，华为在形象上逐渐走上国际化，P7 手机是代表华为手机由运营商定制正式向精品手机转型的代表之作。在视觉上，创意的形象主要放在了人物性格、环境背景、色调的处理，但在品牌的宣传上，为了秉承技术优先的严谨专业性形象，其在广告的形象设计上做了一些处理：专业、高效、精准。色调明快、造型极简，甚至有未来感；人物穿着白色研究人员制服着装，足以体现华为在外在形象上希望呈现的品牌内涵。

三、引用介绍

这是比较省力的方式，通常借用一些有影响力的人物对产品做出直接的、正面的肯定，把产品与具有影响力的人、事物绑定在一起，借被绑定事物的信实与推荐，还有人们对被引用对象的仰慕与信任，加强人们对产品的好奇与期待，常用于扩大性的促销与新产品的推出。

【案例分析】

剃须刀

手法阐释："比较式创意技法"——用该手法制作的广告叫比较式广告，也叫对比广告，是用将一种产品与同类产品做比较的广告，目的是明确阐述产品的优势以及给消费者的利益点。

手法思维：比较式广告通过对比形成鲜明的结果，使产品的特性与价值显而易见地被消费者所接收，是十分普遍的说服性表现类型，以直接的方式对比其他，可正面突出自己的优势，也可以进行自嘲。

图 5-24　剃须刀广告

　　这则影视广告讲到一位父亲因为使用了该产品的剃须刀后皮肤光滑，在离别亲吻熟睡的女儿时，女儿误以为是母亲。自然，我们可以想象一般的剃须刀使用完后依然有可能胡子拉碴。这里以小小的夸张，让比较式的手法不露痕迹且幽默，规避了比较带来的恶性结果。镜头的表现中，第一个镜头直接体现出剃须刀的优势——快捷、方便，主人公享受的神情传递出使用产品的舒适感；在第三个镜头中，广告语"再见，妈妈"，进一步提升了产品与之其他不同的优势：清洁、细腻。委婉的比较式也可以强有力地引证产品的优势，而巧妙的情节设置，浅显易懂，深入消费者的心理。我们选用性别之间的差异作为对比的主体，以此突出剃须刀的特性，却更为明白地表述到产品的用途，同时增强观众对产品具体功能的记忆，隐形地比较了市面类似的剃须刀（可使用但不够细腻）。比较式广告不需要反复性地叙述，在影视广告的表达中，应抓住重要镜头的转折点、突破点。同时，表现的艺术性也是重点。比较式的广告要注意言多必失。

第五章　影视广告创意表现

【案例分析】

依云饮用水

依云饮用水广告

手法阐释："联想创意技法"是一种运用联想的心理思维产生创造性意境的方法，通过事物外在、逻辑、表达、诉求等，在看起来毫无关联的事物中间去寻找一种新的内在联系，从中引出正确方案的思维能力。这种思考方式在用以陈述产品的内涵、价值、精神等有十分大的创作空间。

手法思维：观察，是该创意手法的第一步。对产品外在、性能、诉求、语境、构成、消费群体、适用范围等深入了解是实现该手法的第一步。其次，对事物的联想能力来自于直观描述，在此，尽可能用上之前影视语言表现类型的各种方式，例如各种修辞，营造一种"新"的认识角度或体验感受，从而建立一种对该产品的另外一种方式的理解与阐释。进而连接与其他事物类比或借力的可能。

图 5-25　依云饮用水广告

依云矿泉水最为普及流行的广告语是"Live yong"，此广告推出的饮用水的广告语为"Drink pure and natural"，贯彻了一致的主体内涵，同时细化了"Live yong"的范畴，精细化阐释了产品的属性诉求。该广告的创意思维中抓住了"Pure"和"Natural"，但在阐释上作出了结合自身特性的阐述：成人的外体——纯洁、单纯的内在（Pure），小孩子的简单、不受拘束的个性与自信——自如（Natural）的外在，自由地享受自己内心的表达。通过对产品内在诉求与人群特征的"联想"组建了对词汇的形象表达。

四、意识与修辞

这种类型其实是文学表述的原型，运用托物言志的方式讲述一个理念。例如比喻，常常用于在直接理性中不容易表达的情况，用隐喻、明喻或者借喻的方式，可以把复杂的问题简单提炼出来，使人们明白其中的精华与要义。这样的方式屡试不爽，在许多广告表现类型中运用得最广。又比如夸张，需要充分的想象力，对原有的客体进行不一般但又出乎意料的表现，使得广告的情趣十分活跃，同时对比出不一样的效果与特色。这样的手法是一般思维的基本类型。

广告表现的类型不止于此，但究其思维逃脱不了在广告文案写作时的最初设想——文学中的修辞与手法在广告的表现类型上得到更多的拓展，类似于拟人、排比、顶针这样的思维也比比皆是，在此不再详述，因为在影视广告的表现形式上，最为精彩的就是表现手法上的比拼与实战中的案例分析。

【案例分析】

Live vest inside

手法阐释："逆向创意技法"——逆向思维就是运用和常规相反的思路，针对目标，"倒过来"思考问题，寻求解决问题方法的一种创意技法。

"Life vest inside"广告

手法思维：逆向的前提是，如何使得结果回到起点。在思考时，以最后的结果最后导向，采用"假如不……""如果可以这样……那么……"的思考方式是逆向常用的思维。逆向的创作方式，似乎像一个写好的流程一样，让观众自然而然印证最终的结果。一般而言，逆向不仅从产品性能，更重要的是，从消费者的消费心态或者思考固有模式提出反思。但请注意，逻辑是逆向思维的法宝和催化剂。

第五章　影视广告创意表现

图 5-26　"Live vest inside"广告

这是一部充满爱的公益广告。片头是动画的黄色背心标志，结尾呼应，出现了黄色马甲所代表的城市修建者的具体形象。这个故事看似是顺叙的方式表达，但采用了一种常常不太可能发生的情形作为假设性的推断，故事从一个成年人对小孩子的帮助（启发）开始，接着不同年龄到不同身份、职业的人们陆续传递得到的善意，最终一位服务生在百忙中将一杯水递给了正在"帮助"我们的城市建筑工人们。这是一个十分有考虑的安排，节奏明朗，人物、角色显然有充分的考量。最后话题看似转到了他处，但实际却反问每一个人的举手之劳所带来的力量，把最后的传递给了最不起眼但却重要的"黄马甲"。

【案例分析】

Old spice　洗浴液

手法阐释："夸大问题点创意手法"—— 夸张的手法源自修辞，通常我们使用时会用这样的句式"因为有××产品，以至于××结果"；或者是"由于没有××

Old spice　洗浴液广告

产品以至于××后果"。

手法思维：这种表现手法也被大家熟悉，隐藏消费者的利益点，运用夸张的幽默手法，将缺乏产品所导致的问题一一进行罗列，再抖出包袱。在解答问题时，通常以幽默喜剧，或带有戏剧性的元素穿插其中，问题夸张得越大，产品出现的时候越显得有力，亦可娱乐大众。

图 5-27　Old spice 洗浴液广告

一个宁静的浴室内，有三个男人。一个出奇肥胖的男子与一个年事已高的瘦老头同处一个浴池，此时，一个邋遢的男人正拿出一瓶"Old spice 洗浴液"打开瓶盖，闻着洗浴液的味道。瞬间，男人的模样像腐朽的石膏被打碎一样即可脱落，露出非同寻常的肌肤，随着破损的石膏脱落，便露出了内里的"真相"——一个活脱脱的帅气赛车手出现在人们视线中。

这则广告把洗浴液的清爽、赋有男人气息的一面淋漓尽致地透过夸张的手法表现出来，需要注意的是，夸张的手法在这则广告中有一个值得借鉴的思考：抓住最为突出的亮点，用影视的语言表达出来。男子在闻到洗浴液的气味时，我们观众是不可能有通感的嗅觉，但是，透过一系列的转场、具有突破性的转变，使得我们大体可以通过想象了解这样的洗浴液不仅气味特别，而且使用时怡然自得——这样的情况也借用了比喻的形式加以辅助，使夸张更为风趣。

影视广告的精髓在于它所拥有的表现力真实可知，所以，夸大问题点的手法非常适合影视广告的表现。在 Old spice 洗浴液的表现中，镜头景别的转换，从气味到人的外在改变，从身体到心理的臆想，满足了消费者对广告兴趣的期待与广告对产品性能的完整阐释。不可忽视的是，该广告在听觉上也特别出彩，产品未出现在观众视线时，整个画面没有任何音效，从主人公手拿洗浴液的第一个吸气之后，音效不断丰富。这对夸大问题点的表达手法有推波助澜的作用。

本章思考题

1. 在中外广告案例中，找出几个策划成功的影视广告案例，并分析其主要原因。
2. 举例说明广告主题在影视广告中的作用。
3. 举例说明策划在影视广告实践中的意义与运用。

第六章 影视广告文案

第一节 影视广告写作的前提

影视广告写作的前提包括影视广告运动策略的把握、影视广告的表现内容、消费对象的研究和确定、影视广告写作人员相关素质的具备。

一、影视广告运动策略的把握

影视广告运动的发展过程由许多个环环相扣的过程组合而成。在这些环环相扣的过程中,广告战略是整体运动的首要指导,广告策略是广告运动进行阶段性活动和单个广告活动的具体行动纲领,是对行动方式的界定。广告策略和广告战略,都对影视广告写作起着决定性的指导和统摄作用。在动笔以前,写作人员必须考虑以下问题:

第一,影视广告活动的内容是什么——企业、产品、还是服务?

第二,广告主进行广告活动的目的是什么——扩大企业的知名度、提升产品的美誉度、还是促进产品销售?

第三,媒介策略的运用——影视广告的时间长度为多少、什么时间段、针对哪个区域?

(一)影视广告的表现内容

影视广告的表现内容主要指的是广告作品中所表现的信息内容和表现题材。影视广告写作人员要在广告主提供的繁乱的信息材料中进行清理和挖掘。

1. 关于产品

产品的原料是什么?怎么制造出来的?产品的特点是什么?

2. 关于竞争对手

产品的竞争对手都有哪些?竞争产品的特点是什么?竞争对手的企业发

展情况以及产品销售情况如何？最重要的是，竞争对手的广告表现内容及特点是什么？

3. 关于目标受众和目标消费者

目标受众有其特殊的生活方式和价值体系、目标消费者有其不同的生活领域和消费倾向，他们是谁？他们的特殊语言是什么？他们的生活方式又是什么？他们对消费的倾向和评价都是怎样的？

在清理和发掘后，确定影视广告的表现途径、风格、具体的表现内容和构成。影视广告的表现内容要符合广告目的以及受众的喜好。

（二）消费对象的研究和确定

消费对象的研究和确定是影视广告写作前提中最为重要的一个部分。只有确定消费对象，针对消费对象进行的影视广告活动，才能使得广告目的得到实现。消费对象的研究和确定需要理清几个问题：

（1）在影视广告策略中，影视广告写作所要面临的目标消费者或者受众是谁？

（2）目标受众或目标消费者的年龄、性别、文化层次、生活方式、价值取向如何？

（3）他们对产品的种类的利益点和理想利益点要求是什么？

（4）怎样的语言表达、诉求方式、风格倾向是目标消费者或者目标受众最喜欢的？

（5）他们的购买习惯是什么？是否有特别的购买触动？他们的触动点是什么？

二、影视广告写作人员相关素质的具备

一则好的影视广告，离不开影视广告写作人员的辛苦努力。当然，不是人人都可以做好一名影视广告写作人员，因此一名合格的影视广告创作人员应该具备以下的素质要求：

1. 具有创意思维及能力

创意思维，即创新的思维。影视广告写作人员必须具有较强的创新思维。因为影视广告写作过程是影视广告创意过程的延续，应该也是广告创意的物化和深化。

2. 较强沟通力

沟通力指的是影视广告写作人员与目标受众和目标消费者的沟通能力，是强调广告作品和目标受众的交流能力。因为影视广告始终是一种信息传播活动，而传播活动的核心问题是传播者与接受者之间相互领会对方的含义。

3. 良好的思辨能力

思辨能力即思考、分析、判断的能力。影视广告写作不仅要对广告原始材料进行分析，还要对目标受众以及消费者和市场状况进行分析判断。

4. 极强的表现力

表现力是指影视广告写作者对经过影视广告创意过程的信息内容进行表现的能力。表现力不仅仅是传达，还是通过表现如何有效地传达和说服广告创意点，促使广告目的得以实现。

第二节 影视广告文案概述

一、影视广告文案基本概念

对广告中的语言和文字有概念上的界定是在现代广告学产生之后才开始的，19世纪80年代之后，美国开始使用"广告文案"（Advertising Copy），并出现了专门的广告文案撰稿人。在我国，人们对于"广告文案"的认识，是随着对广告行业的认识而逐渐完善成熟的。从苏上达《广告学概论》中认为"标题"是"广告全幅上最重要的文字"到20世纪80年代，唐中仆、贾斌的《实用广告学》将广告中的文字和图称为"广告稿"，博汉章《广告学》中将"Advertising Copy"翻译为"广告拷贝"，直到1991年《现代广告学名著丛书》中明确将"Advertising Copy"和"Copywriter"翻译为"广告文案"和"广告专案撰稿人"，由此"广告文案"的概念才开始普及。

作为一种信息传播活动，广告是由传播者与受传者共同理解的语言符号与非语言符号所构成的，这些符号的载体就是广告作品，广告中的语言符号就是文案。广告文案是已经完成的广告作品中的全部的语言符号，包括有声语言和文字，它与非语言符号共同构成一个完整的广告作品。广告文案一般由标题、广告口号、正文、随文四部分组成。影视广告文案是在已经完成的影视广告作品中的全部的语言符号，包括画外音、人物语言、字幕、广告歌词等。它与平面广告文案等有着极大的不同，它既是声音（对白、独白、旁白、音乐等）和字幕的呈现方式，又是文字脚本、分镜头脚本、故事板脚本的载体。

二、影视广告文案的特殊性

影视广告是一种构成元素众多的广告传播形式，它不仅有构图、色彩等静态画面，还有影像、音乐、语言、舞蹈等动态的传播语言，其广告创意包含了图像、声音、字幕等各个方面的设计，而这一切都必须通过广告文案的写作来表现，这就使得影视广告文案与其他媒体的广告文案有所不同。

1. 性质与形式的特殊性

有别于杂志、报纸、广播等媒体的广告文案，影视广告文案并非广告作品的最终形式，它只是通过将广告主题、形象、传播广告信息等创意内容形式化，所作出的具体语言文字部分，是在形成广告作品之前广告文案创意人员与拍摄导演之间沟通的一份详细的计划说明，不同于报纸杂志等平面媒体广告的文案的性质，影视广告文案的好坏直接影响到影视广告作品的创意好坏与传播效果。

在形式上，影视广告文案也是有别于报纸杂志等媒体的广告文案的，在影视广告文案的创作过程中，除了对基本的语言文字符号的运用之外，还要运用蒙太奇等影视创作思维与手法进行文案的创作，将画面、声音等元素有机地通过语言文字统一起来，并能够将文案所想要传达的影视画面具象化，充分调动人的想象力，勾勒出广告创意的基本内容、特色风格等，为影视广告导演的二次创作提供一个清晰的文案，其过程类似于电影文学剧本的创作过程。

2. 影视语言的特殊性

因为影视广告不同于报纸、广播等其他媒体广告的信息传播方式，所以在影视广告文案中，影视语言也因其具象的、直观的特点而不同于其他广告语言。影视语言一般由三方面组成：一是视觉，包括画面、字幕；二是听觉，包括音乐、音响、广告词、画外音、人物语言等有声语言；三是镜头剪辑技巧，即蒙太奇等。

影视广告中的语言即影视语言可以通过其具体的形象来传情达意，通过摄像机记录实现"物质现实的复原"的能力来表现其运动的、现实的特点，做到让观众有身临其境的感受。因此，在影视广告文案中，运用影视语言来形成影视广告的形象，是具有独特性与必要性的。

三、影视广告文案的表现形式

影视广告文案的表现形式主要有四个方面：画外音、字幕、人物语言和广告音乐。

1. 画外音

画外音包括独白、旁白、广告口号。独白大多是以广告中主人公的视角出发，表现人物的内心世界，更加具有切身感受的实际说服能力，配音大多会采用画面中的原音；旁白多以局外人的视角看情节的发展，多以说明性的语言出现，介绍产品的功能等；除开这种比较详尽的广告画外音外，还有一种简单的喊出广告口号的简单画外音。画外音在文案的写作过程中一般活动范围较大，需根据广告的情节和产品诉求、受众定位等进行创作。如SK-Ⅱ神仙水（汤唯篇）、力士洗发水（恒永慕爱篇）、征途2等广告（加广告片），通过画外音对产品及品牌进行了陈述。

画外音广告

2. 字幕

字幕是无声的语言，它主要通过屏幕上文字的方式与受众进行沟通，字幕在影视广告文案的写作过程中比较强调书面化的形式与语言表达，它常常伴随独白出现，强化声音的内容，在画面中淡入淡出，能够提炼广告的精髓、调动情绪，能够辅助广告信息的理解。字幕的字体、节奏、方式额定都能够调动广告氛围的变化，达到解释画面、推动情节、突出广告主题的作用效果。如兰芝气垫BB霜（宋慧乔篇），用字幕对其产品进行了较好的介绍和说明。

字幕广告

3. 人物语言

人物语言主要指影视广告中出现的人物（包括人、动物、玩偶、虚拟形象等）以独白或者对白的方式出现的声音。人物语言一般比较通俗化口语化，更多的是通过对话或独白等比较生活化的表达来拉近与消费者方式之间的距离，推动情节的发展。

如保护孩子心灵公益广告，通过甲和乙的对话说明了情节，最后通过字幕"耳濡目染，影响孩子成长"的

人物语言广告

广告语，并打出"保护孩子的心灵，请谨言慎行"字样来。

4. 音乐

广告音乐在影视广告文案的创作过程中相对独立，它可以是专门为产品广告而创作的专属歌曲歌词，也可以是对已有版权的歌曲进行适合产品的歌词改编，它可以是英文、中文，也可以是没有歌词的纯音乐，可以是流行歌曲，也可以是民歌戏曲。比如乌江榨菜中国好味道篇中就采用了一首戏曲风的歌曲，将乌江榨菜的产品信息有趣生动地与歌词相结合，很容易吸引受众的注意力。

四、影视广告文案类型

影视广告文案的创作属于影视广告创作前期准备工作的一个部分，是广告创意与构思的文字外在表现，其最主要的作用就是能够将广告创意清晰完整地表达出来，与广告主、导演与制作部门进行良性的沟通。在影视广告的长期发展过程中，基本形成了影视广告文案写作的规范方式。影视广告文案主要包括以下三种类型：一是文学脚本，二是分镜头脚本，三是故事板。

（一）文学脚本

1. 文学脚本概念

影视广告文案的文学脚本是分镜头脚本的基础，它一般由文案编剧完成，主要是通过浅显的、文学化的语言将广告创意与构思的广告类型、画面、人物、情节、对话、字幕、广告语、商品、格调等内容，栩栩如生、生动形象地表达出来，以便能够让人清晰地理解广告文案、格调想要传达的产品的创意。

【案例】

绿箭清新口气篇广告

画面一：一个女孩倚在她的办公桌旁边，远眺窗外，从口袋里拿出绿箭口香糖放入口中咀嚼。画面二：一个中年男子也在远眺窗外，心中思念着女儿，此时女儿开门回来了。女儿：爸。父亲：哎？怎么回来了？女儿：想你嘛。父亲：不是有电话吗。女儿：但我想见你啊。画外音：绿箭，清新口气，你我更亲近。

绿箭清新口气篇广告

2. 影视广告文案脚本的形式

影视广告的形式是由影视广告的内容所决定的。广告创作者必须通过创意和构思把广告内容传达出来，并且借助一定的结构形式和表现手段，通过语言文字表达出来。按照影视广告具体的表达形式可以将影视广告脚本的形式做如下分类：结构形式、表达方式（技巧）和语言（解说词）。

结构形式：影视广告文案脚本在创意构思过程中的各个环节具有内在的联系，广告文案脚本在表达过程中需要依据特定的结构进行创作和表达。

表达方式：影视广告文案脚本的表达方式实质上是影视广告内容表达所采用的表达方法和技巧。

语言：语言是指在影视广告脚本内容呈现过程中所采用的解说词。

3. 影视广告文案脚本的创作要求

（1）脚本创作要遵循一致性原则。

在影视广告文案脚本的创作中，不仅要强调产品的核心诉求，而且要在脚本编排过程中将产品的调性与脚本所呈现出来的视觉语言形象相一致。脚本的创作要保持声画一致，调性一致，形象一致。

（2）脚本创作要突出产品的核心诉求。

能够呈现出产品所具有的特性是对于一个合格广告的基本要求。一个广告文案中可能会有多个诉求，但是合格的广告文案一定要能够明确清晰地体现广告最核心的诉求，给广告受众呈现出核心且突出的产品特性。当影视广告文案脚本的诉求过于丰富和复杂时，不仅影响广告故事编排镜头时长，而且过多的诉求在表现过程中信息量过大，会影响到广告受众对广告的记忆程度，影响受众对广告的认知。如在"六神花露水"（加广告片）的影视广告中，其文案脚本在编撰过程中不仅将广告所要表达的核心诉求鲜明地呈现，而且通过结尾的广告进行不断强化。

六神花露水广告

（3）脚本创作要注重声画的和谐。

影视广告是声画结合的艺术，影视广告文案脚本在创作过程中要注意声与画的和谐统一。影视广告脚本是广告创意内容视觉化的表达与声音化呈现相结合的产物，在广告中视觉符号是通过画面来呈现的，语言符号是通过声音来呈现的。除了广告为了创造夸张幽默的创意效果外，影视广告的声音与画面格调要基本一致，当画面表现为忧郁的情感时，广告的语言风格也要与之相匹配，呈现出忧郁的语言风格，这样才不会影响到整支广告含义的清晰表达。

如"资生堂红色蜜露"影视广告的文案脚本在编排过程中非常注重声画调性的统一、和谐。

资生堂红色蜜露广告

（4）脚本创作要有益于受众记忆。

广告传播的目的多种多样，但是都有一个共同的目的就是需要让受众认识广告所呈现的产品，并且记住广告中所传达的核心产品诉求。要想让广告受众记住广告中所呈现的核心内容，那么吸引受众对广告本身的注意力成为了重要要求。特色突出、悬念跌宕的广告文案脚本对吸引广告受众的注意有重要的作用。广告脚本中所蕴含的情感要素对于打动受众、增强受众对广告的记忆程度有很大的帮助。所以文案脚本在创作过程中要突出特色，蕴含情感，情节入胜，触动受众，从而益于受众对广告的记忆。

4. 影视广告文案脚本创作方法

影视广告文案的脚本创作既要保证广告视觉形象的情感张力，又要保证广告语言的简洁清晰。影视广告文案脚本写作方法如下：

（1）明确广告定位，确定广告主题。

广告文案写作中都要做好广告的定位工作。在明确广告定位的基础上确定广告的表现主题，选择广告的语言风格、表现形式。

（2）影视广告文案脚本以镜头为序，描绘广告画面。

影视广告文案脚本在写作过程中避免不了使用蒙太奇的思维，影视广告需要用镜头叙事，镜头间的顺序显得尤为重要，在语言描绘画面的基础上要把握好镜头的时间限制，镜头要在所限定的时间范围内表达出所要传达的内容。

（3）运用精巧构思，注入感性诉求。

影视广告文案脚本的写作对故事悬念提出了较高的要求，广告文案所呈现出来的故事情节要环环相扣，在故事开头的几个镜头内铺设悬念，在广告接近尾声时呈现答案。想要吸引人，影视广告的脚本故事中要注入感性诉求，运用故事的趣味性，调动受众的参与感和情绪。

（二）分镜头脚本

分镜头脚本指的是利用稿纸描绘创意，主要的任务是根据解说词和电视文学脚本来设计相应的画面，配置音乐音响，把握片子的节奏和风格等。

分镜头脚本是文字脚本，是依据时间的顺序以文字描绘广告里将会出现的场景、旁白以及音效。分镜头脚本可以在执行前当作广告影片的时间预计标准，可以让客户提前知道整体的方案。

分镜头脚本的写作应该注意以下几个方面：

（1）在分镜头脚本的最开始，应该有一个创意说明的阐述，以简洁有力的语言描述创意的中心思想。

（2）在描绘每一个镜头的画面内容时，要把场景活灵活现地表现出来，要使得观看者有清晰的画面联想。

（3）当遇见较为抽象的创意时，也要努力将影像具体化，然后强调创意的特点。

（4）在描述每一个分镜头内容的时候，要注意标明景别、拍摄技巧、剪辑技巧等。在做声音部分的时候还要写出与画面同时的声音处理方式。

（5）在描绘每一个镜头时，都要记得标明镜头所需耗费的时长。

（6）最后，在描绘每个分镜头的时候也要充分运用蒙太奇的技巧。

【案例】

奥利奥广告

表 6-1 奥利奥广告分镜头脚本

镜头	景别	画面内容	画外音	字幕	音乐	时长
1	近景	小女孩天真无邪地向爸爸提问。	小女孩："爸爸，我给你猜个迷！"	奥利奥蓝色中文LOGO始终在画面右下角		2s
2	近景	爸爸忍俊不禁地点头答应。	爸爸："嗯！"			1s
3	中景+特写	中景：父女对面而坐；特写：小女孩说话时伸出左手，手指一张一合。	小女孩："它很脆的，咬起来咔嚓咔嚓的！"			2s
4	近景	爸爸略略思索，伸手做询问状。	爸爸："是……威化吗？"			2s
5	特写	小女孩肯定地点头。	小女孩："是的！"			1s
6	近景	小女孩伸出双手，歪着头，在左眼前比出一个心形手势。	小女孩："它还有两颗心！"			2s
7	特写	以小女孩双手比出的心形为虚化的前景，爸爸的脸从心形的空白处显露出来，实景，爸爸做疑问状。	爸爸："两个心？"			1s
8	中景	小女孩背影在画面左下角虚化，爸爸在画面中右侧，爸爸托腮做思索状。	小女孩："是夹心呀！"			1s

续表

镜头	景别	画面内容	画外音	字幕	音乐	时长
9	近景+特写	近景：小女孩在身体左侧比出心形手势，然后移到身体右侧；特写：小女孩双手比出的心形。	小女孩："巧克力和香草！"			3s
10	近景	爸爸手托腮，一根手指不停地敲着下巴，微微张嘴，眼睛斜视，做认真思考状。	爸爸："呃……"			1s
11	近景	小女孩翻白眼歪起头，无奈地叹口气，像小大人一样做无语状。	小女孩："呜呼！"			1s
12	近景	小女孩弯下腰，拿起一块奥利奥双心脆威化。	小女孩："是奥利奥双心脆哟！"			3s
13	特写	一层奥利奥威化淋上巧克力酱，另一层淋上香草酱，几层淋好的威化上下排列，并不断向中间挤压，组成一块完整的双心脆威化，夹心酱做欲溢出状。镜头切换，一条完整的奥利奥双心脆横在画面，被从中间折成两段，折开处蹦出威化碎屑。	旁白："奥利奥双心脆威化，巧克力和香草双重夹心，酥脆美味，层层好滋味！"		轻快跳跃的音乐	5s
14	中景	小女孩把威化递到爸爸嘴边，爸爸张开大嘴准备咬下，小女孩突然拿回，放进自己嘴里，咬下一口，爸爸在一旁看着羡慕。			逗趣的音乐	3s
15	特写	奥利奥双心脆威化三款产品在画面中间依次排开。	小女孩："只有奥利奥！"	还有更多口味，只有奥利奥		2s

(三)故事板

1. 故事板概念

故事板指的是对分镜头脚本的"图像化",按分镜头脚本的节奏将之视觉化。关于故事的制作,一般都有专门的故事板用纸,故事板一般分为五栏:脚本的画面栏,在这些栏中要绘制出具体的形象;内容栏,在这栏中要对每个镜头进行文字的描写;拍摄栏,在这栏中要写出每一个镜头的拍摄方法;声音栏,在这栏中要写出与画面同步的声音的处理方式;最旁边的是时间栏,在这里要标明每个镜头大概所需要耗费的时间。

2. 故事板类型

传统的故事板存在一定的局限性,有时候它并不能很好地将我们所想要表现的动态视觉效果呈现出来,因此就出现了不同种类的故事板,以此来弥补传统故事板的不足。故事板分为以下几种类型:

(1)动画故事板。

动画故事板指的是将要拍摄的影视广告片用复杂的方式描述出来,该脚本的主要镜头画面都是先经过手绘或者照相,然后再按分镜头脚本的顺序进行剪辑,并且配上旁白、音效等。

动画故事板与传统故事板相比而言,画面都具有动态的视觉效果,是向客户提案、做广告预算、开准备会议等方面非常实用的工具。动画故事板时长刚好为30秒、直观的表现了广告的效果,还包含了丰富的信息,这是传统手绘故事板无法做到的。

(2)样片故事板。

另外一种故事板被称之为"样片故事板",这种故事板指的是将其他广告片中的场景剪辑为创作者所想要阐述创意点的故事板,这样的方式能更好地呈现创作者想要表现的影视广告节奏和拍摄的流程。这种类型的故事板相对于其他类型故事板的制作,相对简单也较为快速。但是这种类型的故事板并不能作为正式可以播放的影视广告,并且它是借助其他制作完的广告片的场景,这是预算内不能控制的。因此,在完成样片故事板的制作后,需要向客户表明样片与成片所存在的差异。当然,这种类型的故事板有助于我们更好地描绘出影视广告中所需要的剪辑形态。这种类型的故事板与动画故事板一样都要配上旁白和音效等问题。

【案例】

表 6-2　OPPO 音乐手机——ulike 系列篇故事板（总时长：30 秒）

镜头	画面	景别	时长	音效和画外音	字幕	备注
1		近景	3 秒	背景乐为 dreams；画外音：无	无	女主角坐在异国广场的露天餐厅表情惬意
2		中景	2 秒		无	女主角在异国的街头用手机牌照
3		中景	8 秒		无	女主角站在桥头感受风的惬意与自由
4		特写	7 秒		三个月前（辞职信一封）	三个月前女主角辞职
5		中景	3 秒	背景乐为 dreams；画外音：做你喜欢的	做你喜欢的	不同时间段的主人公用手机对话，彰显手机的个性和作为重要故事线索
6		远景	4 秒	背景乐为 dreams；画外音：享受自由	享受自由	辞职后的主人公很享受自由的生活
7		特写	3 秒	背景乐为 dreams；画外音：OPPO you like style	OPPO 的 Logo	表现主题，告诉观众我在说什么

3. 故事板的内容

影视广告故事板内容包括如下几个方面：

（1）客户名称、产品名称。在故事板中要标明客户名称和所做广告的产品名称，以便于识别。

（2）整片的长度，每个镜头的长度。故事板是影视广告脚本的视觉化，需要在影视广告中标明每个镜头所用时长，以及整个片子的长度，以保证整个片子的时长不会超过预计时长。

（3）镜头画面及画面内容文字描述。故事板要起到形象的说明作用，故需要在故事板中放入镜头画面以及画面内容的文字描述。

（4）对应声音文字的描述。影视广告是声画结合的艺术，影视广告故事板在创作过程中需要做好声音文字的描述部分，使故事板更加形象更加生动。

（5）每个镜头的拍摄方式与镜头间的组接方式。镜头是影视广告的一个重要元素，在影视广告中，镜头元素的呈现方式切实影响着影视广告的表现力与影响力。在故事板中，镜头的组接与镜头的拍摄方式也是不可或缺的重要组成部分。

4. 故事板与分镜头脚本的异同

故事板和分镜头脚本都涉及对镜头画面及画面内容的文字描述和声音描述。但是故事板和分镜头脚本存在着诸多不同（见表6-3）：

表 6-3　故事板和分镜头脚本的区别

故事板	分镜头脚本
故事名称，产品名称	必须写景别
整条片子长度	每个镜头的运动方式
写不写景别均可	镜头与镜头组接方式
画面可以手绘也可以用素材照片。正式提案前用，故事板前附加创意说明	画面必须手绘

5. 影视广告故事板制作要求

（1）影视广告故事板画面规格要按电视屏幕长度与高度的比例绘制。

故事板作为一种创意效果图，为了使视觉上有更加直观的感受，故事板的画面应遵循电视屏幕的画面比例，4∶3是较为常见的画面比。

（2）广告内容加以具体化形象化，突出产品定位。

故事板的表现要更加接近影视广告本身所呈现的效果，在故事板制作过程中需要将广告脚本中的广告内容、广告脚本中所描述的诉求主题、广告定位更加具体地表现出来,从而将广告信息生动直观地传达给广告受众。

(3)要有好开头与好结尾,抓住观众注意力。

故事板画好开头和结尾是由首因和尾因决定的。在心理学上首因和尾因效应对广告效果的呈现有重要的影响。在一条信息中,人们更加容易记住信息开头和结尾所传达的内容,所以故事板需要画好开头结尾。但是这并不意味着中间内容就可以忽视了,中间内容对表达广告的核心价值有重要的影响,所以在故事板创作中也要注意抓住广告的核心。

第三节　影视广告文案写作

一、影视广告文案写作要素

影视广告文案的写作要素,主要是由"视""听"的影视艺术基本特征决定的。影视传播又是以视觉感受为主,这使得观众在看电影或者电视的时候,以"看"为主,以"听"为辅。所以在进行广告文案创作的时候应注意以下因素:

1. 把握好影视广告的基本特征

影视广告的文案是要为广告片中的画面服务的,所以在进行文案写作的时候,要注意画面与文案的配合,通过文案更直接地表达影视广告的思想。

2. 了解观众心理

影视广告文案的写作不能只一味地抒发创作人员的思绪,而应该首先考虑到目标受众和目标消费者的感受。

3. 符合逻辑

影视广告文案通常都短小简洁,但也应把广告内容说清楚,在创作中有一定的难度。所以可以省略掉一些过渡性的句子,但要符合逻辑,避免经不起推敲等。

二、影视广告文案写作技巧

1. 设想将要出现的画面

在撰写影视广告文案时,要尽量设想出拍摄后的画面情景,这个画面是连贯的,不是静止的。有了这些画面作为参考,有利于写出符合影视广告所想表达的文案。

2. 设想文案的表达方式

将创作文案的内容与影片的表达方式结合起来，从而选取一个最有效的方面去进行表现，对于不同的表达方式，就会有不同的写法。

3. 不必要求字面上的连贯

影视广告的文案是与画面相结合的，文字是与画面的连贯，而不是单独看字面上的连贯。文案在字面上可以跳跃或者省略，这样会显得自然。

【案例】

2012年奥迪A8L"享受探索"文案

我们的思维在重复中成为定式，你有没有胆量推翻它，跨过去，所有未想过的想法，都将实现，所有经历过的阅历，都将被探索的渴望所代替。

奥迪A8L广告

2008年中国农业银行（不曾篇）分镜头

分镜头一：新疆天山，层峦叠嶂横铺眼前。云朵聚集在山巅，瞬间风吹散了云朵，露出了天山傲人的顶峰。

字幕：总有别人不曾攀越的巅峰

分镜头二：镜头前一片开阔的山水壮丽呈现，镜头上移，在山水边，一条小路蜿蜒向前。

字幕：总有别人不曾走过的路

分镜头三：雨后的都江堰，彩虹、水车、翠绿的农田，构成童话般的风景。

中国农业银行广告

字幕：总有别人不曾看过的风景

分镜头四：朴实的青年农民，站在黄澄澄的麦田中，自信地微笑。

分镜头五：镜头穿越农民古铜色坚实的身躯，跟随着麦田延伸至广阔的天边，现代化的城市在地平线上若隐若现。

字幕：总有别人不曾拥有的收获

分镜头六：青年农民慢慢地张开臂膀，麦浪仿佛在他的怀抱中翻滚，金色的画面满载着充实、收获、欣喜的大气磅礴。

配音：大行德广，伴您成长

这两个文案都与画面结合的较为好，在文案上都在用一种独特的方式传递着产品的特点。

三、影视广告文案写作形式

影视作为视听两用媒介，具有视觉和听觉的双重特性，它是用语言、文字、声音、图像等多种方式来完成信息的传递。因此相对于一般平面广告的视觉传递和广播广告的声音传递，影视广告文案的表现更具多样性，由此也存在多种写作形式。

（一）对话式

对话式是影视广告中最常用的文案形式之一，即采用对话的形式来表现广告内容。对话形式的文案一般比较贴近生活，内容简单易懂。影视广告采用这种方式进行文案写作会使广告更具有场景感和画面感，营造出一种生动活泼的景象，文案中有关品牌的特性在对话中自然流露，有助于加深观众对品牌的印象。

【案例分析】

五粮液黄金酒的广告文案

"哟，五粮液集团黄金酒！"
"我女儿送我的。"
"好酒要品。闻其香，入口柔，一线喉！"
"五种粮食，六味补品，好喝又大补，要喝让你儿子买去！"

五粮液黄金酒广告

 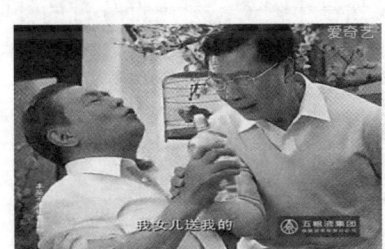

图 6-1 五粮液黄金酒广告

这则广告文案就是发生在两个老年人的日常生活中,用两个父亲对话的形式不仅直接道出了品牌名称,还在对话中把黄金酒的口感和产品成分也展露了出来,直接而又不失趣味性。

(二)叙述式

叙述式广告文案指的是在广告中采用旁白或者人物自述的形式来叙述出品牌情况、产品特性或者是产品风格,叙述式广告文案又分为旁白型和自述型两种。旁白型的广告文案更加理性,特点是冷静、客观,在文案中会简要涉及产品或者品牌方面的一些相关信息,如产品产地、成分等信息,用比较理性直观的方式向消费者展示品牌或者产品的优点。自述型的广告文案则偏感性,站在"我"的角度来讲述广告,情感更加丰富,注重以情动人。

1. 旁白型

如养生堂 2015 年的影视广告文案:"巴西,彼得罗利纳,地处南极九度,赤道从它上方穿过。这里是世界上少有的针叶樱桃产区。2008 年,养生堂在彼得罗利纳建立基地,将针叶樱桃作为养生堂天然维生素 C 的原料。针叶樱桃具备'补偿性生长'的能力,紫外线越强,它就会产生越多的维生素 C,1 颗相当于 190 颗普通樱桃的维 C 总量。所以当地人会食用大量的针叶樱桃来预防感冒,他们把针叶樱桃视为红色珍宝。养生堂天然维生素 C,只用百分百的针叶樱桃。"

养生堂广告

图 6-2 养生堂广告

这则广告文案直接采用旁白叙述的方式表现出产品的诉求——健康,从产品产地、运用原料直接告诉消费者产品的益处所在。对于保健品来说,广告文案理性的陈述方式更容易让消费者信服。

旁白型的影视广告文案还适合运用在房地产和汽车等比较高端的产品中,此类产品消费较高,因此需要更多理性的阐述来展现产品优点。

2. 自述型

自述型的文案在影视广告中也很常见,即通过广告代言人或者广告中出现的人物自我讲述的方式来展现产品或者品牌风格。如农夫山泉 2016 年推出的一系列讲述取水人与农夫山泉故事的广告文案就是采用人物自述的方式,其中一则《一百二十里——肖帅的一天》很具代表性:

自述型广告

"我叫肖帅,今年二十六岁,二零一三年大学毕业后,就来到了咱们农夫山泉的武陵山工厂工作,我主要负责的是水质监测工作。武陵山,山路比较高,山路不断的有蜿蜒盘旋,单程大概有三十五到四十公里这个样子。取水看似一件很表面的工作,能不能真实地反映出我们这个地方的水质,瓶子做得再漂亮,盖子做得再漂亮,标签再漂亮,如果水质不行,那就没有存在的价值,水就是我们的生命之源,我的工作,就是确保水的安全,给消费者一个放心。"

图 6-3　农夫山泉广告

这则广告文案不仅向观众展现了农夫山泉的水质监测过程，更传递出了农夫山泉注重消费者的品牌理念，以农夫山泉员工的角度来阐述整个广告，感性色彩浓厚，很容易打动消费者。

（三）个性式

个性式广告文案指的是使用比较年轻化和个性化的词语或者句子，甚至是网络用语来创作广告文案。这种形式的广告文案多是定位于年轻消费群体的产品或者品牌，运用年轻人比较喜欢的说话方式或者生活形式来引起他们的共鸣，以此来突出品牌个性。现在，很多品牌都倾向于使用个性化的广告文案，尤其是主攻年轻消费市场的手机、电商和啤酒等品牌，如小米、淘宝和聚美都经常使用个性式的影视广告文案。

如百威 2016 年的贺岁片广告（加广告片）就是这种个性式的广告文案：

"在这个庆祝的季节，我们举杯，不为天上的火花而是心里的火花，敬那些充满抱负的、疯狂的、勇于表达的、每一位真实的你，忠于自己最值得庆祝。百威，敬真我！"

百威 2016 年贺岁片广告

图 6-4 百威 2016 年的贺岁片广告

广告文案里表现的是当下年轻人对自我和真我的追求，也突出了百威个性化的品牌观念。

再如 2013 年陈欧一则"我为自己代言"的广告片：

"你只闻到我的香水，却没看到我的汗水；你有你的规则，我有我的选择；你否定我的现在，我决定我的未来；你嘲笑我一无所有不配去爱，我可怜你总是等待；你可以轻视我们的年轻，我们会证明这是谁的时代。梦想，是注定孤独的旅行，路上少不了质疑和嘲笑，但，那又怎样？哪怕遍体鳞伤，也要活得漂亮。我是陈欧，我为自己代言。"

这段广告文案因为个性突出，一度在网络上引起热议和模仿，火爆的"陈欧体"以其新颖灵活的语言风格成为潮流的风向标，而聚美优品所要传达的品牌观念自然随着广为流传的"陈欧体"深入广大受众内心。

（四）故事式

故事式是通过讲述一个或一系列与品牌或者产品相关的故事来传递广告信息的文案形式。故事式的广告文案通常有故事情节，创意性也比较强，要求文案轻松风趣且有戏剧性，多以对话的形式表现。这种形式的广告文案因故事性和趣味性比较强，很容易吸引受众的眼球，得到观众的喜爱。

如士力架的影视广告文案就经常采用故事式的形式来展现。下面是士力架以"横扫饥饿，做回自己"为主题的系列广告：

华妃篇

足球休息室里，队员都在紧张准备，华妃躺在一边的椅子上。

华妃："谁来给本官捶捶腿。"

队员："臣妾做不到。"

士力架广告（华妃篇）

华妃:"接球不行,接话不错。"
队员:"饿货,赐你条士力架,一饿就矫情。"
华妃变回为队员:"嗯,来劲了!"

图 6-5　士力架广告(华妃篇)

唐僧篇

划船比赛上,队员都在很费力地划桨,唐僧坐在船头敲木鱼。
队员:"使劲啊,你敲什么呢?"
唐僧:"这叫木鱼,悟空,休得无礼!"
队员:"无礼,这是无力啊,就没见过比你弱的!"
唐僧:"only you(只有你)。"
队员:"饿货!快来条士力架吧!一饿就手软!"
唐僧变回为队员:"嗯,走你!"

士力架广告(唐僧篇)

图 6-6　士力架广告(唐僧篇)

　　这两则广告文案都是利用电视剧里经典的人物形象和性格特点,重新把人物融入现代化的新故事中,文案故事生动有趣,引人入胜,形象地传达了品牌的诉求点。

(五)歌曲式

　　歌曲式广告文案即以歌词的形式进行广告信息的表现,在影视广告中把文案唱出来。这种形式的广告文案借助音乐的旋律以歌曲的形式传递给受众，感染力强，有助于受众的记忆和传唱，有着较好的广告传播效果，因此，歌曲式广告文案在影视广告中也比较常用。同时因为音乐可以被大多数人共同喜爱和理解，所以歌曲式广告文案的使用也并没有固定的范围，只要符合品牌和产品的形象，在影视广告中就可以选择这种表现形式。

相信最广为人知的歌曲式广告文案就是"脑白金"广告：
"今年过节不收礼啊，不收礼啊不收礼，收礼只收脑白金！"
"今年更要送健康，送健康啊送健康，收礼还收脑白金！"

图 6-7　脑白金广告

这则广告多年来一直饱受争议，也被很多人认为是低俗广告，但我们不得不承认它的确取得了很好的传播效果，在我国，这则歌曲式的广告文案几乎人人都会唱。也正是因为这种歌曲式的广告文案表现，使脑白金在众多保健品中脱颖而出，为其奠定了无可撼动的地位。

四、影视广告文案写作要求

撰写影视广告文案需要掌握以下要求：

1. 明确广告定位与主题

影视广告文案写作，首先必须分析与研究相关资料，明确广告出发点与定位，确定广告主题。什么叫做广告定位？不管该影视广告是否自觉地去树立和突出某种形象，消费者对他们所认识的企业或产品总有一个综合评价，一旦将广告定位建立起来，就会使消费者在需要解决某一特定消费问题时，首先会考虑某一品牌的产品。以产品形象和品牌形象作为广告主题，是影视广告文案写作的首要出发点。明确受众一个购买理由或所谓的"卖点"，可以更好地在受众心中占据一个有利的地位。

【案例】

全兴大曲广告

画面：一支玻璃酒杯中侵入透明白酒，一座沙漏表示时光缓缓流逝，同时对全兴大曲的包装进行细致的特写，背后这是一幅传统劳作的古画，以及幽幽古窖，百年珍藏。

全兴大曲广告

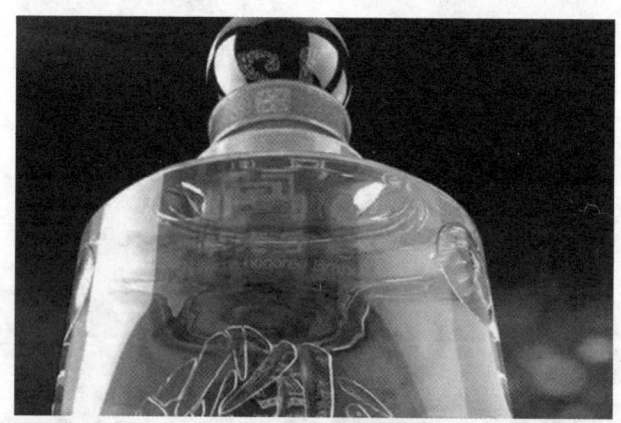

图 6-8 "全兴大曲"广告

文案：光影杯中流动，岁月汇聚成金

六百年工艺，十二载窖藏

老字号年份酒

广告口号：品全兴，万事兴

2. 构思广告形象，确定表现形式和技巧

确定广告定位与主题后，才能构思出广告形象，以及其新颖、独特、具有创造性的表现形式和技巧。现代影视广告中文案写作中开始运用越来越多的表现手法，例如：比喻含蓄表现、夸张烘托表现、故事情节表现以及情感散发、幽默诙谐等。

【案例】

乌镇旅游广告（刘若英篇）

文案：离开纷乱的都市我来到这里，停下脚步。宁静可以让伤感隔离，时间真的不曾改变什么，放开手送走烦恼。光影里的小桥流水人家，满载的是生活里饱满的笑容，时间改变了许多事物，却不曾改变这里。那个笑得像花一样的孩子，一个轻快跳舞的女子，还有我的赤子之心，生活在梦里的乌镇。

乌镇旅游广告

广告口号：中国最后的枕水人家

3. 充分运用蒙太奇思维

蒙太奇能按照观众的心理习惯，引导观众的注意力，有效表达寓意，创造一种让观众沉浸其中的意境，这在前文已有介绍。

【案例】

阿迪达斯以姐妹之名，全倾全力篇

画面：一轮红日缓缓落下，时钟指向了下班时间，女孩们分别站在阳台上呼吸新鲜空气、站在马路上等待绿灯、在练舞房拉腿准备，是时候与姐妹相约来一场运动了。

阿迪达斯广告

广告口号：以姐妹之名，全倾全力 all in for #mygirls

图 6-9 "阿迪达斯以姐妹之名,全倾全力"广告

4. 考虑时间规划

时长在影视广告中,既可指一幅广告播出的时间长短,如 10 秒、15 秒、30 秒、45 秒、1 分钟等,也可指一个镜头的时间长短。所以在撰写影视广告文案的时候,必须要严格把握控制时间,每一个镜头的时间长短也要严格规划。同时对于广告文字的简约性要求也要达到极致,既要高度概括,又要具体形象,更要有所说明。

5. 发挥语言表现力,撰写广告解说词

影视广告解说词,是影视广告文案写作的重要构成要素,包括人物对白、人物独白、画外音、歌词和字幕等。

6. 发挥创意,匹配对应画面与音效

影视广告以视觉形象占主导地位,并通过视听结合来传播信息内容,因此影视广告文案的写作必须做到声音与画面的和谐,即发挥创意匹配对应的声画表现。

7. 充分运用感性诉求方式

商业广告以诱发人们的购买行为作为最终目的，而人们所产生的购买行为往往是与情感活动有关的，情感活动越强烈，购买行为就越容易产生。基于此，广告文案中的感性诉求并不完全从商品本身固有的特点出发，而是更多以消费者的心理需求为思考方向，运用合理的艺术表现手法进行广告创作。寻求最能够引发消费者情感共鸣的出发点，从而促使消费者在动情之中接受广告，激发购买。一般来说，感性诉求广告都是源于生活，源于内心，并且以消费者的心理诉求为重点，它试图激发起人类内心的某种情感。

【案例】

强生婴儿为"妈妈的爱"喝彩影视广告（邓亚萍篇）：

强生婴儿广告

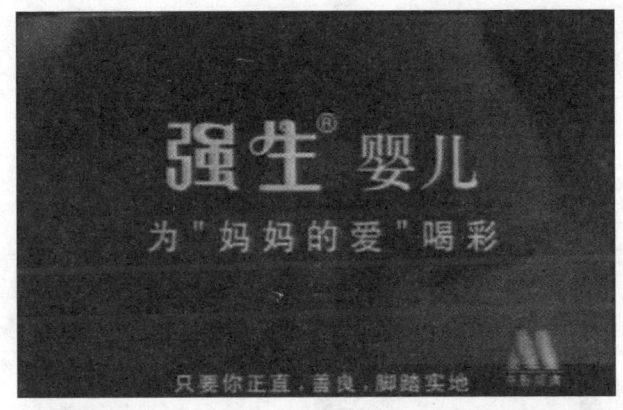

图 6-10　强生婴儿为"妈妈的爱"喝彩广告

文案：只要你正直、善良、脚踏实地，坚持或放弃，妈妈都支持
要做就做到最好，在别人眼里你是冠军，在我眼里你永远是个孩子
只要你正直、善良、脚踏实地
广告口号：强生婴儿，为"妈妈的爱"喝彩。

本章思考题

1. 根据该章节所讲述的内容，选择任意品牌，创作一个影视广告脚本。
2. 根据该章节所讲的故事板制作，选择已有的任意影视广告对其进行故事板的分析。

第七章　影视广告美术

影视广告的拍摄涉及许多与美术相关的问题。影视广告美术属于造型艺术，它是为影视广告创意总体空间进行造型和制作服务的，任何影视广告制作都离不开美术设计。

第一节　影视广告美术概述

一、影视广告美术的定义

何谓影视广告美术？这个问题可以先从影视艺术（或称为电影艺术）谈起。作为一种综合性的视听艺术，它集文学、绘画、戏剧、音乐等多种艺术形式于一体，为影视形象艺术服务，通过人们的感观去欣赏和感受。其中的影视美术则是属于纯视觉因素的艺术，属于造型艺术的范畴，对影视作品的造型起着决定性的作用和影响；而影视广告美术则是相对舞台美术、工艺美术等而言更加专业化的名称，它是为影视广告创意总体空间进行造型和制作服务的，所以说影视广告美术从本质上讲是属于造型艺术。造型是影视广告的基础，而这种造型从时空观念上讲，它又是属于动态的造型艺术，和属于静态造型艺术的工艺美术和绘画也有所不同。简而言之，一部影视广告片，在银幕或屏幕上能看到的一切，其中都必然有影视广告美术的存在和作用。

二、影视广告美术的意义

影视广告美术是影视广告创作中一个重要的组成部分，与影视广告的总体空间造型设计和制作有着密切的关系。如组织空间布局、完成空间各结构等，都要做出周密的构思与设计，同时对空间造型的构成因素，如效果、气氛、色彩、道具、场景等，以及光线、服装也要做出相应的设计。特别是对空间主体的人物形象、商品形象以及影视画面的构成、造型语言的表达等为设计的重点。影视广告造型设计的实质是塑造、刻画商品形象，所以一切造型设计要最大限度地为商品形象服务，其具体体现在：

1. 影视广告的一切造型设计必须以广告创意和导演的构思为依据

影视广告美术的一切造型设计，都要以广告创意及导演的构思为依据。影视广告美术专业人员对影视创意方案的主题思想、广告目的、商品与各个构成部分的关系，都要有深刻的理解，才能在造型中进行充分发挥。美术师要对创意方案——故事板进行充分地研究，特别是对人物与商品的设计要突出表现，对人物的造型设计，既要熟悉影视广告中人物的生活细节，包括他们的生活方式、内心世界、思想感情以及他们的好恶等，又要积累形象资料和文字资料，才能创造出富有性格特征、生活气息、有说服力的影视广告形象。

2. 影视广告美术设计是以银幕或屏幕为载体的造型艺术，它既是空间艺术又是时间艺术

空间的艺术是指影视广告中商品、人物、情景的变化，是按照特定的语言内容，使观众获得广告信息；时间的艺术指影视广告是按照创意，在一定时间范围内完成。

影视广告美术设计的空间艺术是指影视广告中的商品人物、情景的起伏、变化，按照特定的语言内容，使观众在屏幕上获得广告信息；影视广告美术设计的时间艺术是指影视广告按照创意，在一定时间范围内表达广告的主题，而且这个时间是极为短暂和有限的。

3. 影视广告美术的设计还应把"时空"与"视听"融合为一体进行屏幕上的造型设计

因为影视广告的造型设计，不仅是时空艺术，也是视听艺术，在创作上既要有强烈的时间和空间意识，还要有视听意识，才能符合影视"动"的特点，给观众以真实、完整、独特的感觉，最终有效地传达出广告信息。

三、影视广告美术的构思

影视广告美术构思，是以美术师的造型设计为主，导演、摄影为辅三位一体的共同创作。影视广告是一项集体创作的工作，美术师的造型设计，不

仅要充分发挥自己的想象力，还要考虑到导演和摄影师的意见。所谓"美术师选景、导演用景、摄影师拍景"就是这个道理。

美术师的造型设计不仅要发挥自己的创造性，体现自己的艺术风格，还要考虑到导演、摄影师的要求，构思要尽量一致，这才能使广告片的主题、形式、风格达到和谐统一。影视广告的制作过程，也是一个集体作战的过程。实际创作证明，美术师、导演、摄影师、灯光师的创作界限正在"模糊"，相互专业交叉有利于广告的完美表现，即美术师的平面设计、主体结构造型设计等正逐步涉足导演、摄影师、灯光师的创作范畴，而导演、摄影师、灯光师的场景调度、画面构图与合成照明效果等也逐渐渗入影视广告美术的创作领域，这种交叉结合的构思，极大地丰富和完善了影视广告美术的表现手段，增强了影视广告表现的力度。

第二节 影视广告美术的特性及作用

一、影视广告美术的特性

影视广告美术的特征既有影视艺术的某些特性，又有广告艺术所独有的特性，具体归纳为以下几个方面：

（一）立体空间多视角的动态特性

影视广告美术所处理的造型形象是具有三维空间的立体影像，同时又是在时间延续中动态的呈现。这就需要美术师用多种手段制作景物，或通过实景加工景物，这是长、宽、高加上时间而构成的四维立体景物。这种立体空间能适应影视艺术的运动特性，是多景别的场景设计；再通过摄影师的场面调度、摄影机的机位和角度的变化，能产生各种不同的景别而得到相应变化的画面，使银幕形象不同于从固定视点所看到的舞台形象，从而反映出影视艺术固有的运动性的特点。

为此，影视广告美术的立体空间设计，一要考虑到多景别的场景；二要考虑场景构成因素的多角度艺术效果；三要考虑各种景别镜头画面的构图和画面可能出现的各种效果。这样才能使立体空间的设计和搭建的场景符合影视运动性的特点，给演员表演、置景、拍摄提供有利条件，给布光、绘景提供所需要的空间。特别是还要考虑到摄影机镜头水平和垂直角度拍摄的范围，以免在多景别的拍摄中摄影机镜头运动和演员活动时露出破绽。

（二）表现手法的多元性

影视广告的银屏空间造型的主要构成因素是多元性的，有形、光、色、音、时、人和商品七大要素。

影视广告美术根据广告创意的要求做到以下几个方面：

1. 场景、道具与广告主题的一致

这些场景、道具需要与广告主题相一致。例如"大众高尔夫汽车"广告，运用了野外场景，用青蛙和蚊子做特殊道具，来突出汽车强劲有力的发动机，用夸张的手法来来加深观众的印象，烘托出了广告的主题。

大众高尔夫汽车广告

2. 运用各种光源烘托和制造特效

这种手法包括使用自然光与人工光来增强表现力，塑造个性十足的银屏形象，烘托和制造特殊效果。例如"新天葡萄酒广告"充分借鉴了电影《花样年华》的镜头用光语言，把男女主角的邂逅相恋拍的神秘而浪漫，中间穿插了同样色调的葡萄酒镜头画面，充分呈现出了品牌的气质。

新天葡萄酒广告

3. 利用色彩增加视觉魅力

特殊色彩的使用使画面更加美丽，有效地体现创意思想。如"Lurpak 黄油"广告运用了特写镜头跟拍的视角，把明亮的厨房中各种丰富多彩的食材进行了不同手法的烹饪加工，再配以品牌黄油，让食物变得美轮美奂，整个场景的镜头画面全是各种丰富的颜色，突出了食材的新鲜。

Lurpak 黄油广告

4. 通过动效声创造具有冲击力的感受

设计优美、动听的音乐或有冲击力的动效声使其与画面环环相扣，给人以震撼的感受。例如泰国伤痛贴广告"大力士"篇，巧妙地运用了音效和音乐，和画面场景相配合，幽默而生动地传达出了大力士在赛场上的尴

泰国伤痛贴广告

尬，突出了品牌伤痛贴的作用，令人印象深刻。

5. 巧妙利用时间因素来调动观众注意力

银屏上的时空变化是通过"模型合成""绘画合成"等影视特技重新组合构成，它可以改变观众的时空观念。如 John Lewis 百货公司广告《女人一生》，运用时空转换的特效进行镜头组合，表现一个女人从小到大的生活场景画面，充分渲染这些人们熟悉的、人生中标志性的幸福时刻，来突出百货公司无微不至的温馨相伴。

JohnLewis 百货公司广告

6. 通过人物形象达到广告效果

人是空间造型设计的重要因素，塑造鲜明的人物形象，有利于观众认识广告内容。如台湾大众银行广告《梦骑士》，运用了一群有代表性的老年人形象，以勇往直前、永不放弃的骑士精神来巧妙地诠释了品牌精神。

大众银行广告

7. 需要商品作为造型设计的主角

采用什么样的形式把商品展示出来关系重大，它直接影响到促销效果。如潘婷广告《小提琴手成长故事》，通过生活中普通小女孩励志的成长和成功的经历，用感人的故事来感染观众，起到良好的移情表现效果。

另外，空间造型表现手段的多元性，还体现在影视制作的各个技术部门的参与，例如布置化妆、服装、道具等部门也要根据美术设计的要求去做相应的准备工作。

潘婷广告

（三）鲜明的形象特征

影视广告不同于电影、电视片及舞台艺术，它必须具有鲜明的个性形象，从而产生视觉冲击力。影视广告美术根据创意要求，在造型表现手法上，可以是逼真写实的，也可以是夸张甚至是虚构的，它的表现空间更为广泛自由，但最主要的是要把塑造鲜明的银屏形象放在首位。

二、影视广告美术的作用

从不同角度和层面去看影视广告的作用是不同的，下面从三个方面对其进行分析：

1. 创造银幕形象

影视广告美术能够成为影视广告艺术中极为重要的构成要素之一，就在于它是直观的造型艺术，即直接为商品展示提供表现的特征。银幕视觉形象主要靠美术师来设计，在影视广告中它为商品展示提供了一个鲜明的特定空间环境和符合人情的视觉形象。在影视广告传播中，视觉形象占主导地位。

2. 创造商品个性形象

影视广告美术为商品在银屏上所塑造的形象之所以能被观众接受，根本原因是塑造的商品形象极富个性，以此使广告具有强有力的推销效果。一般来说，消费者在没有了解某一商品之前，只有通过其外表或赋予外表的导向信息对其进行判断。而影视广告美术正是这个点石成金的"导向"，美术师通过具有感染力

世界野生动物保护组织公益广告

的造型及形象渲染，引起观众的共鸣。例如世界野生动物保护组织的公益广告，就具有极富个性的特征，充分用人和动物画面对比的方式，来诠释人和动物的通感主题，体现了公益广告一向发人深省的主题，又运用了意味深长的表现特色。

3. 提高广告文化价值

当今社会人们的生活离不开影视文化，影视已成为人们不可或缺的生活方式及生活内容，而影视文化中的部分的影视广告也给人们带来了或多或少的影响。一个影视广告的画面，一首影视广告歌曲，一个影视广告的人物形象等等都会在受众心中留下印象，潜移默化地影响着人们的社会生活与价值观。如奥迪汽车广告（钥匙篇）就创意地运用了文化语言，反而没有像惯常的汽车广告那样去表现车的外观和内饰，在短短的三十秒内，只用了四把有代表性的品牌车钥匙，就巧妙地涵盖出了奥迪品牌的内涵，画面简洁却使人印象深刻，这不得不说是因为了解品牌文化的魅力。

奥迪汽车广告

影视广告美术是与商品文化紧密相连的，没有这些视觉化、形象化的造型，再好的商品也会变得黯然失色。随着计算机技术、国际互联网、信息高速公路等一大批传媒新技术的涌现，影视广告美术制作方式手段也发生了很大变化。运用新的艺术手法制作的影视广告作品将对人们的生活、文化、教育、娱乐、信息等诸多方面，产生长久而深远的影响。

第三节　影视广告美术的运用

一、影视广告美术创作的基本思路

由于直观的造型艺术可以在影视广告片中为商品展示提供一个鲜明的特定空间环境和符合人情的视觉形象，因此，影视广告的视觉美学特性自然成为影视广告艺术中的一个极为重要的构成要素。而合理应用影视广告的视觉特性又使得商品形象极富个性，因而让广告具有推销力和文化价值。再者，由于时间的限制，影视广告不同于电影、电视或舞台艺术，影视广告不能慢慢地叙述故事，没有过多的情节和复杂的角色关系，这也让影视广告需要在极其有限的时间内，将商品诉求表达清楚，从而具有鲜明的个性形象和视觉冲击力。

塑造鲜明的人物形象让观众认识广告内容，在影视广告设计中具有极为重要的意义。相较于商品而言，人在有效的广告传播过程中并不是主角，但鲜明的形象、大众熟悉的面孔（如影星、名人）能够吸引观众的注意，观众会把对人物的关注度及好感度转移至商品本身。因而影视广告中的人物，不但是故事陈述的角色、商品的介绍者，更是商品或品牌气质、定位的代言人。如"奔驰 SLK-Class 跑车"广告请到了大家耳熟能详的美女明星作为代言，用神秘的场景和动感的画面，体现出了品牌跑车高贵出众的品质与气质，充分地感染观众。

奔驰 SLK-Class 跑车广告

影视广告根据创意要求，在造型表现手法上，可以是逼真写实的，也可以是夸张甚至是虚构的，它的表现空间更为广泛自由，但最主要的是要把塑造鲜明的商品形象放在首位。如可口可乐广告"最后一罐"，以看似普通恋人的生活小场景，通过夸张幽默的方式来表现对于品牌的强调和专注，起到了很好的表现效果。

可口可乐广告

另外，空间造型的表现手段的多元性，还表现在影视制作的各个技术部门的参与，例如布置化妆、服装、道具等部门，也要根据美术设计的要求去做相应的准备工作。美国著名的媒体制作人赫伯特·泽特尔指出："一个好的构想本身并不一定能形成有效的大众传播。你必须学会如何去塑造某一个构想,而使其适合于媒体的技术与美学制作能达到的要求。"由此可见,影视广告的美学特性是非常重要的,原因很简单——好看才会有人看,才会给人留下印象,达到广告的效果和目的。

二、影视广告美术创作的工作性质

影视广告的美术部门在一部广告片的拍摄剧组构成中是非常重要的,也是仅次于导演部门的大部门。它不仅仅要为整个广告的色感和场景做美术设计,而且还包括了服化道(服装、化妆、道具)三个分部门。理论上,影视广告拍摄中的美术指导应负责制作其中任何与电影美感及美学有关的范畴;但实际上,美术指导的职务范围也会因应决策单位(包括投资者、监制或导演)不同的要求,及外在的市场因素的影响而有所不同。在具体拍摄工作中会涉及的工作有以下方面:

1. 道具

应按不同影视广告剧本的要求,设计相关的道具,亲自或联络有关方面人员进行制作及选购。

2. 布景

应按不同故事背景以及个别特殊场景,设计室内或室外的布景,以配合美学上的要求。

3. 灯光

设计色调和灯光的协调,以增强个别场面的艺术表现力和感染力。

4. 摄影

摄影机角度的调校以及摄影机的运动,应配合不同场景的视觉效果,计算不同场景景头的接连及流畅度的美感。

5. 角色及服装设计

角色及服装设计包括服制、发型及化妆,应按不同的故事背景设计人物、角色造型。

6. 电脑特技

设计超现实的场景及实际技术所达不到的效果。

7. 资料搜集

搜集一切和该影视广告有关的美术素材及参考其他相关的创作。

三、影视广告美术的工作流程

（1）接获工作后，先审阅有关剧本，了解需要表现的故事大纲及制作上相关的要求，做粗略的构思及准备。

（2）与监制、导演及相关的制作单位（包括演员）开会，主要听取决策单位（如导演和监制）的要求，了解制作的性质、预算、限制及本身的职责范围（不同的制作对美术指导会有不同的要求），并与其他单位作初步意见上的交流，取得初步的共识。

（3）了解制作条件及决策单位的要求后，开始进行实质的构思，并为相关构思进行资料搜集。在这一过程中要与相关单位进行紧密联系以免与其他单位的工作重叠或与他们的构思、要求有所出入，也有助于提高工作效率。

（4）将构思及相关的资料结集成草稿，作出预算案。

（5）经详细审核后，落实草稿，确定正稿（日后有改动的可能）。

（6）正稿落实后，与相关的单位如美术助理、场景、发型、化妆和道具等有关方面开会。按落实的构思向他们提出要求并通知其为相关的项同作准备，亦可向他们征询意见。

（7）在拍摄前（以个别拍摄场次和日期作计算单位，而非指整个制作），相关单位就美术指导落实的构思进行制作，美术指导则主要作监督之职，并跟进相关制作的进度。

（8）拍摄期间美术指导往往需要在现场监督及跟进，并为制作单位临时的要求或现场即时的变故作出相关的应变。

（9）拍摄完成后，美术指导或须参与影视广告的后期制作，特别是动画及特别效果的加工。

本章思考题

1. 影视美术的基本特性有哪些？
2. 影视美术的作用是什么？
3. 影视广告美术师的任务有哪些？

第八章 影视广告灯光

现代科学研究表明,光是地球生命起源必不可少的因素之一。太阳光、月光、火光、烛光等自然光和人造光对于人类世界的生存与发展都起到了至关重要的作用。自爱迪生发明电灯以来,人造光源以及灯具和相关技术的研发与生产突飞猛进,人们对光的认识与需求已经从日常照明上升到了视觉刺激与艺术创造的高度。

影视灯光是横跨技术与艺术领域的专业,是影响影视画面质量的重要因素之一。灯光的照度、色温、显色性、光比、布光方式等技术都对最终成像有决定性的影响,同时,影视灯光又是用光绘画、用光造型、用光表达空间和时间的艺术。从业者必须要掌握一定的物理知识和基本概念,例如光学、电学、机械学、色彩学等。除此以外,还应该具有较高的艺术鉴赏力和创作才能。

第一节 光的特性

一、光的一般特性

光是电磁波,这是光的一般特性。在浩瀚的宇宙空间里,电磁波无处不在。从科学的角度来说,电磁波是能量的一种,凡是高于绝对零度的物体,都会释出电磁波。且温度越高,放出的电磁波波长就越短。当其能阶跃迁过辐射临界点,便以光的形式向外辐射。电磁辐射由低频率到高频率,主要分为:无线电波、微波、红外线、可见光、紫外线、X 射线和伽马射线。

波长和频率是描述电磁波最重要也是最常见的物理量。波长(wavelength)是指波在一个振动周期内传播的距离,频率(frequency),是单位时间内完成周期性变化的次数。波长(λ)与频率(f)是成反比关系的,即:$c=\lambda f$,其中

c 是电磁波在真空中的传播速度（约等于 30 万千米/秒）是宇宙间物质运动的最快速度。

波长的单位是米（m），频率的单位是赫兹（Hz），不同波长和频率的电磁波有着不同的特性，现代科学正是充分利用了这些特性研发制造出了大量产品，分别运用在工业、医学、军事等各个领域。

如，我们常见的无线电设备所使用的频率是：

收音机：AM：535——1605 kHz，FM：87.5——108 MHz；

电视机频道频率：48.5——958 MHz；

民用对讲机：400——500 MHz；

演出用无线话筒：UHF 频段：300——3000 MHz；

数字蜂窝网络手机：900、1800、1900 MHz；

无线路由器（Wi-Fi）：2.4/5.0 GHz；

……

比可见光谱波长长、频率低的微波主要用于通讯领域；大功率红外线多用于传输热能，小功率红外线一般用在遥控发射与接收方面；而高于可见光频率的紫外线通常被用在消毒杀菌、验钞等方面；自从居里夫人发现了 X 光线以来，X 光被大量运用到医学及工业领域，极大地促进了现代医学和现代工业的发展。

低频电磁波由于波长很长，可有效地绕过障碍物继续传播，甚至可以沿地表传播，随着频率越高，波长越短，电磁波也越接近直线传播。在卫星通讯技术成熟以前，海军基地对大洋中航行的舰队、潜艇的通讯、指挥都依赖长波。而现代卫星通讯由于发射接收天线的限制，只能采用频率很高的微波，这样高频率的电磁波只能沿直线传播，这就要求在地面上和海洋中要建设相应的接收和发射站以"点对点"的方式实施通讯。

无线路由器的工作频率为 2.4 GHz 或 5 GHz，穿透障碍的能力是很差的。最好为每一个封闭的空间安装一个无线路由器，并调节发射功率至最小。所谓的"穿墙王"都是以增加发射功率来实现的，大功率电磁波对人体健康非常有害。

人眼可接收到的电磁波，称为可见光（波长 380~780 nm）。可见光是电磁波谱中非常狭小的一部分，正常视力的人眼对波长约为 555 nm 的电磁波最为敏感，这种电磁波处于光学频谱的黄绿光区域。人眼可以看见的光的范围受大气层影响。大气层对于大部分的电磁辐射来讲都是不透明的，只有可见光波段和其他少数如无线电通讯波段等例外。

人类生活的环境里，可见光主要分为自然光，如太阳光、月光、闪电、山火以及部分动物自发光等；人造光，如烛光、煤油灯、电灯等。影视拍摄用光中，真实还原环境光是最基本和重要的要求之一。日常生活中，从业者要十分耐心地、认真地观察周围的环境。因为，被视对象的明暗、形态、比例、质感、色彩、体积等正是我们要用光来表达的对象。通过灯光艺术的创造，在影视拍摄中既可以起到揭示、夸张的作用，使被摄对象的某一方面或某些特点引起人们的兴趣或注意，也可以隐蔽被摄对象的某些方面或缺陷，使之不被人们注意。

二、几个物理概念

（1）光通量：指用来表示辐射功率经过人眼的视见函数影响后的光谱辐射功率大小的物理量，它等于单位时间内某一波段的辐射能量和该波段的相对视见率的乘积。国际单位制中规定，光通量的符号是Φ，单位为流明（lm）。

（2）发光强度：光源在单位球面度内所发出的光的光通量，单位是坎德拉（cd）。

（3）光照度：单位被照面上所得到的光通量，单位是勒克斯（lx）。

在各种天气条件下，日光在地面形成的照度是拍摄外景节目时最需要关注的问题之一。因为它不仅决定曝光量，而且在需要补光的时候，也要知道日光的实际照度，以控制合适的光比（被照物体表面的亮、暗部分的比例）。

表 8-1 常见照度值

实际场所	照度（lx）
正午露天地面	10^5
满月在地面产生的照度	0.2
无月夜天光在地面上产生的照度	3×10^{-4}
太阳光不直接照到地面照度	$10^3 \sim 10^4$
晴朗夏天采光良好的室内照度	$100 \sim 500$
工作场所必需的最低照度	$20 \sim 150$

（5）亮度：在给定方向上的发光强度与发光面积在此方向上的投影之比，即光源的亮度，单位是尼特（nt）。

表 8-2　常见光源亮度值

光源	亮度近似值（nt）
太阳	19×10^8
满月	2.5×10^3
煤油灯	1.5×10^4
乙炔灯	8×10^4
钨丝白炽灯	$(5\sim15)\times10^6$
超高压气体放电灯	25×10^8

（6）光源的发光效率：光源所发出的光通量与该光源所消耗的电源功率的比值，单位（lm/W）。

表 8-3　常见光源发光效率

人造光源	发光效率（lm/W）
真空白炽灯	7～8
充气白炽灯	10～13
卤钨灯	25～28
日光色荧光灯	40～50
氙灯	30～40
镝灯	70～80
高压钠灯	90～120

三、基础光学知识

1. 光的直线传播定律

光在均匀介质中沿直线传播。

2. 光的独立传播定律

自不同方向或由不同物体发出的光线相交，对每一光线的独立传播不发生影响。

3. 光的反射和折射定律

当光线由一种介质进入另一种介质时，光线在两个介质的分界面上被分为反射光线和折射光线。

（1）反射光线在入射光线与法线所决定的平面内。

（2）反射光线与入射光线分别在法线两侧。

（3）反射角等于入射角。

光的反射现象和折射现象是光在两种介质分界面上同时存在的。光能的分配是由介质的性质和入射角的大小决定的。实验证明，光线的反射现象有可逆性，即当光线逆着原来的方向照射到两种介质的分界面时，反射光线就沿着原来的入射光线反射。

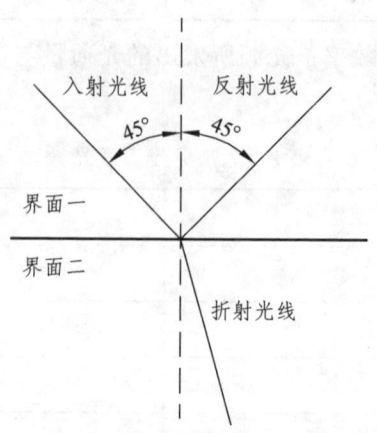

图 8-1 光线的入射、反射及折射

由于反射面的性质不同，有两种不同的反射现象。

如果物体表面是粗糙的，各点的法线方向不平行，则入射光线即使是平行的，反射光线也不是单一方向的，这一现象叫做漫反射。由于物体表面的漫反射，才能让我们能够看见本身不发光的物体，并且能从各个方向看见它。举例来说，日出前或日落后，虽然没有阳光，但因空气中尘埃和浮云的漫反射作用，使得大地上有短时间的明亮。

平行光线照射到平滑物体表面，反射后仍然为平行光线，这叫作单向反射或者正反射（有时也叫做"镜面反射"）。当反射面极为平滑时，我们只能从一定方向上看到单向反射所造成的像或反射出来的光，而不容易识别反射面的存在。如在墙上安装一块很平的大镜子，我们往往会误认为那是一扇窗户，其实，我们所看到的"窗户外的景物"正是镜子反射景物的像。

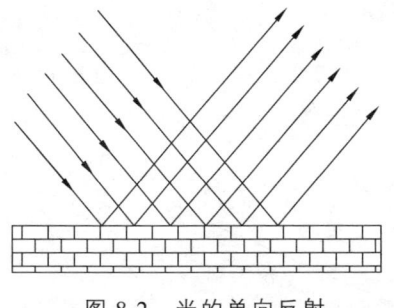
图 8-2 光的单向反射
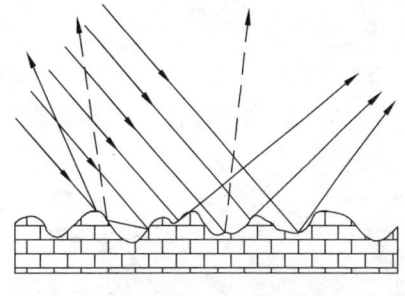
图 8-3 光的漫反射

4. 偏振光

光波是一种横波,他的振动方向与传播方向相垂直。光的偏振在物理光学中占有重要的地位,现代科技对偏振光的研究已经达到了一个新的高度。众所周知的 3D 影像技术就是充分运用了偏振光的研究成果。在影视拍摄中,遇到强烈偏振光环境时,例如要拍摄水面下、玻璃橱窗后、多云阴天的海滩、空气中悬浮颗粒较重等场景时,可以在镜头前加装一个偏振滤光镜(俗称"偏光镜"),并适当转动动片,以取得良好的画面质量。

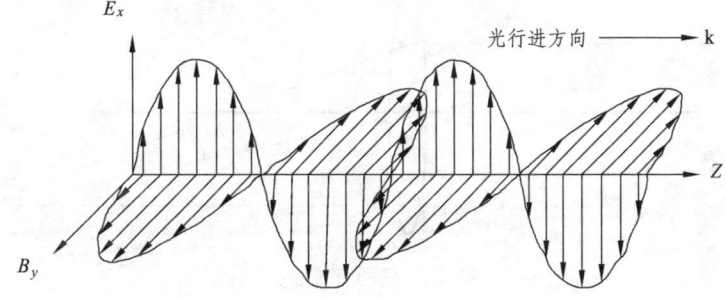
图 8-4 光的电场方向与磁场方向及其代表的行进方向

5. 实像

S1 为发光点 S 的像,若光线确实通过像点,这样的像就叫实像。

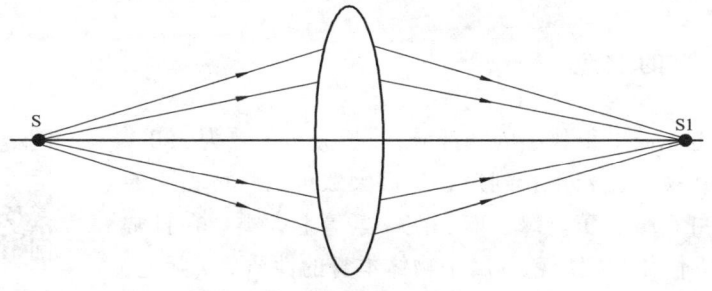
图 8-5 实像成像示意图

6. 虚像

S1 为发光点 S 的像。这时光线并没有真正的通过像点，而是逆着光线进行方向的延长线通过像点，我们把这种像叫做虚像。

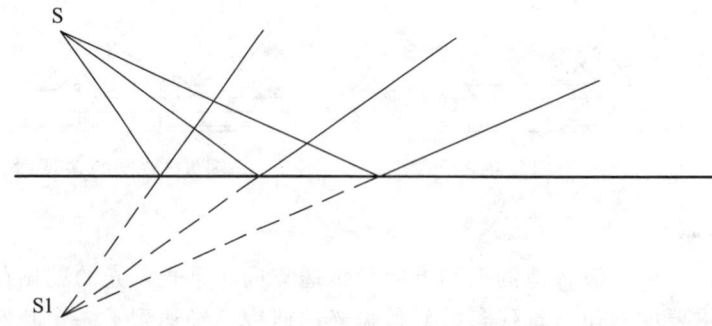

图 8-6　虚像成像示意图

7. 凸透镜成像

凸透镜利用光的折射原理成像。

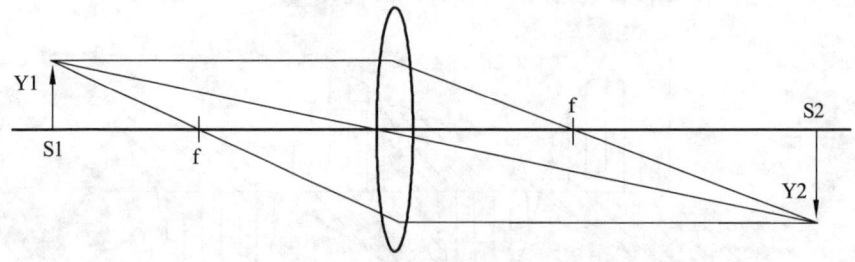

图 8-7　物体放在两倍焦距外成实像

第二节　光的色彩

一、光的颜色

光是电磁波中很狭小的一部分，波长分布大致为 380～780 纳米，按照波长由长到短，我们大致可以将可见光的颜色分为红、橙、黄、绿、蓝、靛、紫等七大类。在日常生活中，人们往往把颜色归属于物体本身的性质。实际上，我们所看到的颜色，除了物体本身的光谱反射特性之外，

第八章彩色图片

还和照明条件有关。一块白色的幕布之所以为白色，是因为它对于不同波长的光具有同样高的反射特性，而一块白色的幕布也只有在白天的太阳光下才是白色的。如果用红光照射，则它就显示红色。一块蓝色的幕布，也不言而喻是在阳光下所见到的颜色。蓝色的颜色本质是它只反射光谱中蓝色的成分而吸收了其他颜色的光谱成分，如果用红光照射这块蓝布，则蓝布就变成了"黑色"。我们在白炽灯下看蓝色的布，总不如在白天的阳光下显得鲜艳，这是因为白炽灯的光谱中蓝色成分不如阳光众多的缘故。

这些事实说明，人眼看到的颜色，是物体本身的属性与照明条件的综合效果。我们用色度学的原理来评价，就是指的这种综合效果。

必须指出，人眼对于颜色的感觉，存在着"同色异谱"的现象，即一定的光谱分布，表现为一定的颜色；但同一颜色，可以由不同的光谱成分所组成。例如，一张白纸的白色，可以由阳光照射得到，也可以由红、绿、蓝三种单色光按一定比例照射而得到。

二、色度图

色度图的简要介绍：舌形曲线上各点代表从 380 纳米到 780 纳米的纯色光谱色。舌形曲线及其两端点的连线所形成的色域为一切物理上所能实现的彩色。此色域之外的彩色是不能由真实光线产生的彩色。等能量白光 D65 的坐标为 X=Y=1/3。

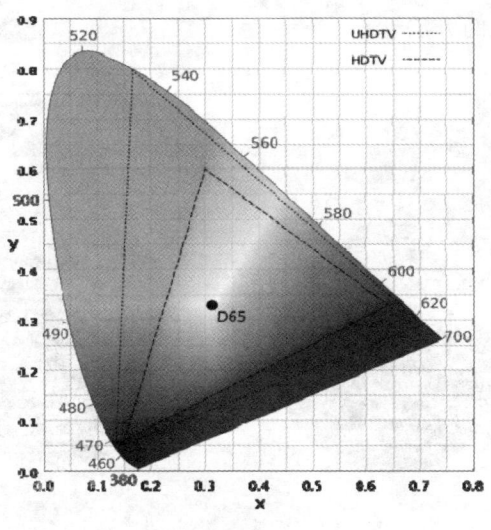

图 8-8　色度图

在摄录过程中,通常用"标准白"来调白平衡,即调整红、绿、蓝三基色的比例。三基色比例调得合适,才能得到良好的色再现。标准白要有一定的照明条件为前提。没有必要的照明条件,就无法得到良好的彩色再现。

三、光的三基色原理

(1)自然界的彩色可分为三基色;反之,三基色可合成出自然界的任何色彩。

(2)在相加混色中,均用红、绿、蓝三种基色。这三种基色是互相独立的,即任何一种基色不能用其他两种基色混合得到。

(3)三种基色的混合比例决定色度。

(4)混合色的亮度等于各基色的亮度。

(5)任何一个彩色量,可以用三个要素表示它:

色调——即色别,表示彩色,与波长有关。

饱和度——用来说明彩色浓度。

亮度——表示这个彩色量引起的视觉强度,即明亮程度。

以上三个量中,三基色的混合比例决定色调、饱和度及色度;三基色的亮度之和等于混合色的亮度。

(6)混色法又分为相加混色法和相减混色法。彩色电视用的是加色法,彩色电影和印刷用减色法。所谓减色法就是从白光或复合光中减去某种色光而得到另一种色光的方法。

图 8-9 相加混色法

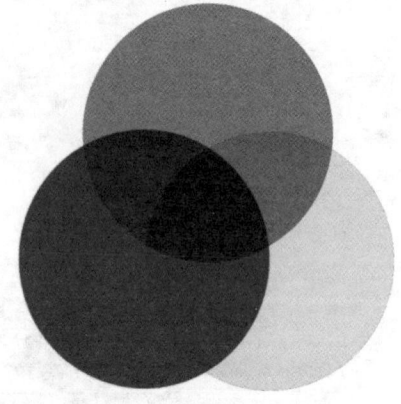
图 8-10 相减混色法

四、色温

1. 黑体的概念

物体颜色的呈现分为自发光和反射光,即自辐射和反射辐射。所谓黑体,就是指吸收系数和辐射系数均为 1 的假想体。也就是说,在同样的温度和表面积的情况下,黑体辐射的功率最高,故黑体又叫完全辐射体,有时也叫绝对黑体——既不发光也不反射光。

黑体在某一温度下与其所辐射的光的颜色存在着唯一对应关系。

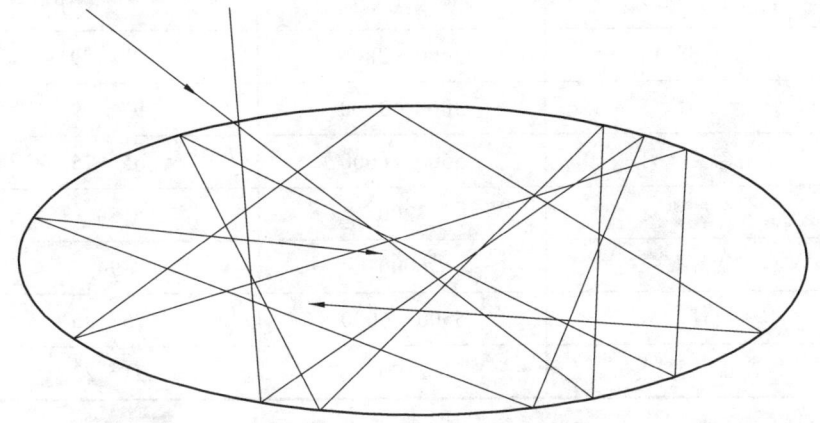

图 8-11 人造黑体模型

光源的颜色有多种表示方法,用温度表示颜色的中间媒介是黑体,因为黑体的温度与其相对应的颜色存在着唯一的对应关系。

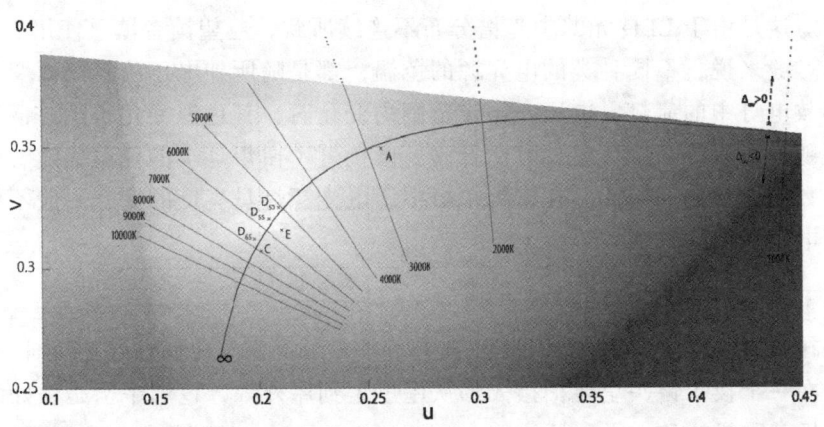

图 8-12 黑体在不同温度下的颜色

2. 光源的色温与显色性

若某种光源所发射的光的颜色与黑体在某一温度下所辐射的光的颜色相同，则黑体的这个温度就称为该光源的颜色温度，简称色温。

光源的显色性是指光源的光照射到物体上所产生的客观效果，也就是光源能否正确地呈现物体颜色的性能。它是光源的一个重要指标。实际上是表示了光源照明下物体的颜色感觉与标准光源照明下物体的颜色感觉相符合的程度。

表 8-4　色温及显色指数

人造光源	色温（K）	显色指数 Ra
真空白炽灯	2400~2800	97~99
卤钨灯	3000~3200	97~99
日光色荧光灯	5500~6000	65~75
三基色荧光灯	3200	85
氙灯	6000	94
镝灯	5500~6000	75~85
高压钠灯	2100	21~23

在影视照明中，日光和卤钨灯均有良好的显色性。在气体放电灯中，氙灯的显色性最好，其显色指数可达 94 以上，且接近日光色，这是其他气体放电灯无法比拟的。LED（发光二极管）光源是一种新兴节能光源，已经被大量使用在民用照明领域，但作为专业影视照明，其显色性一直未能达到实用要求。这是由于 LED 光源中光谱分布不连续所致，还望读者慎重使用。

一般来说，不同种类的电光源的色温，都是随所加电压的不同而变化。气体放电灯中的氙灯，电压在一定范围内变化时，其色温变化很少；镝灯的色温随着电压的降低色温会有所升高。卤钨灯（白炽灯）的色温，随着电压按指数规律变化。因此，在影视拍摄中，电光源灯具亮度的变化一般不使用调节电压高低的方式。

3. 色温平衡

在摄录过程中，往往会使用不止一种类型的光源，比如日外拍摄时补光，或者在一个夜景镜头里要拍摄人物从屋里走到屋外等，色温平衡是良好的色再现极其重要的条件之一。

所谓色温平衡，其一是要保证光源的色温与摄像机要求的色温相一致。

一般来说，摄像机有两个重要的固定色温值：3200K 和 5600K，分别适用于内景和外景的拍摄，这就要求在拍摄时，光源的色温要满足相应要求。如果所使用的光源色温与摄像机的要求不符合，就要使用滤色片加以校正。其二是在一个场景中，要保证所使用的各光源色温的一致性。即，所有卤钨灯应该是同一个色温值（3200K），所有气体放电灯也应该是一个色温值（5600K）。某些特殊效果的色光，应尽可能地不要照射在人物的皮肤上。因日光色温在一天内的变化很大，故人工光源的色温也应该与之相适应，否则很难得到满意的彩色画面。

当然，有时根据剧情需要，会有意让画面偏色，这时就要故意使光源色温偏离正常值，这是运用光线技巧的范畴，不要与正常情况的色温混为一谈。

4. 滤色片及应用

滤色片的种类很多，在影视照明中常用的滤色片只有用于降低照度的中性灰阻光片、用于产生色光效果的色片以及用于校正光源色温的校色温滤色片。

中性灰阻光片一般安装在摄像机内部，按照透光率的不同分为几个档别。它的特点是，在整个可见光谱中，各个波长的光只按相同的比例减弱，而不改变其光谱成分的相对比例，也就是不改变入射光的色度。

校色温滤色片分成两个系列，一个是红色系列，是用来降低色温的，最常用的以"雷登 85"为代表；一个是蓝色系列，是用来升高色温的，最常用的以"雷登 82"为代表。当滤色片放置在某个灯具前面时，可以调节这个灯的发射光线色温，比如在卤钨灯前面放置"雷登 82"滤色片，可以将卤钨灯发射出的光线色温由 3200K 升高到 5600K；在镝灯前面放置"雷登 85"滤色片时，可将镝灯发射出的光线色温由 5600K 降低到 3200K。当调节摄像机内部的校色温滤色片时，可以改变整个画面的色彩呈现。

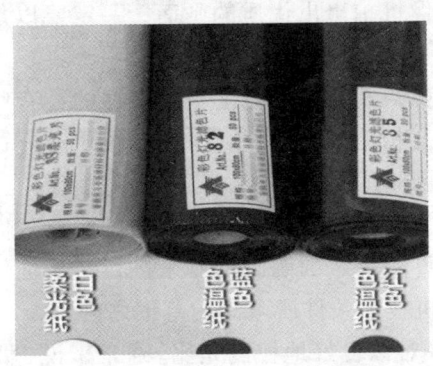

图 8-13　校色温滤色纸

第三节　影视广告布光艺术与技巧

一个高质量的画面，是通过光的明暗、方向、色彩等要素表达出来的，这些光的要素就是语言。影视广告制作者要学会使用这些语言，并用这些语言来表达编导的意图，运用自己的艺术鉴赏力不断总结提高自己的艺术创作水平。

一、光比

所谓光比，是指照明环境下被摄物暗面与亮面的受光比例。

我们知道，中午日光下的照度大于 105lx，而半月时的照度为 0.1lx，其变化范围达一百万倍，在这样大的范围内我们都能看清物体。实际上，人眼虹膜调节光的光量相当于照相机光圈的 f2.0～f10，这就相当于把视网膜上的光量变化25倍，也就是说，有4万倍的光量是由视神经来调节的，这足以说明人眼对周围环境的亮度变化有非常大的适应能力和宽容度。但是受当前科学技术条件的限制，我们的摄像机对入射光亮度的适应能力和宽容度却远远不及人眼。

早期的2/3英寸广播级二极管枪式氧化铅摄像管摄像机，在2000lx、f4.7的前提条件下，才能实现57dB的信噪比和大约600线的中心部位解像力。而目前新型的高清（1920×1080）广播级 2/3 三片式 CCD 摄像机，在2000lx、f11的前提条件下，才能实现59dB的信噪比和大约1000线的中心部位解像力。由此可见，要想用摄像机拍摄出优质的画面，一定要以足够照度的入射光量为前提。

对于一个景物而言，其各点的亮度是不一样的，有些地方还相差很大。肉眼在扫描到这些亮度相差很大的地方时，会很快适应这样的亮度差，而摄像机只能如实地反映明暗的反差等级，当遇到亮度反差很大的时候，往往会出现无法完整记录的情况，导致拍摄失败。这就要求我们在拍摄时必须注意画面亮度的均衡，允许用一定的明暗反差来进行艺术创作，但又要注意控制明暗反差必须在摄像机技术条件所限制的范围之内。

因此，初学者往往难以良好地控制光比。通常来说，将光比控制在 2∶1～3∶1 是比较适中的做法。

二、摄像机的基本光学性能

摄像机实际上是人眼的一种仿生器。它的镜头相当于人眼的晶状体，光靶（CCD 或 CMOS 器件）相当于人眼的视网膜。

被摄物体或景物，其各部分总是有远近之分，所以在摄像机的光靶上清晰度也就不一样。图 8-14 中被摄物体远点和近点在摄像机光靶上形成的是两个光斑，这个光斑就叫做弥散圆，弥散圆的直径小于人眼的鉴别能力时，三个点（包括被摄物体）的影像看上去都很清晰，这是焦深长的现象；若弥散圆的直径大于容许值，则只有被摄物体会清晰成像，其远点和近点都将是模糊的，这就是焦深短的现象。被摄物远点与近点在摄像机光靶上形成的两个光斑之间的距离称为焦深，与焦深对应的被摄物的深度称为景深。ΔL1 叫做前景深，ΔL2 叫做后景深，ΔL 叫做全景深，简称景深。

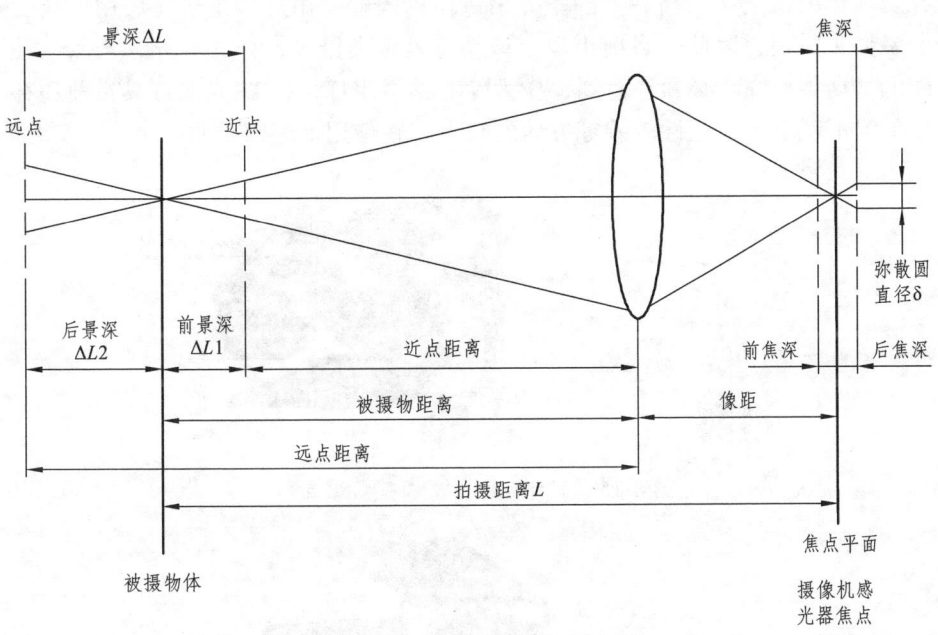

图 8-14　摄像机成像原理

一般来说，光圈越小，景深越大；焦距越短，景深越大；物距越远，景深越大。在这几个因素中，光圈的大小是由照明条件决定的。只有达到一定的照度时，摄像机才能正常工作，并保证足够的信噪比。照度提高时，光圈缩小，景深增加。

三、电光源和灯具

在影视拍摄中，我们所使用的光源基本上是以电光源为主，在外景拍摄时多用日光，但也要用电光源作补充光源以达到一定的艺术效果。电光源可分为三大类，即热辐射光源、气体放电光源和其他电光源。

20世纪50年代出现的卤钨灯，由于显色好、色温一致性好、价格低等优点，直到现在仍然是影视拍摄的主要光源。

气体放电光源的特点是发光效率高、寿命长，且可做成高色温光源，因此也得到了广泛运用。高色温、高显色、大功率的气体放电灯已经成为外景拍摄的主力用灯。

LED光源灯具是本世纪兴起的新型灯具，它具有寿命长、光效高、无辐射与低功耗等特点，其发光效率超过50lm/W，而且其工作电压要求较低，很容易制作出低电压、高亮度的室外拍摄便携式辅光用灯。由于在民用市场上发展势头很快，因此，目前市场上该类灯具种类繁多，样式各异，当然，性能也是良莠不齐。必须注意到，作为专业拍摄用灯，LED光源灯具目前还存在色温不稳定、显色性较差等方面的缺点，在使用上还需慎重。

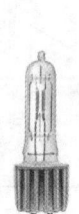
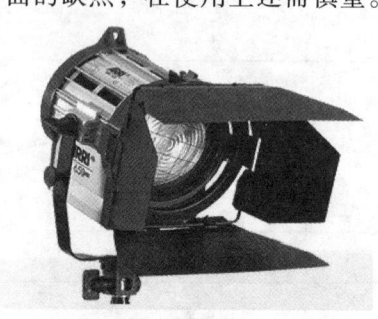

图 8-15　575W/2000W 卤钨灯聚光灯

图 8-16　500W 卤钨灯泛光灯

第八章 影视广告灯光

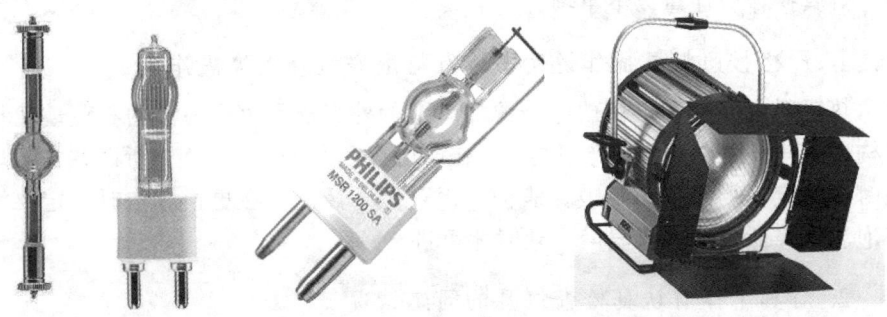

图 8-17 气体放电光源聚光灯

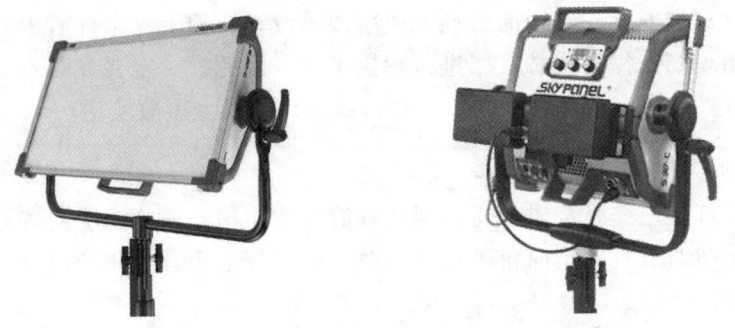

图 8-18 影视拍摄用 LED 泛光灯及电池后背

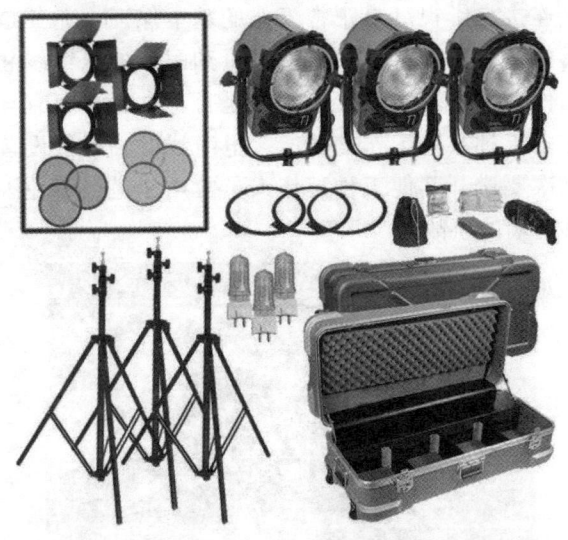

图 8-19 影视拍摄用灯具及常用附件：挡光片（遮扉）、色片夹流动脚架、备用灯泡、操作维修工具包、航空箱等

灯具操作应注意以下事项：

1. 严格按照灯具操作说明书进行灯泡安装及更换操作

热辐射电光源和气体放电光源的灯泡的外壳都是由耐高温的石英玻璃材质构成，其表面光滑，透光率高，工作时温度可达600℃以上。所以在安装灯泡时，一定不要触摸石英玻壳表面，以免留下汗渍，在更换灯泡时一定要等灯泡温度降低到与外界温度一致时才可进行。

2. 灯具工作前认真检查灯具的固定情况

热辐射电光源灯具及气体放电光源灯具一般都具有体积大、重量重的特点，尤其是大功率气体放电光源灯具的整流器都在数十千克以上。通常来说，这些灯具都被安置在专用的吊挂架或落地的流动支架上，条件有限时还有可能临时用现场支撑物代替支架进行拍摄工作。因此，一定要在灯具工作前认真检查灯具的固定情况，杜绝灯具掉落或倒塌等安全事故发生。

3. 带上手套等防护设施

影视灯具工作时金属外壳起到良好的散热作用，因此温度会较高，在使用特定旋钮对灯具的指向角进行调整时，应该带上手套等防护设施，不得强力按压及旋转灯头。

4. 严格保证电气的良好连接

良好的电气连接是影视灯具正常工作的基本保证，尤其是在外景地拍摄时，应按照灯具使用要求配备足够电流容量和耐压的电缆线和接插件，还要随时检查各接插件、配电箱、连接头工作是否正常，是否有异味产生等。另外，拍摄现场是多工种共同工作的场所，电缆线的临时敷设首先要避开拍摄画面的范围，其次要避开其他工种工作人员常用通道，避免因为绊住电缆而导致灯架和灯具倒塌的事故。

图8-20　18000W气体放电光源灯具室外现场安装使用

第八章 影视广告灯光

图 8-21　常见的影视拍摄灯光组准备现场

四、基本布光

（一）主光

整个画面的主要光源就是主光，无论方向如何，主光总是占统治地位。主光的位置和角度的选择取决于我们要揭示对象的形象和我们要突出的重点。如果是带演员的画面，主光也是最重要的光线，它能够揭示和描绘演员的性格，建立画面的气氛或情绪。因此在布光时，首先要保证演员的面部表情清晰可见，主光就起这种作用。

 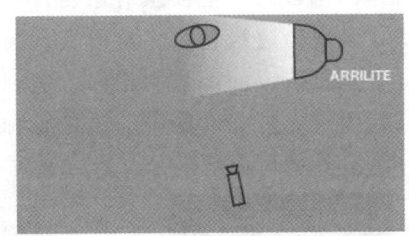

图 8-22　人物主光布光示意图

在很多时候，主光要和拍摄时所需要的情节结合起来。比如高光位主光主要用于模拟日光、月光、大厅或房屋里的吊顶人造光等；而低光位的主光主要用于模拟烛光、煤油灯等。这个时候就要充分考虑剧情中的环境主光与被摄物之间的角度、照度、色温等因素，让人造主光更加自然地加以模拟，建立起画面的气氛和情绪，实现逼真的效果。

1. 主光定义

主光可来自画面任意方向。一般来说，物在被摄者侧前方且与摄像机夹角为 15°~90°的位置架设灯的布光方式。

2. 主光特点

有很强的造型能力，明暗分明、轮廓清晰。

3. 主光适用

面部轮廓比较扁平，需要很强的造型感时适用。

4. 主光方式

（1）选用大功率的柔光灯近距离投射，可产生较为柔和的效果。
（2）选用大功率的聚光灯投射，可产生如雕像般的造型效果。

5. 备注

（1）光线与被摄物及摄像机的夹角、强度将直接影响造型效果。
（2）灯光强度可采用调节灯具与被摄物的距离或角度来改变。
（3）柔光纸（箱）将使光线均匀、照度降低。

（二）逆光

逆光提供了三维的立体剪影。逆光是从背面照射到被摄对象上的光，是对着摄像机射来的光线。逆光能勾画出被摄对象的部分或全部轮廓而形成一道外缘轮廓，在影调上把被摄对象与背景区分开来。逆光也可以塑造被摄对象的形状，表现出边缘轮廓，从而实现突出被摄物的质感和立体感。逆光还可以照亮主光所造成的部分阴暗面，实现强烈的造型功能。逆光应选用聚光灯，充分利用聚光灯亮度集中、边缘轮廓清晰、照度高的特点来完成上述基本用途，使被摄物与背景脱开，形成强烈的立体感和透视感。

 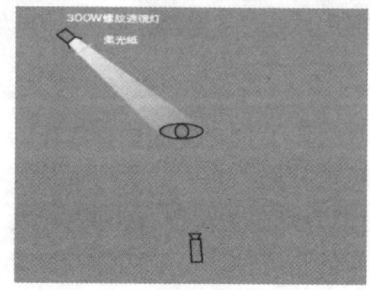

图 8-23　逆光布光示意图

（1）定义：在被摄者后方架设灯的布光方式。
（2）特点：有极强的造型能力，起轮廓照明的作用。
（3）适用：被摄物轮廓勾勒，使被摄物立体丰满时。
（4）方式：选用大功率的聚光灯投射。
（5）备注：

① 该灯光位应在被摄对象后部架设（侧逆、顶逆、顶侧逆）。

② 该光位灯具功率应不低于主光位灯具功率，灯光照度可采用调节灯具与被摄物的角度和距离来改变。

③ 光线容易射入镜头，形成摄像机"吃光"现象。

④ 柔光纸（箱）将使光线均匀、照度降低。

 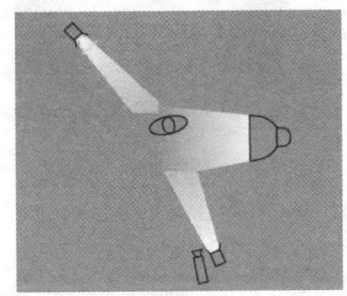

图 8-24 逆光可以照亮主光所形成的部分阴暗面

（三）辅光

辅助光（以下简称辅光）是一种无影的软光，没有明显清晰的光斑，用来降低主光所投射所产生的生硬而粗糙的阴影，减弱光亮部分与阴影部分的反差，降低光比，表达细部。辅光，顾名思义，最好不要破坏主光效果，改变曝光或造成杂乱的阴影。此外，辅光的照度、位置、角度都应该严格控制，防止因为掩饰主光位置不当所造成的丑陋或不适当的造型。

（1）定义：可在任意角度布光，一般来说在被摄者正前方且与摄像机夹角为 0°~15°的位置架设灯的布光方式。
（2）特点：几乎没有造型能力，仅起照明和补光的作用。
（3）适用：面部轮廓比较立体，消除主光照明阴影时适用。
（4）方式：选用小功率的聚光灯（柔光灯）投射。

（5）备注：

① 被主光照亮以外的地方就是辅光的照射区域。

② 该光位灯具功率应低于主光位灯具功率，灯光照度可采用调节灯具与被摄物的角度来改变。

③ 柔光纸（箱）将使光线均匀、照度降低。

 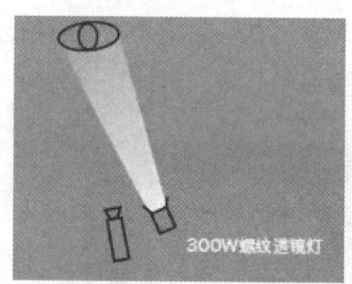

图 8-25　辅助光布光示意图

五、人物布光技巧

（一）单人布光技巧

1. 主光与辅光

（1）定义：在被摄者前方的位置架设主光与辅光的布光方式。

（2）特点：充分利用主光的造型功能，配以辅光适当消除阴影，较为真实地再现被摄物形象。

（3）适用：拍摄与真实环境相适应的镜头时适用。

（4）方式：

① 选用大功率的聚光灯做主光投射。

② 选用小功率的聚光灯贴近摄像机做辅光投射。

（5）备注：

① 注意先主光、后辅光的布光顺序。

② 辅光位灯具功率应低于主光位灯具功率，光照度可采用调节灯具与被摄物的角度与距离来改变。

③ 柔光纸（箱）将使光线均匀、照度降低。

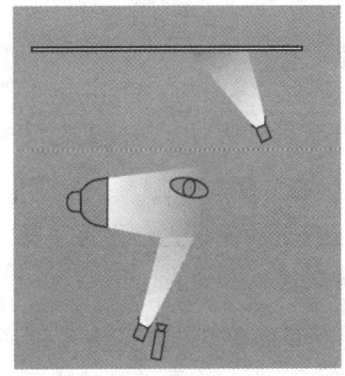

图 8-26　主光与辅光的布光示意图

2. 主光与逆光

（1）定义：在被摄者前后方的位置架设主光与逆光两只灯的布光方式。

（2）特点：充分利用主光的造型功能，配以逆光勾勒刻画人物轮廓，较为立体真实地再现被摄物形象。

（3）适用：拍摄特定人物形象镜头时适用。

（4）方式：

①选用大功率的聚光灯做主光投射。

②选用大功率的聚光灯做逆光投射。

（5）备注：

①注意布光的先后顺序。

②逆光位灯具功率应不小于主光位灯具功率，照度可采用调节灯具与被摄物的角度与距离来改变。

③柔光纸（箱）将使光线均匀、照度降低。

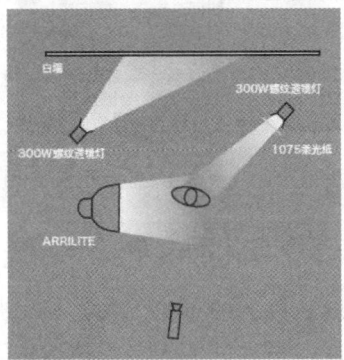

图 8-27　主光与逆光布光示意图

（二）双人布光技巧

1. 定 义
在被摄者侧后方的位置架设主光、辅光、逆光三只灯的布光方式。

2. 特 点
一只大功率聚光灯作为共同的主光，两只小功率聚光灯分别成为两个被摄对象的辅光和逆光。

3. 适 用
拍摄双人交流及采访时适用。

4. 方 式
（1）选用大功率的聚光灯做主光投射。
（2）选用小功率聚光灯做辅光、逆光投射。
（3）辅光、逆光应密切配合机位做相应角度调整。

5. 备 注
（1）注意布光的先后顺序。
（2）辅光位灯具功率应低于主光位灯具功率，光照度可采用调节灯具与被摄物的角度与距离来改变。
（3）柔光纸（箱）将使光线均匀、照度降低。

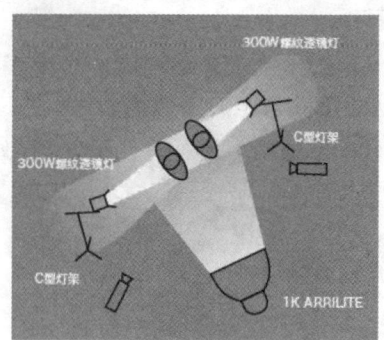

图 8-28　双人共用主光、逆光、辅光布光示意图

（三）三人图像布光技巧

三人以上的布光方法，一种是共用辅光，这样每个人都能得到均匀平衡的照度。正面的辅光对于两边的人来说角度是比较宽的，照度低了一些，但对中间的人来说布光效果是好的。另一种是辅光分开照明，能使人物得到最

适宜的光效角度。两边的人物可以共用主光和逆光，中间人物可以单独照明，这样的效果会较好。

第四节　影视广告灯光布光几点说明

一、影视灯光的艺术性

影视灯光是侧重于心理、艺术性方面的挖掘，是以摄影、舞台、电影、电视等方面为代表的照明。它是把灯光应用于音乐、舞蹈、戏剧、晚会等电视表演活动的一种艺术照明。

要在影视画面中获得理想的灯光效果，确实少不了一定的技术手段，具体来说就是光学、色度学和电学，这就同画家作画要用笔、颜料、画布等物质材料一样，灯光就是在立体的空间里用光作画。

1. 视觉效果

影视画面由一系列的镜头所组成，这就要求不同镜头的画面中影调始终保持一致，也就是要求灯光必须保持亮度的一致性和影调反差的一致性。

2. 表现三度空间

对影视画面三度空间的表达，就是利用照明的光比来充分地表现出物体的各个面及其相互关系，利用明暗配置再现大气透视规律，提供物体表面结构、外部形态、距离和色彩的线索，达到灯光在造型上的要求。

3. 突出画面主体，掩蔽画面中的次要主体

对周围景物的印象取决于光线如何照射在物体上，这就是创造性照明时布置和控制光线的艺术领域，光还具有引导观众注意力的作用。

4. 灯光光线处理是画面构图的因素

光线与构图的含义就是：运用光线性质和灯光的造型手段来构成一定的画面，以揭示一定的内容。它设计光线在画面上的位置、色调、影调、色彩等画面形式的因素，也设计了视觉习惯性、形势与内容的统一等思想意识因素。所以灯光设计师应该懂得构图的常识，使照明对象更具有美感。

5. 真实地表现生活

影视灯光的艺术创作手法还包括真实再现画面表现出来的时间（早中晚、白天和黑夜），天气（阴晴雨雾），还有雷鸣闪电、星光烟雾等。当然，也有

根据导演和剧情需要虚拟强化某种色调、色彩的情况。

6. 心理表现功能

电视灯光可以通过明暗、色彩的变化使人物的喜怒哀乐表现得更加生动，又能揭示人物的性格、精神和外部特征。同时我们还可以利用灯光特有的手段来夸张、渲染环境气氛。

二、影视灯光的特点

影视灯光的设计使用除了艺术性以外，还必须考虑摄像机、影视传输系统等光电转换的特性，具体表现在：

（1）柔：光线要柔和。应采用软光照射，尽量少用硬光。

（2）匀：表现区的照明要均匀。不同方向的光线照射演区时，同一方向光线的照度要一直，以保证多台摄像机连续拍摄的前后画面影调一致。应注意的是，影视灯光的均匀性是指演区照度和反差的一致性，并不是平淡呆板。

（3）小：光比要小。要调整好整个画面的相对亮度。影视照明的光比为以不超过1:3为好。

（4）淡：色彩宜淡不宜浓。一是慎用色光，一般不宜在人的肤色上加色光，二是化妆要淡，要接近于自然妆。

（5）透：画面的透视感要强。应着力于立体感、层次感、空间感的表达。

（6）快：注重影视节目的时效性，要求在短时内制作出成品。

三、影视艺术是整体的综合艺术

制作一部影视广告作品，是由策划、导演、演员（若有）、美工、灯光、摄像、化妆、服装、技术人员组成的。他们都有各自的专业工作范畴，但又为同一个目标相互配合着。因此，各工种必须相互了解、相互沟通、相互配合，这就要求必须了解各自专业知识以外的知识，具体体现在：

1. 导演

导演是影视制作的中心人物，是影视艺术质量成败的关键。因此他既要具备自己的专业知识（如影视的表达形式、画面处理、演员表演技巧等），又要了解美工、灯光、摄像等知识，只有这样，导演才能对影视的艺术性提出总的意图和具体要求，也能对其他部门的创作意图和艺术处理有充分的理解，并能在画面上给予很好的体现。

2. 美术设计

美术设计是整个舞美的基础。布景的色彩、质地、高度、角度、与灯光密切相关。美工设计布景时要尽可能地同灯光师进行商讨，以取得灯光的配合。应注意的是，灯光可以轻易地破坏一个好的布景，也可以让一个平淡无奇的布景变得生气盎然、妙不可言。

3. 化妆、服装

影视画面中人物的化妆和服装必须经过电视摄像机到屏幕显示。在影视制作中，化妆师和服装师必须与灯光师保持密切联系，了解一些灯光常识，使人物与舞美气氛达到统一。

4. 摄像

摄像师首先要了解摄像机和有关电器的性能，应该对节目内容有所理解，有构图方面的知识和美的创造力。必须要懂得光线、色彩，因为美工设计、灯光设计的气氛效果是通过设想来体现的。当然灯光师也要熟悉摄像，为画面制作提供美的创造力。

5. 灯光

灯光设计师必须利用自己对导演个性的理解，对节目内容的最佳把握程度和对色彩的感觉等去再现美的创造力。

6. 技术部门

技术人员在影视艺术创作中有着举足轻重的作用。他们不仅关系到影视制作是否能顺利进行，还直接影响到影视的艺术质量。例如视频控制就可以校正灯光缺陷、增强艺术感染力、提高画面清晰度、补偿色调反差、解决照明平衡、彩色偏差问题等。

四、影视灯光工作者的修养

1. 提高艺术修养

艺术是具有高度个性的东西，与创作者本人的艺术修养、直觉观感有密切的联系。灯光工作者的艺术修养来自丰富的想象力和丰富的"形象库存"。提高艺术修养的途径之一是多看细想各种题材的影视片，尤其是优秀的影视片；途径之二是善于从文学作品、绘画、摄影等艺术作品中去寻求借鉴、得到启发；途径之三是大量阅读国内外电视媒体人的著作、论述，学习电视作品前期制作、后期编辑等手段、方法，不断充实自己。

2. 树立整体意识

灯光艺术既要具有技术，也要具有艺术，既是体力又是脑力的创造性工作，不是某一个人所能包干得了的。这就需要有人与人之间的相互配合、相互谅解、相互支持、相互交流、相互协商的整体意识。

3. 时间观念

影视节目录制的时效性和集体创作特性，决定了我们必须养成准时、惜时的好习惯。

4. 坚韧的毅力

灯光艺术工作者急于求成是不行的，必须踏踏实实，一步一个脚印地打牢基础，才能为开创自己的辉煌事业做好储备。

本章思考题

1. 观察晴天天气条件下太阳光从日出到日落的颜色变化，每隔1小时做记录，绘制太阳光颜色变化与对应时间的二维坐标图。

2. 肉眼观察不同光源下人的肤色，并与阴天阳光下的肤色做比较。

3. 调节摄像机内部固定校色温滤色片，观察整个画面色彩的变化；用摄像机拍摄不同的灯具与不同类型的校色温滤色片组合后的画面，观察不同的灯—片组合后的效果。

4. 分解各种灯具，了解内部构造以及正确的操作方法。

5. 分组练习主光、逆光、辅光在与摄像机的不同角度中的光效以及单人、双人、三人的布光技巧。

第九章 影视广告摄影

摄影是指使用某种专门设备进行影像记录的过程，一般意义上的理解是使用机械照相机或者数码照相机进行摄影。传统意义上的摄像是指使用摄像机把光学图像信号通过电子感光元件转换成电信号记录在特定的存储介质上，方便后期进行编辑处理。

影视广告除了全 CG 动画制作外，都是利用摄影机来进行拍摄制作完成的。摄影机的发明初期是用于电影拍摄，但是现在已经普及为大众所使用。早期的摄影机需要使用底片作为记录载体来存储所拍摄的影像画面，但随着数码科技的不断发展，现在的数字摄影机则是以数据流的形式存储在硬盘上。

第一节 影视摄像机的原理与结构

传统意义上的摄像机主要由镜头、摄机、录机三部分组成，其工作原理简单来说就是由摄像机的镜头将被拍摄物体的影像投射在摄像机的光电转换元件上，然后转换成数字信号存储在录机的存储载体上。

一、摄像机的镜头

（一）镜头

镜头是摄像系统构成中最关键的设备，它的指标参数直接对后期成像有着至关重要的作用，是由物理学透镜原理构成的光学表现方式，关系到镜头的参数有焦点和光圈两个因素。与镜头相关的有下面几种：

1. 焦点

焦点是光学成像中水平光轴的光线通过透镜后所有光线都汇聚在镜头上的一个小点，这个点就叫做焦点。而在光学意义上的透镜看物体则形成了被拍摄物体—透镜—成像焦点，通过透镜在被拍摄物体一方所形成的焦点称之为"物体焦点"，反过来通过透镜与光轴平行的光线在成像一方所形成的焦点称之为"成像焦点"。

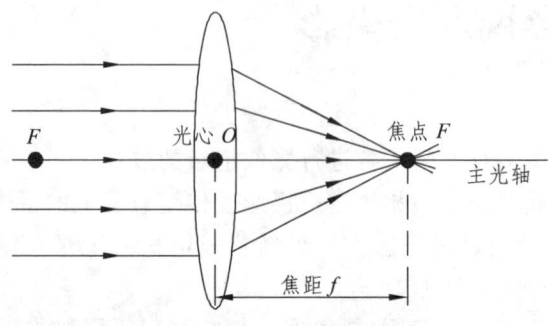

图 9-1　焦点与焦距的关系

2. 焦距

焦点与透镜之间的距离通常称为的焦距，以 35mm 单独镜头的反光照相机为例，焦距一般在 40~55mm 之间的镜头称为标准镜头。这种镜头在实际应用当中使用的频率最高，因为在这个焦段内的视觉效果是最真实，跟人们生物学的眼睛视角最为接近，但有时候在艺术表现力上无法满足人们的创作要求。

3. 定焦镜头和变焦镜头

根据光学透镜的原理，在镜头的制造上可以满足不同的成像要求。定焦镜头没有变焦功能，其设计相对变焦镜头而言要简单得多，一般变焦镜头在变焦过程中会对成像有所影响。定焦镜头最大好处就是对焦速度快，成像质量稳定。不少拥有定焦镜头的数码相机所拍摄的运动物体图像清晰而稳定，对焦非常准确，画面细腻，颗粒感非常轻微，测光也比较准确。

变焦镜头是指在不改变拍摄距离的情况下，可以通过变动焦距来改变拍摄范围，从而得到不同宽窄的视场角的镜头。与定焦镜头不同的是，变焦距镜头并不是依靠快速更换镜头来实现镜头焦距变换的，而是通过推拉或旋转镜头的变焦环来实现镜头焦距变换的，在镜头变焦范围内，焦距可无级变换，即变焦范围内的任何焦距都能用来摄影，这就为实现构图的多样化创造了条件。35 mm 自动袖珍照相机或部分 35 mm 单镜头反光照相机的变焦距镜头还采用了电动变焦模式，电动变焦不仅省力、便捷，更重要的是实现了均速变焦。

第九章　影视广告摄影

247

图 9-2　35mm 定焦镜头

图 9-3　24mm~105mm 变焦镜头

4. 超广角镜头

超广角镜头又称鱼眼镜头，是一种焦距约在 6~16 mm 之间的短焦距超广角摄影镜头。为使镜头达到最大的摄影视角，这种摄影镜头的前镜片直径且呈抛物状向镜头前部凸出，与鱼的眼睛颇为相似，因此得名鱼眼镜头，它可以用于拍摄大场面镜头画面。

图 9-4　超广角镜头与成像效果

（二）光圈

光圈通常指的是摄影机镜头在拍摄物体时镜头进光孔的大小变化，进光孔的直径越大，进光量就越大，进光孔的直径越小，进光量就越小。而进光量的大小则与拍摄物体的拍摄明暗度有关，为了表示光圈值的大小我们一般用 F 值来表示，一般常用的光圈 F 值从 1.4~22 不等。

一般来说，使用镜头的光圈值大小和亮度大小是成反比的，也就是说光圈数值越大，亮度越小；光圈数值越小，亮度越大。为了达到平时使用的直观性效果,变焦镜头中的光圈和变焦环是联动的。

光圈大小的变化对于景深也是成反比的,光圈越大成像效果的景深越小,光圈越小成像效果的景深反而越大。

光圈 f/2.8 拍摄　　　　　　光圈 f/6.3 拍摄

图 9-5　大光圈小景深与小光圈大景深的效果对比

光圈的设置有自动和手动两种调节方式,具体来说:

1. 自动光圈

自动光圈可根据被拍摄物体的照度,利用设备的信号反馈作出相应的大小调整,在摄像机的视频信号中设置好的白颜色参数规定值范围内做出的合理调节,因而保持合理的进光量。在选择自动光圈时,自动光圈的感应电路将会产生反馈信号去自动控制镜头的光圈值,使得视频信号在画面的亮度上达到自动设定的参数范围以内,若拍摄光线变暗时光圈自动开大,自动光圈在自动调节时是带有自动马达进行调节的。

图 9-6　带有自动光圈功能的镜头

2. 手动光圈

手动光圈是通过摄像师根据被拍摄物体的具体亮度情况,人为地选择光圈,通过手动控制光圈的大小来进行拍摄的。

总之,在具体的实践操作中,由于摄影机所拍摄的物体明暗度范围相差较大,如果选择自动光圈进行拍摄时,在技术上不好解决拍摄过程中出现光线突然变化，所引起的自动光圈调整不及时而造成的画面失真。而选择手动光圈，则是相对恒定的进光量，所拍摄的物体明暗度可以根据周围自然光线的变化而实时变化。因此，摄影师只有在熟练掌握对光圈控制的基本规律情况下，实时选择手动与自动光圈的工作性能，才能够灵活处理不同环境下的摄像技巧。

图 9-7　手动光圈的镜头

二、摄像机的摄机

光电转换系统是摄像机的核心，摄机部分主要是应用光学原理来记录影响的设备装置。摄像机镜头成像的影像画面是通过成像器件将被摄取目标转换成图像信号，再传送给专用的图像处理系统，系统根据像素分布和亮度、颜色等信息，然后转变成数字化信号；图像系统对这些信号进行各种运算来抽取目标的特征，进而根据判别的结果来控制现场的设备动作。在一些对系统实时动作要求比较高的系统中，人的反应速度和信息处理能力是无法满足要求的，而机器视觉易于实现信息集成，和计算机控制系统相结合，可以提高系统的自动化程度。

在这个过程中成像感光元件 CMOS 和 CCD 两种元件是目前应用最多的集成材料。

表 9-1　CCD 与 CMOS 具体参数对比

区别	CCD	CMOS	备注
信号类别	模拟型号	数字信号	
成像规则	线成像	点成像	
感光度	0.13 lx	6~15 lx	CCD 感光度是 CMOS 的 3~10 倍

CCD 的优点是灵敏度高，噪音小，信噪比大。但是其生产工艺结构比较复杂、制造成本高、运行过程中能耗也比较高。CMOS 的优点是集成度高、运行功耗低（不到 CCD 的 1/3）、制造成本低，缺点是噪音比较大、灵敏度较低。较早期的 CMOS 对光源的要求比较高，在采用 CMOS 为感光元器件的产品中，通过采用影像光源自动增益补强技术，自动亮度、白平衡控制技术，色饱和度、对比度、边缘增强以及伽马矫正等先进的影像控制技术，可以接近 CCD 摄像头的效果。

图 9-8　CCD（左）与 CMOS（右）的成像效果

在相同像素下 CCD 的成像往往通透性、明锐度都很好，色彩还原、曝光可以保证基本准确。而 CMOS 的产品往往通透性一般，对实物的色彩还原能力偏弱，曝光也都不太好。

高端摄像摄像机基本都采用的是 CCD 感光元器件，主流产品则基本是 CCD 和 CMOS 平分秋色，总的来说还是 CCD 的效果好一点，CCD 元件的尺寸多为 1/3 英寸或者 1/4 英寸，在相同的分辨率下，宜选择元件尺寸较大的为好。

三、摄像机的录机

总的来说，录机部分的作用就是将拍下来的影像及时转换成数字信号存储在记录载体上。早期的摄影机需要使用底片（或者录像带）来进行纪录，但现时数码相机的发明，使影像能直接储存在快闪存储器内。现在高级的摄影机，则是将影像资料直接储存在机身的高速硬盘中。

图 9-9　摄像机的录机

目前，一般的存储设备主要有 SD 和 CF 两种：SD 卡广泛应用在数码相机上，主要是由日本的松下公司、东芝公司和 SanDisk 公司共同开发的一种全新的存储卡产品，最大的特点就是通过加密功能，保证数据资料的安全保密。而 CF 卡是最早推出的存储卡，也是专业设备比较认可的存储卡，是专业数码相机的主流标准。

图 9-10　存储设备 SD 卡和 CF 卡

专业级别更高的摄像机一般带有固态硬盘存储的功能，其主要是处理数据量更大的信息。因为高质量的视频素材信息量非常大，而基于 DRAM 的固态硬盘容量大，持续读写速度超过了 500MB/s，还有防震抗摔性、低功耗、无噪音、工作温度范围大以及携带轻便等功能，这些都使得它成为了高端的首选。

图 9-11　硬盘式存储系统

第二节　影视摄像机的分类及功能

摄像机是由约翰·洛吉·贝尔德、费罗·法恩斯沃斯和维拉蒂米尔·斯福罗金三人各自独立发明的，经历了多次技术革新从早期的模拟设备发展成为现在的数字高清设备。从 20 世纪 80 年代的模拟摄像机进入我国市场以后，电视行业得到普及并取得了普及式发展，影视广告技术也是随着电影、电视技术的发展有了新的跨越。

目前影视摄像机的种类繁多，而真正用于影视广告制作的则根据播出平台的要求不同做出相应的选择。

一、传统意义上的摄像机

从传统意义上来分,我们一般把摄像机分为家用级、专业级和广播级三种类型。

(一)家用级摄像机

家用级摄像机一般图像质量要求不高,如 DV 格式的数字掌中宝摄像机。但是随着科技的发展,现阶段的 DV 摄像机技术参数相比这个行业发展初期的技术参数有了很大的提高。比如现在的 DV 摄像机一般都带有拍摄高清视频和静态图片的双重功能,大倍数的数字变焦

图 9-12　家用型 DV 摄像机

技术在现在的 DV 摄像机功能上面得到了巨大的发展,使低照度拍摄、夜景拍摄、复杂环境拍摄等变成了现实,高清视频的参数达到了 1920×1080/50P。目前市场上的索尼、松下、JVC、佳能等掌中宝系列的摄像机都属于这种类型,它们使许多特殊条件下的拍摄成为可能。体育的特技摄像,小型摄像机机头可安装在主裁判的保护面罩上;国际摩托车比赛,小型摄像机安装在摩托车上,从运动员角度进行摄像等,这些在节目制作上有一定的作用。家用级摄像机的另一个特点是价格最便宜,在发达国家已经非常普遍地进入家庭消费,因而称之为民用机。在我国,这类摄像机正在开始普及,在要求不高的场合进行节目制作,确是一种物美价廉的选择。

(二)专业级摄像机

专业级摄像机应用在广播电视以外的专业领域中,如教育领域、部队科教宣传领域、工业生产领域、医疗卫生领域等。这就突出强调了摄像机应轻便、价钱便宜的要求,图像质量低于广播专用的摄像机。比如 SONY 的 DVCAM 系列、松下的 DVCPRO 系列、JVC 的专业 DV 格式等都是属于这一级别的,高档的专业级摄像机紧跟广播用摄像机的发展,更新发展很快。尤其近几年高清(HD)技术的普及和 CCD(图像处理器)摄像器件的质量、技术水平提高以后,高档专业级摄像机在性能、指标的很多方面均已超过过去广播级领

域使用的模拟摄像机。在清晰度、信噪比、灵敏度等重要指标上已和广播使用的数字摄像机没有多大区别,只是彩色还原性、自动化方面还略逊于广播用数字摄像机。因此,相应多地采用专业级别的摄像机而较少采用广播级别的摄像机可以说是一种比较相对经济合理的选择。特殊行业用途的摄像机在图像质量上明显低于专业级摄像机。

图 9-13　专业级高清 4K 摄像机

(三)广播级摄像机

这类摄像机应用于广播电视领域,图像质量非常高,性能全面,但价格比较贵,如 SONY 公司的数字 BETACAM 系列、松下的 DVCPRO50 系列、JVC 的数字 D 格式系列的产品等属于这种广播级设备,但是根据使用目的的不同,它们又可以分为以下三种:

1. 演播室使用的摄像机

演播室使用的摄像机工作于有利于摄像机工作的条件下,如照明强度、色温等适度。为了提高性能指标,通常采用尺寸较大的摄像器件。因此,它们的清晰度最高,信噪比最大,图像质量最好。当然,它们的体积最大,价格也昂贵。

图 9-14　广播级演播室专用摄像机

2. 电子新闻采访（ENG）摄像机

ENG 摄像机工作于复杂多变的条件下，这类机器体积小，重量轻，便于携带，对非标准照明情况具有良好的适应性，在恶劣环境中（如工作温度大范围的变化）具有很好的安全稳定性，在调试操作使用中具有很大的方便性（全自动方式）。它们的图像质量比演播室用摄像机稍低，价格也相对便宜一点。

图 9-15　NEG 型摄像机

3. 现场节目制作（EFP）摄像机

EFP 摄像机工作条件介于上述两种摄像机之间，性能指标也兼顾到这两个方面。它们的图像质量与演播室使用的摄像机很相近，但体积小一些，能满足轻便型现场节目制作的需求。应该指出的是，近几年来，摄像机朝着高质量、小型化、自动化、数字化的方向发展非常迅速。

图 9-16　适用于演播室直播型的 EFP 摄像机

以上三种广播用摄像机之间已不存在明显的界限，相对而言 SONY 公司的 EFP 摄像机，无论是在便携式还是演播室设备中，都代表了现代摄像机的高技术水平。

二、高清摄影机

随着科技的发展和视觉欣赏需求的提高，在制作影视广告的时候往往是把广告当作精品视频来完成的，所以在完成一部视频广告片的时候，高清和4K技术被随之引入。

通常把物理分辨率达到720P以上的格式则称作为高清，英文表述High Definition，简称HD。所谓全高清（Full HD），是指物理分辨率高达1920×1080逐行扫描，即1080P，是较高级的高清规格。4K超高清数字电影是指分辨率为4096×2160的数字电影，即横向有4千个像素点，是目前分辨率最高的数字电影。

1. 4K拍影视广告

4K的分辨率，也被称为4K技术，4K数字视频指拥有4096×2160（宽×高）分辨率的数字视频，即横向有4096个像素，纵向有2160个像素，其总像素超过了800万，是目前分辨率最高的数字视频。在电视和消费媒体中，4K UHD或UHD-1是占主导地位的4K标准。新的4K显示器，31.5英寸3840×2160曲柄PPD一直到前所未有的35.6，相比于1920×1080，27英寸的屏幕增加了屏幕的可视质量84%。科学技术让你的眼睛开始相信游戏呈现在屏幕上的是真实的。

未来的影视广告的摄制，将会把4K技术融入其中，更大限度地实现产品的清晰度，使人们更加清晰地观看商品的品质，从而加强对商品的记忆深度和广度，达到广告的传播效果。

2. 4K的质感与商品信息

4K的设备，无论是相机还是电视机，简单来说就是处理更多的像素。近来，高清晰度电视机或高清电视机以及视频摄像机应运而生，迅速占领市场。对消费者来说，4K画质的电视机已经走进普通百姓的家，成为一种较为普及的消费品。

广视角是硬屏4K的另一大优势。硬屏4K电视的可视角度达到178度，无论从哪个角度看，人们都能欣赏到色彩准确一致的理想画面，收获视觉无"死角"体验堪称完美。这是因为从过去的2048×1080的分辨率，到现在的4096×2160的高清度分辨率的技术革新，产生的一场伟大的数字革命。数字化过程需要把连续的信息零散化，首先是把画面用有限的像素来表示，其次是将光线由亮到暗用离散化的有限灰度阶表示，量化比特越高，表达从暗到亮的灰度阶越多。从量化比特的层面上来说，标清、高清技术标准都是8比特或 10 比特，也就是 256 个或 1024 个灰度阶；而 4K 达到了 10 比特或 12 比特，1024 个或 4096 个灰度阶，达到了与电影相同的水平。

此外，硬屏 4K 电视搭载的不闪式 3D 技术，画面无闪烁、更明亮，观看更舒适。其观看亮度、无闪烁等优势在中国电子技术标准化研究院赛西实验室所进行的对比测试中得到了认可。

在影视广告的拍摄中，使用 4K 摄像机，可将商品信息更加清晰地表现在屏幕上，让消费者感受到无与伦比的画面质感，实现商品信息与消费者的完美结合。

图 9-17　德国阿莱摄影机

图 9-18　美国 RED 摄影机

第三节　影视广告拍摄技巧与具体运用

作为拍摄影视广告的摄影师，不论是理论技巧和实践技巧都是需要长期的学习、实践和经验积累，才能完成一部精彩的影视广告作品。要成为一名优秀的广告摄影师，需要有扎实的基本功作为支撑。

影视广告摄像的景别在前文已有介绍，以下重点介绍摄像的角度和拍摄方式。

一、影视广告摄像的角度

1. 俯拍镜头

摄像机镜头高于水平线180°所拍摄的镜头，即摄像机从高处往下拍摄的镜头，称为俯拍镜头。它有把人或物变渺小的视觉感。

2. 仰拍镜头

摄像机镜头低于水平线180°所拍摄的镜头，即摄像机从下处往上拍摄的镜头，称为仰拍镜头。它有放大感，往往表现为威武、庄严、崇高等形象感，具有震撼的视觉冲击力。

这种镜头的视觉渗透力极强，在影视广告拍摄中，是最佳使用镜头之一。

3. 平拍镜头

摄像机镜头平行于水平线180°所拍摄的镜头，即摄像机与水平线保持一致拍摄的镜头，称为平拍镜头。这是一种常规的基础镜头，常用于表现一般事物的真实形态，也是影视广告拍摄中常用的一种表现镜头。

二、影视广告摄像的拍摄方式

影视画面摄影的方式可以分为固定画面和运动画面两种，在实际应用中一般以这两种方式的结合完成一部作品，下来分别从具体的拍摄手法进行分析：

（一）固定画面摄像

固定画面指的是摄像机的机位不动，镜头不进行变焦处理所拍摄的相对静态的画面造型。拍摄固定画面时，不论画面内部的内容是否存在运动，画面边框都是固定不动的。所以在拍摄固定画面时常使用摄像机的三脚架来对摄像机进行固定，如果不能使用三脚架对摄像机进行固定时，要充分依靠身边所能运用到的一切便利条件来寻找可以支撑和固定摄像机镜头的替代物。无论是肩抗还是手持在实际拍摄时都应该做到镜头的相对固定，这还涉及拍摄姿势和呼吸相关的一些实用技巧。

在拍摄固定画面的时候需要在构图内部进行一些适当的技巧处理，使得画面做到不呆板。比如可以利用画面的纵深来换取空间感，利用光、影的变化提升画面的动感。

图 9-19 利用三脚架进行固定画面的拍摄

图 9-20 电影《速度与激情》大景深画面

（二）运动画面摄像

运动画面指的是所拍摄的画面边框相对运动，人们的视觉效果跟着镜头的移动方式进行变化，通过这种拍摄方法而展示被拍摄对象的运动，产生了不同景别和角度的变化，形成了多层空间的画面构图和视觉感受。

运动摄像的拍摄方法主要有：推、拉、摇、移、晃、甩、跟、升降、旋转等，而实际的拍摄是各种拍摄技巧的综合运用，因此形成了多变的拍摄方式，其拍摄视角随着镜头的变化而改变。下面分别介绍每种镜头的拍摄方法：

1. 推镜头

推镜头的拍摄主要指的是摄像机的镜头沿着拍摄物的方向进行推进，在景别上就呈现出了由大景别向小景别逐渐变化的过程，有时候进行镜头焦距的变化也会使得镜头向被拍摄物体靠近的"推"效果。

这些拍摄方法经常用来突出被拍摄主体，可以强化重点表现，强调影视画面中的细节效果。在一个镜头中可以介绍局部与整体的、局部与环境的关系，对拍摄主体的表现可以层层深入，起到吸引观众的作用。另外，推镜头时"推"的速度不同，对于画面的节奏能够产生直接的影响。

在具体的拍摄时要事先确定推镜头"推"的目标，不能漫无目的地推，对于整个镜头的运动过程要保证画面的起幅和落幅的准确性，推的过程要尽量保持速度与所要表现画面内部情绪表达和节奏相对应，确保被拍摄主体焦点始终清晰、位置处于画面视觉的中心。

2. 拉镜头

拉镜头是与推镜头相对应反方向的运动镜头，表现在被拍摄主体视觉上渐渐远去的拍摄方法，景别上表现为由小景别向大景别过渡，有时候也可以使用镜头的变焦产生拉镜头的视觉效果。

与前面所讲的推镜头不同，拉镜头使得画面画框向后运动，画面由某一主体逐渐向后退开，呈现出景别渐渐变大的效果，被拍摄的主体在画面中会渐渐变小，画面所容纳的景物会越来越多，拍摄范围也会逐渐变大。同样，在拉镜头的过程中"拉"的速度也是直接可以影响到情感表达和画面节奏的。在具体拍摄时要做到拉开后的画面主体也要处于画面视觉的合理位置，对于节奏的把握要做到心中有数，切勿把镜头拉开后画面被"拉飞了"。

3. 摇摄

摇摄指的是在拍摄画面时摄像机的机位不动，而是借助三脚架上的活动云台，用摇动摄像机镜头光学轴线的方式进行拍摄的方法。有时候根据客观实地情况，可以借助人体或者其他物体为支撑点进行摇摄。

根据拍摄的方向不同，基本可以将摇摄的手法分为：水平摇摄、垂直摇摄、斜摇和环形摇摄。但无论是哪种摇摄方法，这种拍摄都是带着视角进行摇动的画面效果，在镜头景深和焦距不发生变化的情况下，画面边框发生了以摄像机镜头为中心的移动。在具体的拍摄过程中,摇摄一般由画面的起幅——摇动——落幅三个相关联的部分构成,这样镜头可以带着观众的视角走,改变画面的注意力。

摇摄在艺术效果表达上能够连续地展示空间变化和扩大视野,一个摇摄镜头可以将人物关系完整地表现出来。通过摇摄镜头可以将不同时空的主体进行有效的转场,也能够对被拍摄主体的画面比例保持不变,然后跟随画面主体进行跟踪拍摄,这样则能够展现出更多的画面内容和信息,也能够在特定环境下营造特殊的气氛。

使用摇摄方法时要注意拍摄需要有明确的目的性,不能没有目的地盲目摇动或者跟摇丢了画面主体,控制好摇镜头拍摄的速度,要与画面内容和节奏相吻合,尽量做到平稳。

4. 移动摄影

移动摄影主要是借助轨道或者人体作为支撑载体进行移动拍摄的方法,表现出来的画面效果为镜头仿佛是人的眼睛一样在跟随某一种轨道进行移动。移动摄影在平常的使用过程中,可以是直线运动的轨道也可以是不规则的曲线运动拍摄,但无论是哪一种移动拍摄方法,画面的边框一直都是处于运动状态,画框内的被拍摄物体无论是本身静止还是运动,都会给人们呈现不断运动的画面效果。

移动摄影艺术效果体现在可以使得拍摄从观众的视角来看,参与性更强,模仿观众的主观视角可以产生身临其境的感觉,并赋予强烈的主观意识。而移动摄影镜头的移动速度变化可以影响到画面的节奏,在具体的拍摄时我们应当力求画面移动的平稳,如果是艺术表达上强调渲染大场面的移动镜头,可以使用广角镜头进行拍摄,效果会更佳。

5. 晃

晃镜头的拍摄是为了表现主观镜头而设计,是通过对摄影(像)机作不规则运动而产生虚晃的画面效果。如表现一个醉酒后的人物所看见的情景,呈现出模糊不清的景象,有时也用于模仿一些纪实效果。

6. 甩

甩镜头拍摄也称为"闪摇镜头"。速度极快的摇摄镜头。其方法是开机后,从画面起幅极快地摇到落幅,摇摄中间的画面影像会产生几乎模糊成片的效果。还可以细分为多种,如闪摇镜头、旋转内摇、有起幅而无落幅的闪摇、从左闪摇到右再从右闪摇到左、上下摇、斜线闪摇等。

甩镜头拍摄常用于说明内容的突然过渡和同一时间内在不同场景所发生的并列情景，还可代替人物主观视线，以及表现晕眩等效果。在拍摄闪摇镜头时，应当注意起幅或落幅画面一定要稳。

快速移动镜头形成"甩"镜头，通过用于画面的转场或形成节奏。

7. 跟镜头

跟镜头的拍摄指的是摄像机与被拍摄物体一起运动的拍摄方式，跟拍镜头可以从被拍摄物体的正面、侧面、背面进行拍摄。在具体拍摄时应注意，摄像机跟拍移动的速度要与被拍者物体运动的速度相当，才能使得被拍摄物体在画面中的大小、位置相对不变。艺术表现力上这种镜头的拍摄方法可以连续详细地表现运动中的被拍摄物体，既能表现主体，也可以展示被拍摄物体的运动速度、方向与背景的环境关系，带有强烈的纪实效果。实际拍摄时使用摄像机跟拍一定要跟得上被拍摄物体的运动速度，镜头拍摄的角度、光线、焦点等问题都应该有一定的控制力。

8. 升、降摄影

升、降摄影是指借助升降设备在根据不同角度和运动轨迹进行拍摄的方式。通常使用摇臂、升降机等专业设备进行拍摄，现在也用在无人机进行遥控操作的拍摄。升、降镜头的这种画面运动方式给观众带来了连续运动的多方位、多角度视觉效果。

这种升、降拍摄方式一般多用于表现大物体和大场面，一般展示画面中的某一点或者面与整体的关系，通常在展示大事件或者大场面的规模和气势时出现，也可以表现画面内容中人物情感状态的变化和一个完整镜头内的画面内容转换和场面的调度。

9. 旋转镜头

旋转镜头是指被摄主体或背景呈旋转效果画面的拍摄。具体拍摄方法有：

（1）沿镜头光轴或接近镜头光轴仰角旋转拍摄。

（2）摄影（像）机超360度快速环摇拍摄。

（3）被摄主体与摄影（像）机放在一个旋转的托盘上作超360度快速旋转拍摄。

（4）摄影（像）机围绕被摄体360度快速环移拍摄。

（5）使用可旋转的光学镜头，在摄影（像）机不动的情况下，将胶片上的影像倒转、倒置或转到360度圆周中任何角度。

（6）在后期制作时作特技旋转处理。

（三）综合运动镜头

我们这里讲到的综合运动镜头的拍摄是在一个镜头内将之前我们所说的推、拉、摇、移、晃、甩、跟、升降、旋转等多种镜头的拍摄方式综合起来混合运用的拍摄方式，一般所说的综合运动镜头至少是两种以上的拍摄方式。

综合运动镜头的拍摄能产生更为复杂多变的画面艺术造型，有多角度、多视点、多层次的构图方式进行画面效果的展示。这种镜头扩大了人们的视野，使得画面内容更加的丰富，常用于记录和表现一个场景内连续运动的画面，使得画面内部的故事情节拍摄更为完整。

在实际运用时，综合运动镜头的拍摄在不需要表现特殊效果的情况下，要避免无规则的夸张运动，否则会影观众的正常观赏视觉，镜头的综合运动拍摄要与被拍摄主体的运动方向相一致，而镜头运动的节奏应当与画面内部表现力相吻合，这样才能形成画面内外部节奏相统一。拍摄时还要随时注意镜头运动时画面焦点的准确，保证被拍摄主体在画面中的中心地位。

本章思考题

1. 摄影的意义和作用是什么？
2. 镜头的类别有哪些？其特点分别是什么？

第十章 影视广告摄制

影视广告摄制是影视广告的具体执行阶段,它是由多专业分工、各团队合作进行的工作。一则仅几秒钟的影视广告,从开机到关机需要几天或几十天的工作,可能需要长途跋涉,通过很多人、运用很多设备才可能完成。本章讲述影视广告的拍摄、制作流程。摄制是影视广告具体执行的重要阶段,又分为前期、中期和后期三个部分。

第一节 影视广告前期准备

影视广告摄制工作繁杂,开机拍摄时间不是太长,但大部分时间要花在摄制前的各项准备上,准备越充分,后面的摄制工作就会越顺利,拍摄成功的可能性就会更大。

一、影视广告摄制概述

(一)影视广告摄制定义

影视广告的摄制是通过影视画面的质感和视觉效果来传递信息的。在制作影视广告时,运用摄影、摄像机按照影视语言的语法规则,来表达广告的主题思想或意图,拍摄其商品或主体观念的镜头,再经过后期剪辑、特技手法等运用后,编辑成成品的过程,称之为影视广告摄制。

(二)影视广告摄制的镜头表现

影视广告摄制的镜头表现是摄影、摄像机对信息的画面语言的艺术再造,是对画面在时间、空间中的运动、声音等元素的对应关系的制作方式。影视广告摄制最高的境界要求其作品是连续的运动画面,在时空中呈现出画面意义外的延伸,讲究的是声画处理、分切拍摄、合成编辑等制作过程所实现的"精美碎片"的质感信息,延续影视导演手法的蒙太奇和长镜头等概念。这是一个较为复杂的、庞大的体系,在这个体系中,前期的拍摄准备工作较为繁琐,在既定的广告脚本中,对分镜头的处理是第一关,也是至关重要的第一步。按照画面的剪辑原则和镜头语言规律,在突出表达的核心信息的前提下,先将既定的广告台本进行分镜头的文案准备;然后各个部门按照分镜头的工作台本的具体内容进行分工合作准备。每个部门相对独立,又为整体服务,形成一个个子系统与整体的关系,每个部门各尽其职,然后又将自己的部门独立完成后,又统一为第二个阶段的中期拍摄服务。

(三) 对市场预测的风向标

在接下单子并做出详尽的拍摄计划和分镜头台本后,前期准备工作的一个更为重要的环节,就是对市场的预测和评估。因为广告是社会经济和社会生活的风向标,突出表现为对市场的预测和评估,而这一重要特征就是体现在这拍摄制作阶段。特别是前期的准备阶段,如何体现这一时期的主打流行风?如何将自己的商品或信息,通过这个时期的流行元素或最能代表前沿的时尚风格表现出来?就需要在准备阶段通过演员、摄影、照明、道具和场景的设置和实施来完成。如果处理得好,能够准备的把握市场的流行元素,便可引领市场前沿,成为社会经济生活的风向标,反之就是失败的广告信息。

1. 开拍前的流行符号收集

拍摄前的准备工作还有一个重要的环节就是流行元素的收集和整理。在这个环节中,最好用手机视频拍摄一段预案,然后进行市场调研。具体的方法是,对将要发布的商品或信息,在色彩、环境、款式等方面,对所需重点发布的人群中进行演示,并采用原始的访问调查法来取得第一手调查资料数据,再进行收集汇总。

2. 市场推广

汇总后的市场风向标,再经过专业的镜头、场景转换,市场的艺术指标,商品知信度以及欣赏指数等的数据评估后,针对市场的需要进行微调,主要是色彩、环境的微调。

将微调后的方案,再次用手机视频或图片的方式,进入第二轮的市场预推广,在介入市场之后,同时取得该制作风格的市场调剂,这个阶段是进入数字媒体和自媒体时代的一次革新,通过这种拍摄前市场风向标的预测和手机制作模式的修正，将会对正式拍摄一次性成功提供最好的实验。这在过去是不可能完成的。

二、摄制组人员与职责

（一）摄制组人员构成

影视广告的拍摄与影视剧拍摄工作人员的配置是一样的，在导演或制片人负责制之下进行工作。

1. 人员构成

影视广告策划人、制片人、导演、副导演、摄影摄像师、场记、灯光照明师、美术师、置景师、现场录音师、服装、化妆师、剧务等。

（1）影视广告策划人。

影视广告策划人是将广告意图、最主要的信息量或最想表达的主题思想，用文字描述出来，并艺术的、技巧的将创意融入其中的文案的创作者。

（2）制片人。

制片人是影视广告摄制过程中，负责监督、协调制作成品和制作费用统筹的总负责人，也是摄制组的行政总管。

（3）影视广告导演。

导演是摄制组拍摄制作的组织者和指挥者，是艺术的呈现者和体现者，也是技术总负责人。影视广告导演的场面调度可以展现出商品的价值和突出主题、意图。导演是摄制组的灵魂人物。

（4）摄影摄像师。

摄影摄像师是影视广告作品的具体拍摄者。通过摄影、摄像师的镜头捕捉，以及景别、角度、拍摄的方式和技巧的艺术再造，可以将文案具体化和视觉化。摄影师往往是第三次创作的关键人物。

（5）灯光照明师。

灯光照明师是影视广告拍摄中，在摄影机取景时，将商品从不同的角度，用各种不同的光源，达到无几何失真、还原的光源照明要求的打光人。在影视广告中，照明师的作用和意义远远大于影视剧的拍摄，因为影视广告对光源要求也更为高一些。

（6）美术师。

美术师是影视广告摄制中，广告创意定稿版中的场景真实再现的呈现者。美工师往往需要很高的绘画技艺和对时代相吻合的文化、历史底蕴，并有很好的现场绘画、文字书写、色彩创作的功底。

（7）置景师。

置景师包括道具和场景的制作人员，是现场拍摄时场景所需物件配置的打造者。置景师往往需要具有一定工匠基本功。

（8）现场录音师。

现场录音师是将现场拍摄时的环境声响、人物对话等，拾音、还音的录取者。现场录音师不仅要具有较高的音乐、动效的专业修养，还需具有录音的专业技术知识。目前国内外在这方面都处于一个空白区，人才的急需已迫在眉睫。

（9）服装。

服装师是影视广告剧本中所需的服饰设计者和创作者。服装师往往本身就是一名服装设计师，并有一定的缝纫技术。

（10）化妆师。

化妆师是按照影视广告剧本的人物要求，将演员修饰成既定的角色人物对象的塑造者。化妆师往往可以进行人物的定型化妆和发型设计。

（11）剧务。

剧务负责全摄制组日常生活的吃、住、行，以及联系和解决场景租用等生活琐事问题。

2. 主创人员的职责

（1）影视广告导演。

导演主要负责完成定稿版的影像镜头画面的实现，并在此基础上，展现镜头里的商品，在艺术审美情趣中，实现信息播报的最为广泛的传播渠道。

（2）摄影师。

摄影师主要将影视广告的艺术表现，通过自己的再读解，用镜头诠释其内涵。他与导演必须形成一种默契，能很好地理会导演意图。一般摄制组，导演与摄影师是长期合作的伙伴关系的情况较多。

（3）美术师。

美术师主要是在理解影视广告创意内涵的基础上，用自己的专业技术，创作高于生活或商品的艺术美感，通过自己的场景、色彩等设计，达到一种震撼力，从而实现商品艺术魅力。

（4）演员。

演员依托自身内在与外在的表现力，展示、突出商品的价值和主体意图，从而实现影视广告的传播效果。

（5）照明师。

照明师利用现场的环境，有效地将自然光、人工光、混合光等光源，展示商品的体力空间和透视感，实现审美情趣。

（二）前期准备阶段的具体实施方案

1. 开拍摄前的各个部门准备情况汇总会议，提出实施过程中的应急措施

导演写出分镜头剧本和工作台本后，交由各个部门按照分镜头的具体细则开始实施，并写明准备周期的时间节点，一般的准备周期为2周（大型或者特殊的场景、要求巨大的道具的情况下，需按照实际制作时间来给出准备的周期），在准备周期规定的时间节点的前2日，导演召开拍摄前的准备工作汇报会议。

准备情况汇总会议具体为：每个部门将按照工作台本细则的准备情况进行述职；对完成情况进行详尽的汇总；提出不能到位或者不能完成的情况的困难有哪些？提出和讨论可行性解决方案。会议包括预见性、常规事宜和备案（策划第二预案）的实施等细则。

然后有步骤、有计划、有预见性的提出一些应急解决方案。例如：室外拍摄的天气预案、演员突发状况、道具现场损坏、机器故障等突发事件产生时的应急措施。

2. 导演、演员、摄影、照明、美术等主创人员的协调会议

在各个部门的准备情况汇总会议之后的第2天，也是开拍前的1天，召开主创人员拍摄前的协调会议，该会议十分重要，关系到广告在拍摄过程中顺利与否、如何更好地完成拍摄等事宜，因此事关重要。

主创人员的协调会议具体为：导演对创意进行阐述；演员、摄影机的场面调度意图说明；检查场景道具、灯光布置情况；包括照明器材、灯具、摄影机、场景、道具等的优劣状态进行确认。

同时对摄影部门是否使用摇臂、移动轨道、航拍、斯泰尼康等设备进行确认。灯光部门对现场是否使用发电车等设备进行确认。

三、场景的选择

（一）拍摄前的场景选择

由于现代影视广告是引领时代新潮流和社会经济生活的风向标，为此场景的选择就显得十分有意义。针对现代化社会方式的改变和现代化社会化节

奏的变革，选择风光秀丽和环境优美、偶像型演员就形成了一种风向标。一般这个前期工作主要是在导演的带领下，由摄影师、美工和制片部门的人员一起采景。

1. 外景地选择

在外景的选取时，主要注意以下几个方面：

（1）选取自然风光秀美、与影视广告定稿版环境相吻合或接近的地方，在此注意前面谈到的时尚、流行风土人情相融合为最佳。

（2）选取车、船灯交通工具使用方便，并在2~4个小时能达到之地为最佳。

（3）选取旅游淡季拍摄或者不是旅游之地为最佳。

（4）选取色彩艳丽、环境相对宽阔之地为最佳。

（5）选取时间和季节的温度与湿度相对饱和为最佳。

（6）选取地点为免费和允许拍摄之地为最佳。

（7）选取取电和运输相对方便之地为最佳。

（8）选取人居相对稀少、生活便宜之地为最佳。

2. 室内搭棚

室内拍摄或室内搭棚拍摄的注意事项：

（1）选取已搭建好的与该创意接近的摄影棚，做微调为最佳。

（2）选取相对封闭和隔音效果较好的摄影棚搭建为宜。

（3）选取郊外大型的厂库搭建。

（4）选取室内搭建设施较少，总造价便宜为宜。

注意室内搭建时的色彩、道具、灯光、摄影辅助器材等搭配和安放。

3. 实景、实物拍摄

有些广告创意是实物、实景的拍摄，这个就不需要去寻找拍摄景点，但也仍然需要美术师与置景师、道具师一起，将环境进行相应的美好，从而达到最佳的拍摄效果。这需要按照具体的广告创意蓝本来设置即可。

四、剧本与拍摄周期

（一）影视广告导演与分镜头剧本

1. 影视广告导演的作用

影视广告导演是在摄制阶段实现定稿版的影像镜头画面的艺术性与商品性的兼容，并在此基础上，展现镜头里的商品，在艺术、审美情趣中，实现广告、信息传播的广泛性。

2. 分镜头剧本

分镜头剧本是影视广告导演在定稿版的影视广告策划剧本基础上，对广告的每一个镜头的拍摄长度、景别、拍摄角度、音乐、动效等方式、方法进行分解的一种用于实际拍摄过程中的工作台本。它常常体现出一个导演的基本功，并对导演业务进行考核的一项指标之一。

（二）摄制周期制定

1. 影视广告的摄制周期

制定拍摄周期是拍摄前准备工作的一个重点之一，应分别将拍摄的具体时间、地点、工作任务、每个单元负责人、拍摄内容等，制作成表格的形式，在既定的时间节点中，各个部门按照周期规划表去完成自己的工作任务。

2. 摄制时间表

规划拍摄期间的具体时间进程，在既定的日程中，完成和拍摄相应的工作任务，是摄制影视广告过程中，顺利实施的一个重要保证，也是完成一个影视广告摄制流程和周期的必要保证。

3. 开拍前的最后准备

在正式拍片之前，制作部门做最后的准备工作，向客户、客户部、摄制组相关人员在内的各个部门，以书面形式的"拍摄通告"告知给每一位参与人员，通告内容包括拍摄地点、时间、周期、摄制组人员、联络方式等。

这是最后的一次检查、确认机会，在这次检查结束之后，下一步就是正式拍摄阶段。

第二节　影视广告的正式拍摄

一、拍摄流程

一般在拍摄前一天，所有参与拍摄的工作人员都要住在摄制组统一安排的住宿点集中休息。影视广告拍摄阶段是整个广告的重中之重，它是体现整个广告创意的核心部分，所以也是最为关键的一个部分，是全局的中心。这个流程既繁琐又庞大,并且是一个完整的体系,在这个体系中,又由各个分枝分别完成各自的部分,也就是说,各个子系统相互独立,各自工作,又为总系统服务,但如果哪一个子系统出了差错,就会立即影响总系统的运作和完成状态,所以这个体系既庞大又复杂,更繁琐。因此无论子系统的负责人还是个体人,都要有职业道德精神。具体的子系统之间的分工和合作流程如下:

(一)化服与剧务部门

1. 化妆师与演员

在拍摄阶段,首先,化妆师与演员要提前 3~4 小时起床化妆,然后才能去吃早饭。早饭后,跟随第二批工作人员的交通车去现场。以当天 9 点开拍的通告为例来看:化妆师、演员是凌晨 4 点起床,然后 4 点半—6 点半开始化妆,6 点半—7 点去服装间穿衣;7 点—7 点半吃早餐,7 点半开拔去现场候场。即便是化好了妆,化妆师仍然要带一个简易的化妆箱,跟随演员一起到现场候命。在现场化妆师也需要盯住监视器,主要是观察处理摄像机前,演员的汗水或油彩产生的高光处理,一般不做大的妆容修改。

服装师是在演员定妆前半小时准备好服装,一般是在 6 点起床后直接去服装间,将服饰熨烫整齐,6 点半前服饰准备就绪,等演员妆化好后,直接开始为其穿戴服饰。然后 7 点—7 点半进早餐,之后跟随众工作人员一起进入现场待命。服装虽起得早,进入现场后,基本无事,除非演员中途要更换服饰。因此他们到现场后就只是盯着观看监视器中演员的服装是否整洁、穿戴整齐即可。

道具也是 6 点起床后,一般不吃早饭就直接去现场准备,他们是第一批去现场的工作人员。有时广告创意需要大型的道具的话,他们根据需要还会提前 3~4 小时到现场安装道具设施,也有提前一天去现场住宿的。他们也是较为辛苦的现场工作人员。道具在开拍后,还要随着剧本的需要不断更换道具(商品),因而他们是不能离开现场,必须守在现场随时准备剧情所需的物品。一般来说,道具是提前准备好所有需要的物件后,对于当天要拍的通告中的所有道具,到带到现场候场。

2. 剧务部门

剧务部门是后勤的保障体系,在这个子系统中,整体摄制组的吃、喝、住宿等都需要剧务部门的工作,因此,只要现场有工作人员,他们就必须到现场,所以他们也会和道具组一同前往。一般剧务部门的人员也不会少于 3~4 人,因为除了现场外,摄制组住宿基地的大部分人员会在正常的 7 点—7 点半之间到现场。由于摄制组的子系统中的工作性质不同,早餐时间也就各异,剧务就会辛苦一些,每一拨人员都需要剧务部门的后勤服务保障,才能顺利完成拍摄。在开拍期间剧务会在各个职能部门待命。

(二)摄影师与照明师

1. 摄影师

摄影组一般由一个摄影师、一个摄影准备和一个摄影助理三人组成。这个子系统主要是负责现场的画面拍摄。他们是按照常规时间6点半左右起床,7点—7点半早餐,然后去现场。到现场后,听从导演的摄影机机位位置的摆放调配。在现场除了听从导演的机位和镜头、景别的指挥外,一般也是根据自己娴熟的专业水准,进行创作性的发挥,特别在同机位的情况下,对摄影主体的抓捕与画面构图的运用。摄影师是直接将抽象的文案变成直观的视觉形象的第二次创作者,在他们的镜头下,人们将更为直观地观看商品的艺术性与商品的价值,有镜头里的商品艺术之说。因此,这是一个十分关键的环节,在拍摄阶段,一个好的摄影师往往会重新诠释一个商品的信息量的内涵和画面意义外的延伸。画面的质感、广告的核心信息、视觉的审美意图等,都是在这个环节彰显出来。所以也有称摄影师是"从量变到质量的艺术家"。

2. 照明师

照明组一般由一个照明组长和3~4个组员组成。如果是室内拍摄,他们会比摄影师早一个小时到达现场;反之,如果是室外白天的话,他们可以和大部队一起出发。因为如果是室外白天拍摄的话,照明只需要处理逆光的光源走向、用遮光板挡住演员脸上的高光等即可,主要依托自然光源就好。如果实在室内拍摄,照明师就会非常辛苦的搬运各类灯具,不停地更换灯具瓦数,只要摄影机动一下,照明立即挪动灯架位置,以满足现场物品或演员拍摄时的光源亮度,从而达到画面无几何失真的效果。特别是广告的拍摄,对照明的要求更高。可以说,没有一个优秀的照明用光,就没有一幅优秀的画面出现,两者是相辅相成的辩证关系。因此在行业界有这样的说法:"室外累死摄影,室内累死照明。"可见其辛苦状态。

二、现场拍摄

(一)影视广告导演与场面调度

1. 开拍(影视广告导演的现场感)

从开机前的准备至拍摄完毕,导演是拍摄中的灵魂和核心,导演的现场感是拍摄阶段至关重要的特质。每一个创意、每一个分镜头剧本、工作台本，都是第一次创作，导演在这基础上，进行第二次创作，这就是现场的导演调度与拍摄。

在各个部门准备就绪后，进入实质的拍摄阶段。在这个阶段里，首先所有演职人员提前（通告时间）至少1个小时以上，进入拍摄场地候命（通常情况下，化、服、道等部门还要提前4~5小时进场做准备），全部且必须听从导演的工作任务调配。导演进场后，会立即选择最为合适的机位，在摄影机机位位置定下来后，导演开始调度演员的位置走向。然后各个部门就开始围绕着摄像机位置的可取范围内，开始各自的工作。例如，照明师开始在机位与演员的位置走向范围内，开始布光；道具安放场景所需的物品；突出表现商品的特点，他就像一个指挥家，一个将军，将一盘散沙调配到位，形成一股合力，然后按部就班，一个镜头一个镜头地有序拍摄，一个场景一个场景地调配转场。

导演一声令下开拍，场记打板，副导演开始报数倒计时，摄影机开始工作，各个职能部门各尽其职，进入角色。

导演、主创人员按照工作台本、分镜头剧本依次进行拍摄，直至结束。在这期间，应严格按照既定的拍摄周期和通告上的时间进程来摄制。当然，在拍摄中，也会按照现场的情况或当时的需要，也有随时调整镜头、场地、商品等创意的时候。景别等摄影机的运用更是应随机应变。不过在不影响创意和主题思想、表现意图的情况下，导演、摄影师在现场随机应变地做修改是常见之事。这就是艺术，每一个镜头永远不会重复，每一次感悟永远不会重叠。

导演的临场发挥十分重要，这就是导演的艺术感悟能力，也就是现场感。现场感是一种对技术与艺术娴熟掌握后的，在长期的实践工作中形成的敏悟能力。更是一种艺术的敏锐性。

2. 场面调度（风格与特色）

在现场拍摄时，场面调度是一个十分专业的词汇，也是十分重要的环节。它包含两个方面的含义：摄影机的调度和演员调度。

演员调度是指在现场调度时，运用好了摄影机的拍摄技艺的每一个镜头和机位、景别，以及演员的位置更替与情感交流的导演，这需要长期的社会实践和专业理论基础相结合，并含有导演个人对艺术天生的敏锐能力与天赋。因此，每个导演都各具自己的风格和特色，在接单之后，制片人会选择与影视广告剧本风格相符合的导演来担当本次导演；为此，一个优秀的制片人，必须要收集和整理各具特色与风格各异的影视广告导演的相关资料。

第三节 影视广告后期制作

一、影视广告后期制作的现代编辑技巧

现在的剪辑工作一般都是在电脑当中完成的，因此拍摄的素材，在经过转磁以后，要先输入到电脑中去，影视广告导演和剪辑师再在输入电脑素材库之后，才能开始后期剪辑工作。

剪辑阶段，导演会将拍摄素材按照脚本的顺序简单的拼接起来，剪辑成一个没有视觉特效、配音、音乐、动效等的初剪版本。然后在给广告商看过后，提出修改意见，定稿后，再将特技部分、字幕、配音、配乐等，按照最后的成品进行精剪。影视广告片的工作就此完成。在这里主要介绍一些现代最新软件的后期剪辑方式：

（一）后期制作中常用的软件

1. Adobe 系列软件

（1）Adobe Premiere 的介绍。

Adobe Premiere 是一款常用的视频编辑软件，由 Adobe 公司推出。现在常用的有 CS4、CS5、CS6、CC、CC 2014 及 CC 2015 版本。是一款编辑画面质量比较好的软件，有较好的兼容性，且可以与 Adobe 公司推出的其他软件相互协作。目前这款软件广泛应用于广告制作和电视节目制作中。Premiere Pro 是视频编辑爱好者和专业人士必不可少的视频编辑工具。它可以提升创作者的创作能力和创作自由度，它是易学、高效、精确的视频剪辑软件。Premiere 提供了采集、剪辑、调色、美化音频、字幕添加、输出、DVD 刻录的一整套流程，并和其他 Adobe 软件高效集成。

Premiere CC 软件上的按钮像一个个可以随意拆卸、拼接的玩具，创作者可以像搭积木一样自己拼接自己喜欢的按钮，设计自己心仪的界面。这项更新最早出现在 CS6，CS6 让监视器上的按钮开放化和自由化，继 CS6 以后，在 CC 中，轨道也采用了这种开放式设计。在 CC 中，"调音台"面板已重命名为"音频轨道混合器"。此名称更改有助于区分音频轨道混合器和新的"音频剪辑混合器"面板。"音频轨道混合器"中的弹出菜单已重新进行设计，可以采用分类子文件夹的形式显示音频增效工具，以便更快地进行选择。

（2）Adobe After Effects 的介绍。

Adobe After Effects 简称"AE"，是 Adobe 公司推出的一款图形视频处理软件，适用于从事设计和视频特技的机构，包括电视台、动画制作公司、个人后期制作工作室以及多媒体工作室。其属于层类型后期软件。

Adobe After Effects 软件可以帮助创作者高效且精确地创建无数种引人注目的动态图形和震撼人心的视觉效果。利用与其他 Adobe 软件无与伦比的紧密集成和高度灵活的 2D 和 3D 合成，以及数百种预设的效果和动画，为创作者的电影、视频、DVD 和 Macromedia Flash 作品增添令人耳目一新的效果。

Adobe After Effects 4.1 针对不同需求的人士，提供 Standard、Production Bundle 两种版本，Standard 版本提供所有主要的合成控制，2D 动画及专业动画制作上的特效程序，较适合从事影视动画制作的相关人士。Production Bundle 版本更加入了多种混色去背景能力，提供了高级的运动控制、变形特效、粒子特效，是专业的影视后期处理工具。

After Effects 涵盖影视特效制作中常见的文字特效、粒子特效、光效、仿真特效、调色技法以及高级特效等，是读者学习 Adobe After Effects 特效制作不可多得的。

2. 其他类型的软件

（1）Final Cut ProX 的介绍。

Final Cut Pro 是苹果公司开发的一款专业视频非线性编辑软件，第一代 Final Cut Pro 在 1999 年推出。最新版本 Final Cut Pro X 包含进行后期制作所需的一切功能。导入并组织媒体、编辑、添加效果、改善音效、颜色分级以及交付——所有操作都可以在该应用程序中完成。

1999 年苹果电脑公司推出一套售价 999 美元的非线性剪接软件 Final Cut Pro，在当时，不仅身为非线性剪辑龙头的 AVID 公司对其不屑一顾，多数的专业剪接师也认为 Final Cut Pro 充其量不过是一个界面美观的非专业软件，难登大雅之堂。

而当时使用 Final Cut Pro 的，也大多是无力负担 AVID 系统的学生及小型的电视制作。然而在短短几年之间，Final Cut Pro 以其优异的影像处理能力及便宜的价格，成功打入广告界及电视界，包括 ABC、CBS、NBC、CNN、MTV 以及 Discovery 等电视频道相继开始采用 Final Cut Pro 作非线性剪接。Apple 电脑公司因此于 2002 年获得了美国电视学会艾美奖杰出技术奖的肯定。而对于一向是 AVID 系统最忠实用户的电影界，Final Cut Pro 先是横扫了欧美的独立制片界，接着也开始获得许多主流专业人士的青睐，拍过《性、谎言、录影带》及《天人交战》等电影并曾获奥斯卡最佳导演的史蒂文·索德伯格（Steve Soderbergh），以及剪接《现代启示录》《教父》《对话》《布拉格的春天》以及《英伦情人》《冷山》等片，获奖无数的剪接大师沃尔特·默奇（Walter Murch）皆相继采用 Final Cut Pro 来完成他们最新的作品，而 Final Cut Pro 在经过教父级剪接大师 Walter Murch 的提拔之后，算是正式宣布了 Final Cut Pro 时代的来临。

这个视频剪辑软件由 Premiere 创始人 Randy Ubillos 设计，充分利用了 Power PC G4 处理器中的"极速引擎"（Velocity Engine）处理核心，提供全新功能，例如不需要加装 PCI 卡，就可以实时预览过渡与视频特技编辑、合成和特技，Matrox 最近宣布将给 Final Cut Pro 增加实时特性的硬件加速。该软件的界面设计相当友好，按钮位置得当，具有漂亮的 3D 感觉，拥有标准的项目窗口及大小可变的双监视器窗口，它运用 Avid 系统中含有的三点编辑功能，在 preferences 菜单中进行所有的 DV 预置之后，采集视频相当便利，用软件控制摄像机，可批量采集。时间线简洁容易浏览，程序的设计者选择邻接的编辑方式，剪辑是首尾相连放置的，切换（例如淡入淡出或划变）是通过在编辑点上双击指定的，并使用控制句柄来控制效果的长度以及入和出。特技调色板具有很多切换，虽然大部分是时髦的飞行运动、卷页模式，然而，这些切换是可自定义的，它使 Final Cut Pro 优于只有提供少许平凡运行特技的其他的套装软件。

在 Final Cut Pro 中有许多项目都可以通过具体的参数来设定，这样就可以达到非常精细的调整。Final Cut Pro 支持 DV 标准和所有的 QuickTime 格式，凡是 QuickTime 支持的媒体格式在 Final Cut Pro 都可以使用，这样就可以充分利用以前制作的各种格式的视频文件，还包括数不胜数的 Flash 动画文件。

总之，这是一个非常好的软件包，它提供较佳的编辑功能，具有 Adobe After Effects 高端合成程序包中的合成特性。

（2）Avid Media Composer 的介绍。

Avid 提供一系列专为后期制作专业人员而设计的不同配置的商品，可以为他们提供更高的创造性能，充分满足他们的项目制作需求。无论是选用 Media Composer 单独的软件商品，还是配备了功能强大的 Avid DNA 硬件设备的完整系统，都会得出一个相同的结论：Media Composer 简直就是全球最佳的编辑器。

自从 Media Composer 问世以来，Media Composer 系统已经成为非线性影片和视频编辑的标准。没有任何编辑系统可以与之相媲美，具备如此强大的性能、多功能特性和完美的 Media Composer 工具集。

今天，Media Composer 编辑系统比以往更深受全球大多数创新影片和视频专业人士、独立艺术家、新媒体开拓者和后期制作工作室的喜爱，已经成为他们的首选编辑系统。没有任何系统可以像 Media Composer 这样，提供完整的创造性工具集、灵活的格式支持和精确的媒体管理性能。从无磁带工作流程到无缝式统一，从 HD 多镜头素材摄录到 HD 日常媒体数据，Media Composer 系统始终都冲锋在业界最为复杂的制作项目的前沿。

现在，无论是选用 Media Composer 单独的软件商品，还是配备了 Avid Digital Nonlinear AcceleratorTM（Avid DNA）硬件设备的完整系统，对于创造性专业人士的所有制作项目来说，都具备非常重要的意义。扩展后的 Media Composer 系列商品，通过组合式解决方案，为后期制作工作室提供无可匹敌的灵活性能，可以自由混合 Mac 和 Windows 版本，并可以通过与 Avid SymphonyTM 后期制作系统的整合，提供 HD 支持、实时多镜头编辑和 Total Conform 功能。

二、影视广告后期工作流程

（一）熟悉素材

1. 初编（初剪）

初编（初剪）也称作粗剪，是根据节目表达需要和时长规定，将镜头大致串接在一起，基本完成节目结构形态，是精编的基础。

初剪阶段是影视广告导演根据剧本的先后顺序，简单地将素材组接起来的一个过程。初剪一般要比正式的广告长度要长一些，并且不做配音、配乐、视觉特效等。

初剪结束后，首先要拿给客户看样片，然后商家提出修改意见后，再将意见汇总，进入下一阶段。

2. 精编

精编是对已粗编的节目进行调整、修改和包装，从而达到商家要求的精确程度的要求。

一般来说，粗编的节目长度略长于规定时间，以便在精编时增减替换镜头或作特技处理，实现最佳效果。

精剪阶段，根据商家提出的意见进行修改，再将配音、配乐、特技、字幕等部分合成到广告片中去。完成其最后的成品播出效果和要求。

（二）配音、配乐及合成

1. 配音、配乐

影视广告的音乐可专门作曲或选择现有的曲目。

两者的区别是：作曲，广告将拥有独一无二的音乐，影视广告的画面与音乐能更加完美的结合，但价格昂贵。选曲，虽然可以节约成本，较为经济实惠，但是影视广告的音乐雷同性较大。

无论采取哪种方式，将最后选取的音乐加配在广告中进行合成，便可完成影视广告的摄制工作。

2. 字幕、旁白的合成

在旁白、对白完成以后，将相应的字幕打上去，并合成为播出版广告。这样影视广告的摄制就全部完成。

本章思考题

1. 影视广告拍摄的定义？
2. 影视广告歌摄制组成员的职责构成？
3. 影视广告拍摄具体实施流程？
4. 影视广告后期工作需要的步骤？

第十一章　影视广告效果评价

约翰·瓦纳枚克曾说过:"我知道至少有一半的广告费是浪费了,但问题是我不知道浪费的是哪一半。"整个广告经营活动的出发点和落脚点,也是广告人最为关心的,就是广告刊播出去后传播效果如何,成本收益状况如何,对受众的社会影响是好是坏。因此,对影视广告效果的评估监测是广告运营活动的重要工作环节。

第一节　影视广告效果概述

一、广告效果基础知识

效果,英文是 Effect 或 Effectiveness,指的是某种因素作用于特定对象后的反应。从社会心理的角度看,效果意味着对社会人的影响情况;从经济的角度,效果就是投入与产出的比率。

广告是一种双向的信息传递活动。它既是商品、劳务信息通过一定媒介向受众的传递,也是市场信息、消费者信息向生产者经营者的传递。广告主播出影视广告的目的在于树立企业和产品形象,实现促销。能否达成这一目的,就需要及时、准确地对广告效果进行测定。

50年代以来,广告成本迅速增加,这就迫使企业越来越重视广告的效果。因此,测定广告效果成为广告运作中重要的一环。

广告集传播与营销的目的为一体,是以传播的方式实现营销目的的一种重要营销手段。广告本身是一种传播行为,但是,它履行的功能却是营销功能。因而,广告的效果可以分为以下两个层面来理解:

1. 传播效果

从传播的角度看,广告是以商业信息的传播作为刺激因素,作用于目标消费者或目标受众，对其产生从意识到行为的影响。广告传播的目的是使所传播的产品或服务的信息称为一个具有个性特征的品牌，在消费者的心理留下品牌认知效果。

2. 销售效果

从营销的角度看，营销的核心目的是成功地实现产品或服务的销售，从而赢得利润。广告作为营销的重要手段，最终目的还是为销售服务。因此，尽管广告是传播行为，但它必须要受到营销目标的约束，不能实现营销目的的广告不是好广告。

根据以上分析，可以得出一个广告效果的定义：广告效果是广告传播因素作用于潜在目标群后产生的影响情况（有无影响及影响的程度）。它包括传播效果与销售效果。

在商业活动中，制约销售的因素甚多（如经济环境、竞争情况等），广告只是众多因素中的一个，因此，销售效果并不必然等同广告效果，换言之，就是好的广告未必一定带来好的销售效果。所以广告效果除了广告的销售效果之外，也有按广告本身来测定广告效果的。传播效果，是以广告的收视、收听率、产品知名度等间接促进产品销售的因素为根据，对广告效果进行评断。如广告做得出色、设计得成功，能引起消费者的注意，广告本身就发生了效力。

在广告效果研究过程中，必须弄清各有关问题，以期真正地评判广告效果。

二、广告效果研究的内容

广告的目的，在于促成消费者购买商品。在未购买之前，要运用广告的力量，引起消费者对广告产品的注意，并产生兴趣，进而对产品有良好印象，最后激起购买行动。广告效果的研究，必须依此而展开。具体研究内容如下：

（一）广告活动效果研究

广告活动效果研究是对在广告活动实施期间所产生的效果的研究，具体有以下几种研究：

1. 媒体接触效果研究

媒体接触效果研究，包括"对特定媒体的接触"和"对其中特写广告作品的接触"两个阶段，是为广告刊播后评价媒体的效率而做的调研。对电视而言，媒体接触效果研究是对收视率的研究；对报纸、杂志而言，则是对阅读率的研究。

2. 信息接受效果研究

信息接受效果研究，是对在广告活动实施期间，消费者对广告的注目率、理解率与记忆率的研究。

3. 态度改变、行为改变效果研究

态度改变、行为改变效果研究是对广告活动结果的研究，是研究消费者在广告接触后，其态度、行为的改变效果。态度改变紧接在广告接触之后，其后再扩大，产生购买实施及使用经验等的变化。行为改变则是在广告接触后，经过一定时间在购买实施阶段时产生。

（二）传播效果研究

对广告活动实施前后，消费者对某一品牌或企业的知名度、理解度、确信度、行动等等上升程度的研究。传播效果调查包括消费者对品牌或企业的知名度、理解度、确信度（购买意图）及行动经验的调查等。

（三）销售效果研究

对广告活动实施后，某一产品销售量增加部分的研究。这里所说的销售量，是指终端向消费者销售的数量，或者与此有表里关系的消费者购买量。以终端为对象的销售量调查及以消费者为对象的购买量调查是研究销售效果的先决条件。测定广告的销售效果，从大处而言，有追求广告费支出与销售额的关系；从小处而言，有追求广告与每一消费者的行为关系。

三、评估广告效果的意义

由于企业是一种以营利为目的的经济组织，利润或效益是企业生存最简单的法则与衡量标准，不能赢利的企业会被无情地淘汰掉。营销又是企业实现其目标的核心。因此，广告传播也必须要受到企业生存法则的约束，企业需要对广告的效果进行评估。具体而言，广告效果评估有如下三方面的重要意义：

（1）通过效果评估，使企业能够清楚地了解广告营销传播的投入所得到的回报，从而检视该手段的资源分配合理性。同时，还可以检查阶段性广告操作的正确性。

（2）通过动态的效果评估，可以及时地发现问题、调整计划，以提高传播的效率，减少损失与浪费。计划是提前制定的，在执行中无法预知市场的变动，应进行动态的效果跟踪与评估。

（3）及时发现新出现的情况或问题，从而及时进行校正、调整。坚持定期做广告效果评估，可以为企业营销形成可供参照的资料，使企业的广告营销传播具有连续性和有依据可循。

四、影视广告效果分类及特性

影视广告效果的含义从广义而言，是指影视广告所引发的社会公众各种心理反应及行为变化的总和；从狭义上而言，是指影视广告对目标市场消费者的消费心理和消费行为所产生的影响，以及对企业经营活动所产生的效应。前者称为影视广告的宏观效果，后者称为影视广告的微观效果。由于广告效果具有这两重性，所以企业在开展广告宣传活动时，既应注意企业的收益，又要顾及所产生的社会影响力，防止产生不良的社会效应。

（一）影视广告效果的分类

1. 从时间角度来划分

（1）即时效果，指影视广告传播时当场产生的效果。如有些影视广告受众在接受某一广告时立即作出反应，产生购买欲望，当即拍板，决定前去购买。

（2）近期效果，指影视广告播出后，在短期内产生的效果。有些影视广告冲击力很大，可使受众在很短的时期内即形成消费欲望，并付诸于购买行动。

（3）远期效果。由于影视广告反复持续播出，不断影响受众，当这种影响积累到一定程度后，最终使受众产生行动；或由于种种原因，消费者在了解广告后不能立刻产生消费行为，而待时机成熟时，才对记忆中的广告产品或服务产生消费行动，称之为远期效果。

2. 从广告效果的不同层次划分

（1）传播效果，指影视广告被接受的情况。如影视广告覆盖率、接触率、注意度、记忆度和理解度等，这是广告效果的第一层次。

（2）促销效果，指影视广告所引起的产品销售增长情况，即影视广告的行动效果率。这是影视广告最为明显的实际效果，也是大多数企业作影视广告的直接目的，这是广告效果的第二层次。

（3）心理效果，指影视广告所引起的广告受众的心理反应。心理效果又称广告的态度级效果，是广告的渗透力或传递信息的能力。心理效果的理想目标是消费者品牌忠实度的建立。因为受众的心理上一旦对企业产品建立起一定的品牌忠实度，就有可能使企业拥有一个稳定的市场。所以，心理效果是广告效果的第三层次，也是最高层次。

3. 从宏观角度划分

（1）经济效果，指影视广告对社会经济生活，包括生产、流通、分配、消费产生的影响。

（2）社会效果，指影视广告在传播商品信息的同时，所附带的文化时尚、道德伦理等社会文化思潮对公众的影响。

（二）影视广告效果的特性

1. 滞后性

滞后性又称时间推移性、迟效性。由于受时间、地点、经济等诸多条件的限制，影视广告对受众的影响程度是很不一致的。从接受广告到产生购买欲望，到付诸行为的过程来看，有些是连贯的、即效的，而更多是迟效的、滞后的。在测定影视广告效果时，不能仅以短期的销售效果来衡量广告效果的好坏。

2. 累积性

广告活动是一个系列的、动态的过程，受众接触影视广告也是多次反复进行的。影视广告信息对受众产生影响，往往是这种信息传播累积效应的结果。广告效果的形成或实现并非立竿见影的事，广告活动的实施，应确定有利于可持续发展的长远目标。影视广告发布不仅是长期反复进行的，而且要制定适当的媒体组合策略，使受众从不同渠道累积对某一产品或服务的信息。

3. 间接性

有的受众因直接受影视广告影响而产生消费行为；也有的受众在影视广告影响下，对广告商品或服务建立了深刻的认识，但因条件所限，不能或不便产生消费行为，却能影响他人实施消费，这便是影视广告的间接效果。这种间接效果，也是较难测定的。

4. 复杂性

影视广告效果的产生，受制于诸多因素。譬如价格、市场购买力、竞争对手等因素，与产品广告交织在一起，共同形成企业产品销售与经营境况，较难区分哪些是由于影视广告的播出而直接带来的，又有哪些是其他因素作用的结果，具有较大的复杂性。

【案例分析】

雅客 V9 利用广告效果测试来寻找代言人

雅客 V9 的品牌定位与品牌调性：雅客 V9 是一种具创新精神、充满运动活力、为身体补充维生素的健康糖果。而雅客 V9 的品牌传播亦将围绕"创新、运动、健康维生素"展开。

为雅客 V9 寻找一个合适的形象代言人一直是雅客策划探讨的课题。经过科学、规范的几轮广告创意脚本和毛片测试，最终得出消费者对形象代言人的测试数据。数据显示，古怪精灵、活力十足的周迅比邻家女孩徐静蕾更贴近雅客 V9 的感觉。最后雅客 V9 尊重大多数消费者的意见，形象代言人选择了周迅。

广告片创意非常单纯：新鲜而灿烂的阳光中，周迅奔跑在都市的大街小巷，吸引众多追随者，形成奔跑的奇观，而原因，则由雅客 V9 引发。

跑步篇（30 秒）TVC 脚本：

1. 清晨的城市，朝霞映衬着密集的高楼。
2. 周迅一身运动装束跑过街道。

旁白：本年度具有创意精神的糖果雅客 V9 诞生。

3. 特写周迅自信的表情。
4. 叠化，周迅的身后出现了两、三个尾随者。
5. 路人惊奇地看着他们跑过。
6. 很快变成了几百人的阵容，继续不停地跑着。
7. 周迅边跑边说："爱吃的人越来越多，越来越多，知道为什么吗？因为两粒雅客 V9，就能补充每天所需的 9 种维生素！"
8. 雅客 V9 的特写。
9. "9"字的动画色块闪动。
10. 印章"中国营养学会验证"敲下。
11. 周迅手一挥，说道："想吃维生素糖果的，就快跟上吧！"
12. 周迅和众人一起跑着，叠压"雅客 V9"的标版。

13. 雅客的标版，字幕：中国奥委会赞助商。

旁白：雅客V9雅客。

这支广告片的目的是强力抢占维生素糖果的概念，并引领扩大整个维生素糖果市场。到2003年年底，四个月的时间，雅客V9在全国卖到了3个多亿，这与它通过科学测试方法选择了合适的代言人是密不可分的。

雅客V9广告

第二节　影视广告效果测试原则及测试指标

一、广告效果测定的原则

1. 目的性原则

目的性原则指影视广告测定的目标要具体明确，不可空泛。如广告的目的是推出一种新产品，那么影视广告测定应该针对广告的新闻价值和刺激性；如果广告目标是树立企业整体形象，则测定目标应定位在受众对企业个性与外在表现的把握上。

2. 可靠性原则

可靠性原则即影视广告效果测定结果真实可靠，在测定过程中，样本的选取要有典型性、代表性，对样本选取数量也应根据具体要求，尽量选取较大样本，多次测定，反复验证以获取可靠的结果。

3. 综合性原则

影响影视广告效果的因素多而复杂，在测定中还有许多不可控因素的干扰，因此在测定影视广告效果时要综合研究企业各种促销因素和社会各种影响因素。即使是测定某一具体影视广告，也要考虑影视广告表现的复合性、媒体组合的综合性及时间、空间、地域条件的影响，以保证测定影视广告效果的真实性。同时，仅把销售效果作为评价标准是不完全的，还应把心理效果、社会效果作为测定的标准。

4. 经常性原则

影视广告效果测定应是长期的、经常的。某一时间、地点的影视广告效果未必是此时此地该广告的真实效果，它可能包括前广告的延续或其他营销活动的影响等。同时长期的广告效果测定，是在经常性短期广告效果测定的基础上进行的。广告是一项长期的经常性投资，作为广告运作的一环——影视广告效果测定也应是经常进行的。

二、影视广告效果测定的主要指标

正是因为影视广告的作用如此重要，投入的资金又相对庞大，因此，广告从业者和广告客户都关心影视广告的媒体投播，都关心观众接触某节目（或频道）的频次、观众群大小及其构成等等。同时，广告从业者还关心另一些对他们来说更重要的问题。比如，一则广告到达预期观众的花费是多少，这些钱能否换来相应的商业利润。换句话说，他们希望将有限的资金用在刀刃上，用最少的投入，获得最大的效益回报。

一般说来，影视广告效果取决于创意和媒体计划的有机结合，如果说创意是艺术，媒体计划则是科学。仅有天才的创意而没有周全精当的媒体计划，广告效果会大打折扣。这个道理已被越来越多的广告人所认识。

那么，如何衡量一则影视广告是否有效呢？衡量的主要指标到底是哪些？下面，将仔细探讨影视广告效果测定的主要衡量指标问题。

影视广告广告效果测定常用的指标分为两类，一类是不含成本因素的指标，包括收视率（Rating）、总收视点（GRP）、到达率（Reach）、接触频次（Frequency）、有效接触频次（Effective Frequency）、目标观众总收视点（TARP）、媒体比重占有率（SOV）。另一类是含成本因素的指标，包括每千人成本（CPM，Cost Per Thousand）、每收视点成本（CPRP，Cost Per Rating Point）、每千人到达成本（CPR，Cost Per Reach）和投资占有率（SOS）。

（一）总收视点、到达率、接触频次

1. 总收视点（GRP）

在广告媒体计划中，总收视点（GRP）指特定时期内某一广告数次插播的收视率之和，如表 11-1 显示。由于总收视点的累加性，故 GRP 可以大于 100。

表 11-1　总收视点示例

插播	时间	收视率（%）
插播 1	19：15	37
插播 2	20：05	42
插播 3	21：30	28
		总收视点：107GRPs

2. 到达率

到达率指特定时间内接触某广告至少一次的非重复性的人数或家户数占观众总人数或总家户数的百分比。

3. 接触频次

接触频次指特定时间内观众收看广告的次数。三者的关系可以用公式表示为：

总收视点（GRP）= 到达率（Reach）×接触频次（Frequency）

即在总收视点一定的情况下，到达率越高则接触频次越低，到达率越低则接触频次越高，到达率与接触频次负相关。注意，这里到达率和总收视点虽然表示为百分数，但通常不标记百分比符号。

比如，某广告商在电视黄金时段每周购买数次插播达到 50 个总收视点，四周后到达大约 80%的观众，四周的总收视点为 200 点，则观众的平均接触频次为：200÷80 = 2.5 次。

一般说来，维护品牌知名度的广告活动，每周至少需要 100 个 GRP，开发一种新产品的广告活动，每周可能需要 200 个 GPF。一则广告刚开始在电视上露面时，由于每次插播都会接触到不少新观众，因此最初，随着总收视点的增加，到达率呈快速成长态势；当绝大部分观众已经接触到这一广告后，抵达新观众的势头开始放缓，直到再无新观众进入，即无论总收视点如何增加，到达率几乎不再上升。到达率在一个广告周期内的变化，一般遵循快速增长、平缓、停滞的规律。如图 11-1 所示。

不过，不同人群到达率的增长规律略有不同。专业白领阶层由于工作时间忙，对电视媒体的接触程度偏低，到达率建立了较慢；而老人、家庭主妇由于在家时间比较多，接触电视媒体的程度较高，因此，短时间内便可取得较高的到达率。

理论上说，由于人口众的一部分从不接触电视，因此，到达率只能接近这一市场的电视人口总数，而很难达到这个值。

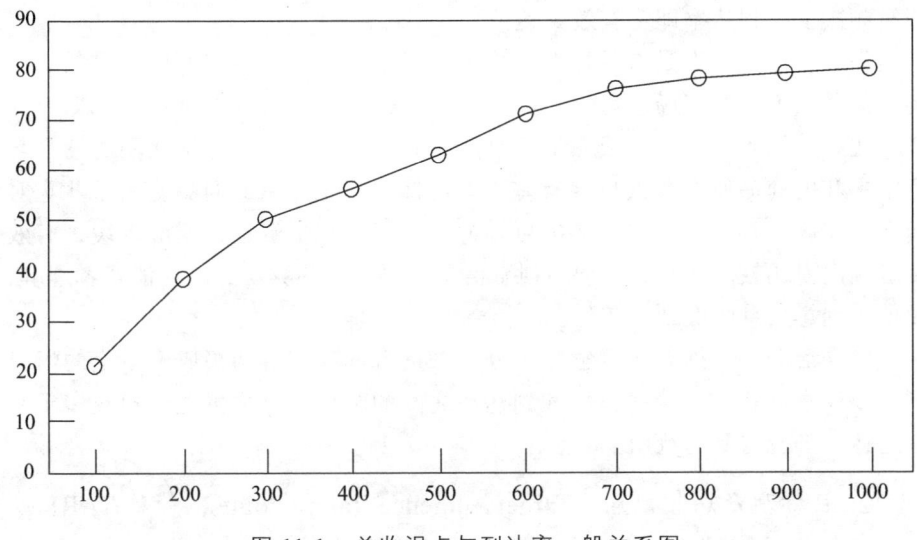

图 11-1　总收视点与到达率一般关系图

若将到达率转换为观众数，这个概念就是"累积观众"，即接触一则广告的不重复的观众人数。同理，当总收视点转换为实际观众人次时，这个概念则被称为总接触人次（或视听众总暴露度，Cross Impression）。

表 11-2 是一个送达 75%的到达率、平均 2.4 次接触频次的广告排期表。其总收视点经计算为 180（75×2.4）GRP，以每一个百分点的到达率代表 10 万人计算，则累积观众为 750 万人，也就是说有 750 万人接触过这个广告，平均每人接触频次为 2.4 次。因此，这条广告的总接触人次是 1800（750×2.4）万人次。

表 11-2　广告排期表示例

	百分比（%）	人数或人次（万）
到达率	75	—
累积观众	—	750
总收视点	180	—
总接触人次	—	1800
接触频次	2.4	—

（二）有效接触频次、目标观众总收视点、媒体比重占有率

1. 有效接触频次（Effective Frequency）

有效接触频次是指广告达到其诉求目的所需要的观众接触次数。在有效

接触频次上的到达率即为有效到达率。

一般认为,三次是有效接触频次的最低限。但是,不同的广告目的、品类和创意,不同的市场、竞争和目标群体,对有效接触频次有不同要求。

比如,导入期商品与成熟期商品所需频次会不一样;竞争激烈的商品与竞争平和的商品所需频次也会有差别。目标观众是儿童的商品,由于儿童对新事物充满好奇,有效接触频次可稍低;老年人记忆衰退,反应迟缓,有效接触频次得比较高才行。复杂的创意信息需要较高的频次,以利消费者理解,简单的创意信息频次则可较低。

广告活动可依据有效接触频次分配来进行。在广告购买成本一定的情况下,要注意寻找有效接触频次和到达率之间的契合点,尽可能避免花多于有效送达广告所需要的费用。

2. 目标观众总收视点(Target Audience Rating Points,简称 TARP)

目标观众总收视点指特定时间内某节目(或广告)的目标观众收视率之和。

而目标观众收视率,是指目标观众中收看该节目(或广告)的人数占目标观众总人数的百分比。

3. 媒体比重占有率(Share of Voice,简称 SOV)

媒体比重占有率指为投放比重占有率,是指某品牌商品的总收视点(或总接触人次)占该类别商品总收视点(或总接触人次)的百分比。SOV 是一个竞争性指标,可以衡量一类商品的某个品牌在该类商品收视率中所占的份额。

例如,表 11-3 显示某市场上品牌 A 和 B 在 1、2、3 月的总收视点(GRP)以及该类产品的总收视点,经过计算得出品牌 A 和 B 在不同月份中的媒体比重占有率。可以看出 1 月份 A 品牌与 B 品牌的 SOV 相同均为 30%,2 月份 A 品牌高于 B 品牌 5 个百分点,3 月份又高出 10 个百分点,一季度总共高出 6 个百分点。

显然,品牌 A 比品牌 B 所占有的媒体比重更高,品牌 A 的声音(Voice)要响亮一些。

表 11-3　品牌 A 和品牌 B 媒体比重占有率比较

	1月	2月	3月	总计
品牌 A 的 GRP	600	600	600	1800
品牌 B 的 GRP	600	500	400	1500
该类商品的 GRP	2000	1800	2100	5900
品牌 A 的 SOV	30%	33%	29%	31%
品牌 B 的 SOV	30%	28%	19%	25%

（三）每千人成本、每收视点成本、每到达点成本、媒体投资占有率

1. 每千人成本（Cost per Thousand，简称 CPM）

每千人成本指一则广告每送达一千人所花费的成本，或者说每获得一千个观众所需要的成本。（与此相仿的还有每千户成本。）它是关于广告成本效益的重要指标之一。公式如下：

$$每千人成本（CPM）=（广告成本/总接触人次）\times 1000$$

进行影视广告媒体投播计划时，经常会用到每千人成本指标。比如，节目 A 和节目 B 收视率分别为 20% 和 10%，实际观众分别为 2 千万和 1 千万，但是节目 A 中插播一个 30 秒广告的价格是 12 万，节目 B 中插播同样时长的广告价格是 3 万 6。由上述公式计算，我们可以分别得出这两档节目中广告的千人成本是：

（节目 A）CPM =（120 000/20 000 000）×1000 = 6（元）
（节目 B）CPM =（36 000/10 000 000）×1000 = 3.6（元）

从收视率来看，节目 A 比节目 B 高，但其千人成本也要比节目 B 多出 2.4 元。显然，在其他条件相同的情况下，选择节目 B 插播广告的成本要低一些。

当广告商对目标观众有特定要求时，便要重点比较目标观众的千人成本。比如上例中，假定该广告以女性为目标受众，而观看该节目 A 的女性为 15 000 000 人，观看节目 B 的女性为 4 000 000 人，则两档节目的目标观众千人成本分别为 8 元和 9 元。节目 A 的目标观众千人成本比节目 B 要低，选择节目 A 插播广告要更划算一些。

上述事例说明，尽管没有人会拒绝高收视率，但是一味追求高收视率以获取利润有时是不必要的。广告计划既要考虑收视率因素，也要考虑成本因素，还要考虑目标观众与目标消费者的重叠程度，它是一门在诸多因素作用下寻求最佳投入产出比的艺术。

2. 每收视点成本（Cost Per Rating Point，简称 CPRP）

每收视点成本，即每得到一个收视百分点所需花费的成本，也称为每毛评点成本或每点成本。CPRP 也可以基于户收视率来计算，或者基于目标观众收视率来计算。每收视点成本是另一个反映广告成本效益的指标，其计算公式是：

$$每收视点成本（CPRP）= 广告成本/所得到的总收视点$$

在预算一定的情况下，通过每收视点成本，我们可以计算实施一项广告

排期所能达到的总收视点。

比如，一项广告活动的总预算是10万元，广告排期中每收视点成本为500元，则预计能购买的总收视点（毛评点）为200个（100 000÷500）。假如这一市场中电视观众为1 000 000人，总接触人次为2 000 000（200%×1 000 000），则每千人成本为50元（100 000÷2 000 000×1000）。

在总成本一定的情况下，我们可以得到每千人成本和每收视点成本之间的关系为：

每千人成本 =（每收视点成本×总收视点）/总接触人次×1000

将上例数据导入公式，仍然可以得到每千人成本等于：

CPM =（500×200）/2 000 000×1000 = 50（元）

每千人成本和每收视点成本都是关于广告成本效益的指标。需要注意的是，由于不同视听市场人口规模不同，每一收视点所代表的人数是不一样的，换句话说，每收视点价值不同。当评估不同市场广告成本效益时，使用每收视点成本CPRP并不合适，最好使用每千人成本指标CPM。因为千人成本指标将收视点转换为实际收视人数，无论市场大小，评估都具有一定可比性。一般来说，每收视点成本指标适用于比较同一市场的广告成本效益。

3. 每到达点成本（Cost Per Reach，简称CPR）

每到达点成本是与成本因素有关的另一指标。每到达点成本是指每取得一个百分点的到达率所需花费的成本。这一指标近年来在广告的优化排期方法中运用较多。

4. 媒体投资占有率（Share of Spending，简称SOS）

媒体投资占有率也是一个与成本有关的指标，指某品牌的媒体投资量占该类别商品媒体投资总量的比例。

媒体投资占有率SOS经常与媒体比重占有率SOV一起使用，衡量某品牌广告在收视竞争中的情况。但与SOV不同的是，SOS突出媒体投资的份额，SOV强调的是效果。从SOS与SOV之比，可以大体看出媒体投资的效益。

（四）到达率、记忆率、喜欢程度、购买意愿程度

1. 到达率

到达率即所有消费者中看到了所投放电视广告的人群比例。到达率是第

一重要的指标，因为看到电视消费者受到电视广告的影响而购买产品的人数就可能越多。影响到达率的主要是媒体、投放时间、投放频次等常被用于评价媒体投放效果。测量到达率的最简单方法就是让消费者再次看到电视广告，并询问消费者是否曾过这支电视广告。到达率又被称为广告总认知度，它告诉我们多少人看到过广告。

2. 记忆率

记忆率即所有消费者中在没有任何提示的情况下就能够回忆起某支影视广告的比例。影视广告只有被到最大限度地影响消费者购买。在现代社会，消费者每天看到过的影视广告无以计数，很多广告片看过后转瞬忘得一干二净，看过了也没有用。影响广告记忆率的是电视广告创意水平的问题。影视广告创意越好，消费者看过可能记住广告制作的内容与宣传的品牌。记忆率又称无提示广告认知度，它告诉我们多少人记住了该广告。

3. 喜欢程度

喜欢程度即看过该广告片的消费者表示喜欢这支广告的人群比例与喜欢水平。研究表明，喜欢程度越高、购买产品的可能性就越高。一般情况下，企业应该尽量投放那些制作精美的广告，应该尽可能地让消费者喜欢并为这样会带来积极的购买决策；但如果企业做不到让消费者喜欢自己电视广告的程度，那么企业主一定要注意那些让消费者讨厌的影视广告，因为消费者一旦对广告片表现出不喜欢的情绪，将会有许多消费者降低广告喜欢程度（对广告的接受度）。

4. 影响购买意愿程度

影响购买意愿程度即广告片制作能够吸引所有消费者中多少人尝试所宣传的产品。影视广告的作用就尝试购买所宣传的产品，那么现在有多少广告片能够做到这一点呢？可能并不多。影响购买意愿程度也即购买会有多少人看到电视广告以后会去购买宣传的产品。

三、广告效果测定的程序

（一）确定总体目标

从事影视广告效果测定首先要确定研究的目标，以此作为收集材料和组织材料的基准和解释材料的依据。这些目标包括：影视广告表现手法；组成影视广告作品的各要素；广告不同时间段播出的相对价值；影视广告的可视性等。

（二）收集与研究目标有关的材料

收集相关材料即寻求研究目标相关的事实与证据。包括规定收集资料的范畴，说明收集资料采用的方法，记录资料使用的工具，确定调查人选，选择样本的范围和方法等。

（三）整理、分析和解释有关的材料

收集到资料后，必须将获得的资料加以整理、分析和解释，看它是否与原来的假设相符合，找出实际结果与预期目标的差距，分析产生差距的原因，寻求问题存在的症结。该步骤主要包括编辑整理、分类编排、统计汇总、分析研究四个环节。

（四）撰写测定总结报告

之后应对影视广告效果分析、检验、测定的结果做书面总结。报告基本内容包括以下三项：

1. 前言

前言一般有该次测评的目的，研究的问题及范围，测定影视广告效果的组成人员等。

2. 报告主题

报告主题包括测定的时间、地点、内容及结果的详细情况，测定、研究问题所用的方法，各指标的数量关系，计划与实际的比较，经验的总结与问题的分析，措施与建议及今后的展望。

3. 附件

附件包括样本分配，推算过程，图表及附录等。

第三节 影视广告效果测定的方法

关于影视广告效果测定的方法有很多，在此主要阐述影视广告本身效果测定方法及广告经济效果测定方法。

一、影视广告效果测定的主要相关理论

(一) 心理效应模式

从本世纪初开始,广告研究者就对广告传播对消费者的影响情况做了广泛的研究,积累了丰富的研究成果,形成了许多广告心理效应模式。这些形形色色的心理效应模式有一个明显的共同点,那就是它们都是从心理学的角度,来探究广告传播对消费者心理的作用机制及作用历程。同时,需要说明的是,由于不同的广告传播本身及其作用对象消费者都受到相当多的因素影响,无论哪种模式都有其不足的地方。但是,这些模式对我们理解广告的传播效果是非常有作用的。广告心理效应模式的表达方式比较多,在此选择两种主要的相关理论。

1. AIDA 模式（1925）：注意→兴趣→欲望→行动。
2. 科利（Colly）模式（1961）：未知→知晓→了解→信服→行动。
3. L&S（R. J. Lavidge & G. A. Steiner）模式（1961）：知晓→了解→喜欢→偏好→信服→购买。
4. 日本电通 CSP 模式（1968）：未知→知晓→理解→好感→欲求→行动。
5. 里奥贝纳广告公司的 CAPP（Continuous Advertising Planning Program）模式：未知→已知→接受→偏好→品牌购买→品牌满足。

上述五种模式中,AIDA（Attention, Interest, Desire, Action）模式是最早的模式,在学术界和广告行业内的影响都比较大,应当是最为经典的广告心理效应模式了。

科利模式由于与科利著名的"广告目标测定广告效果法"（Defining Advertising Goals for Measured Advertising Results,简称 DAGMAR）相关联而著名。

电通模式与科利模式等大同小异,而里奥贝纳广告公司的 CAPP 只是加入了品牌观念而已。

真正获得广泛认可的是 L&S（R. J. Lavidge & G. A. Steiner）模式,中文译为勒韦兹和斯坦纳模式。该模式不仅常常在广告研究理论界的研究中提及与引用,而且还称为许多企业及广告代理公司制定广告目的的理论基础。

勒韦兹和斯坦纳模式（L&S）实际上反映了一个比较完整的广告心路历程或广告作用于人的机制,即"认知反应→情感反应→行为意向反应"的模式。下面对此模式三阶段进行简要介绍：

（1）认知反应包括知晓与了解。

知晓（awareness）是指意识到或感觉（看到、听到等）到产品的存在，实际上是消费者对产品的最初接触；了解（knowledge）则是对产品的属性、功能、利益等方面的认识。

（2）情感反应包括喜欢（liking）和偏好（preference）。

喜欢是不排斥、不反感，持一种接纳的态度，但偏好则是在喜欢基础上有所选择，其情感的基础要强于喜欢。消费者出现偏好就容易形成忠诚的消费者。

（3）行为意向包括信服（convinced or persuaded）与购买（purchase）。

行为意向是广告营销传播的最终努力目标。

从（L&S）模式可以看出，消费者对广告传播的刺激可能会有一个心理反应的过程，不同的广告传播由于目的、内容、传播组合、诉求、表现等不同，可能会引起不同的心路历程。同时，消费者对广告传播刺激的反应也不一定就符合上述心路历程所描述的连续阶梯性特征。但是，广告心理效应模式向我们揭示了广告心理效应的历程与主要机制，这对于广告传播实践是非常有益的。

（二）DAGMAR 理论

1. DAGMAR 理论来源及核心

DAGMAR 的英文全称为 Defining Advertising Goals for Measured Advertising Results，即设定广告目标测定广告效果。它是 1961 年由美国企业管理顾问 Russell H. Colley 提出来的，行业内一直简称为 DAGMAR 理论。

DAGMAR 理论的核心是，预先设定广告目标，然后根据目标进行广告效果测定。其内在的逻辑是，首先确定一个效果的参照标准，广告传播活动后进行测定，看广告传播在预先设定指标（广告目标）上的达标情况。效果好坏的程度就是接近、达到或超过广告预设目标。

广告传播的功能是，通过广告传播刺激的作用，使消费者心理发生变化。即通过广告信息的传达，使消费者知晓、理解、记忆所广告的品牌或企业，争取消费者态度向所期望的方向转变，最终能导致购买行为。因此，用 DAGMAR 理论进行广告传播效果测定的理论前提是，广告传播心理效应的阶段性或阶梯性。

那么在广告目标的设定上，就应当按照如经典的 L&S 心理模式所展示的由认知反应→情感反应→行为意向反应的阶段性及效果的阶梯性。通过设定广告的知晓、认知、偏好、行为指标，就可以进行广告传播效果的测定。

2. DAGMAR 理论测定广告传播效果的基本步骤

DAGMAR 理论测定广告传播效果的基本步骤为设定广告传播目标→实施广告传播→效果测定→效果评估。

在设定广告目标时，应当充分综合考虑营销策略、产品的所处的竞争环境及现状、广告功能、广告投入、创意表现等要素的具体特点，具体的测定方法是：

（1）在广告活动开始前，对品牌或企业，就"知名""理解""好感"指标的消费者调查，将结果作为"广告传播效果的参照点"。

（2）在广告活动期间，定期的反复实施同样的调查。将每个时期的调查结果与参照点结果相比，其知名、理解、好感的增量部分，就是传播效果。

3. DAGMAR 理论的传播效果

DAGMAR 理论考虑的重点是广告的传播效果，而不是销售效果。从该理论的侧重点可以看出对广告营销效果的认识，即广告传播只是众多营销手段中的一种，销售是众多营销手段共同努力的结果。因此，尽管广告传播的最终目的是实现销售，但广告传播本身不能直接承担销售功能，用销售量去衡量广告传播效果是不合理的。

同时，由 DAGMAR 理论所形成的广告传播效果阶段性与阶梯性测定方法，是在广告心理效应的一般模式前提下进行设计的。即大多数的消费者，一般会经过知晓→理解→偏好→行动几个阶段而实现购买的。然而，实际购买行为的做出却又是多样化的——有的是对购买品牌一无所知的情况下由销售人员推荐而购买、有的因为在售点临时碰上感觉好而购买、有的因为促销而购买、有的因为方便而购买，等等。因此，一方面不能用广告心理效应的一般模式去套所有的购买行为；另一方面，也不能因为实际购买行为的多样性而否认多数人的一般购买行为规律。

二、影视广告本身效果测定方法

影视广告本身效果测定主要指影视广告的形象效果、传播效果、社会受众的心理效果的测定。主要测定影视广告作品引起受众心理效应的大小，包括对广告信息的注意、兴趣、情绪、记忆、理解等心理活动的反映。较为常用的方法有：判定法、配对法、评分法、问答法、衡态法、机械法、访查法、回忆法等多种。

1. 判定法（价值序列法）

判定法即考察受众对影视广告的评价，认为最好的影视广告列为首位，次为第二位、第三位，以此顺序来判定影视广告作品的价值。

2. 配对法

该法是指请受众每次对两则影视广告作出比较评判。测评内容可包括影视广告作品的主题、创意、表现形式、广告语等全部内容。

3. 评分法

此法将播出的影视广告各要素列表，让消费者逐项评分。得高分，则效果好。可邀请受众直接参加，也可以散发表格，请受众逐一评分。

4. 问答法

在影视广告播出后，向收视者提出问题，要求即时回答，以测试受众的理解度和记忆度的方法称为问答法。

5. 衡态法

衡态法着重测试消费者对影视广告的态度。衡态法在具体运用中又可分为差别法、三性法、改变法和奖励法。差别法用以鉴定受众态度与影视广告创作者初衷之差别；三性法用以衡量影视广告妥善性、独特性和可信性；改变法用来测定受众对某则影视广告接收前后的态度改变过程；奖励法用同类不同品牌的奖品的喜爱度来评判广告效果的好坏。

6. 机械法

机械法指用各种仪器来测定广告效果。如用视向器、电位器、视听器等。

7. 访查法

访查法指直接派人调查受众对影视广告反应的方法。具体方式有电话法、日记法、访问法等。

8. 回忆法

回忆法又称复述法、影响测定法。主要请受众回忆某产品或服务的影视广告，根据其复述情况来测试影视广告的影响力。

三、影视广告的经济效果测定方法

影视广告的经济效果就是广告的促销力，因此又称为广告的销售效果。测评影视广告的销售效果的方法主要有统计法和实验法。

（一）统计法

指运用统计有关原理与运算方法，推算广告费与商品销售方面的增长情况，测定广告效果。运用统计法测定广告效果常用办法如下：

1. 广告费比率法

$$广告费比率=广告费/销售量\times100\%$$

广告费比率愈小，广告效果愈大。

2. 广告效果比率法

$$广告效果比率=销售量增加率/广告费增加率\times100\%。$$

用广告效果比率法计算，广告费增加率越小，则广告效果比率越大，广告效果越好。

3. 广告效益法

$$R=(S_1+S_2)/P$$

R=每元广告效益。S2=本次影视广告发布后的平均销售量。S1=未做影视广告前的平均销售量。P=广告费用。广告效益得数越大则广告效果越好。

4. 市场占有率法

$$市场占有率=本产品销售量/同类产品销售量\times100\%$$

$$市场占有率提高率=\frac{单位广告费销售增加量}{同行同类产品销售总量}\times100\%$$

（二）实验法

该法又称现实销售效果法，是有计划地进行实地的广告试验，考察广告效果的一种测试法。实验法有以下几种：

1. 费用比较法

利用现场广告投资的不同，来考察广告效果的测定法。如某公司发布同一影视广告时所选定的三个地区，广告费投放量多少不一，经过一段时间后，考察各地销售量的变化，以获取广告效果与广告费之间的关系。

2. 区域比较法

区域比较法即选择几个条件类似的地区来检验广告效果。在各地区实施广告的时机、方式、发布时间有所不同，从促销情况观测广告效果。

3. 媒体组合法

媒体组合法即在条件相近的发布区内，以不同的媒介方式发布广告，经过一段时间，汇总各区销售情况，以作比较，分析广告效果。

4. 分割接触法

该法用于判定促销活动与广告配合对销售量的影响。如选择 A、B 两个地区，A 地只发布广告，停止一切其他促销活动；B 地既发布广告又进行各种促销活动。经过一段时间后，将两地销售量进行比较，测出广告成效在促销活动中所占的比重。

四、影视广告效果测试操作实务
——"志中大红袍"茶饮料电视广告毛片效果测试

（一）测试目的

本次测试旨在确定志中大红袍茶饮料电视广告毛片的播放可能性。

（二）测试内容

测试在一组插播广告中，志中大红袍茶饮料广告片的各项指标得分。

测试在不同长度的志中大红袍茶饮料广告片中，每一广告的各项指标得分。

（三）测试指标

本次测试指标有：首次注目率、广告特征评价、记忆率、好感度、行为意向。

（四）测试方法

测试方法包括问卷法、深度访谈法。

（五）测试准备

1. 仪器准备

包括手提电脑一台、投影仪一台、数字监控、录音录像设备、统计软件 SPSS。

2. 人员准备

放映员兼杂务 1 名，现场访问员 5 名，测试对象 50 名。

测试对象的筛选条件如下：

（1）茶饮料重度消费者 20 名，茶饮料中度消费者 20 名，茶饮料轻度消费者 10 名。

（2）15 岁以下消费者 10 名。16~25 岁消费者 30 名，25~35 岁消费者 10 名。

3. 文件准备

（1）广告片。

混放广告片一组，共 10 则，其中，非茶饮料广告 2 则，茶饮料广告 1 则，即要测试的广告毛片。

志中大红袍茶饮料广告片一组，包括 5 秒、10 秒、30 秒各一个。

（2）问卷。

问卷一示例：

在你刚才所看过的广告中，你现在第一想起的是哪一个？是关于什么的广告？

除了这一个，你还能想起哪几个？是什么内容？

对你第一想起的那个广告，你能仔细描述一下它的情节吗？

对你第一想起的那个广告，给你最深刻的细节是什么？

这里共有 3 支饮料广告，你记忆最深刻的是哪一支？

在播放的广告中，有一个茶饮料广告，你记得它的品牌名吗？

这个茶饮料广告的主要情节是什么，能描述一下吗？

你能认出广告中的女主角是谁吗？

你对这个茶饮料广告的总体打分是：（百分制）

你对这个茶饮料广告的好感度打分是：（百分制）

……

问卷二示例：

在这三个不同长度的广告片中，你最喜欢哪一个？

在理解度方面，你认为最好理解的是哪一个？（秒）

在记忆度方面，你认为记忆最深刻的是哪一个？（秒）

在简洁有力方面，你认为最后的是哪一支？（秒）

你希望你电视上看到哪一长度的广告片？（秒）

总的说来，你觉得这支广告片的动感程度得分是：（百分制）

你觉得这支广告片的青春程度得分是：（百分制）

你觉得这支广告片的浪漫程度得分是：（百分制）

你觉得这支广告片的清新程度得分是：（百分制）

你觉得这支广告片的幽默程度得分是：（百分制）

这支广告片是否能打动你？

看了这支广告片，在质量保证的情况下，是否会考虑购买该饮品？

……

（3）其他。

准备圆珠笔10支，水果若干，纸杯50个，礼品50份。

（六）测试步骤

1. 第一阶段：混放插播广告阶段

邀请5名被测试人员同时测试。

投影仪，手提电脑及广告片准备就绪。

安排测试人员就座，先请他们放松。

保证实验室安静，开始放映第一轮广告片。

放映完毕，将5位测试人员分别安排在实验室的不同位置，使之相互间不能有太大的干扰，一名访问员负责一名测试人员。

放映完毕5分钟以后，发给测试人员第一份测试问卷和笔，请他们填写。访问员在一旁监督其认真填写，但不能有任何提示。

测试人员填写完毕以后，各自的访问员收回其问卷，进行检查，进行一对一的深度访谈。对回答不清楚的地方进行进一步追问。追问时，不能有任何提示，访问员记录其原话。

访谈结束，将问卷统一存放。

第一阶段测试结束后，请测试人员休息10分钟，给各位到水，发水果，使其放松。

2. 第二阶段：同一广告毛片测试

请5名测试人员就座。

保证实验室安静，开始放映第一轮广告片。

放映完毕，将5位测试人员分别安排在实验室的不同位置，使之相互间不能有太大的干扰，一名访问员负责一名测试人员。

放映完毕5分钟以后，发给测试人员第一份测试问卷和笔，请他们填写。访问员在一旁监督其认真填写，但不能有任何提示。

测试人员填写完毕以后，各自的访问员收回其问卷，进行检查，进行一对一的深度访谈。对回答不清楚的地方进行进一步追问。追问时，不能有任何提示，访问员记录其原话。

访谈结束，再一次检查问卷将问卷统一存放。

全部测试结束,将问卷的有关数据输入电脑,用 SPSS 软件进行统计分析,得出结论,测定这一支广告片是否适合目标消费者,以及不同长度广告片之间的播放组合。

五、延伸阅读——AC 尼尔森的影视节目及广告收视率调查法

在电视行业竞争越来越激烈的今天,收视率已成为测定电视节目水准的重要指标。作为美国最权威的全国收视率测定媒介公司——AC 尼尔森收视调查公司,其测定的方法值得我们学习与借鉴。

(一) AC 尼尔森公司简介

AC 尼尔森公司由亚瑟·尼尔森爵士创立于 1923 年,到现在已成为全球领先的市场研究、咨询和分析服务的提供者,其服务对象包括消费产品和服务行业,以及政府和社会机构。在全球 100 多个国家里有超过 9000 的客户依靠 AC 尼尔森认真负责的专业人士来测量竞争激烈的市场的动态,来理解消费者的态度和行为,以及形成能促进销售和增加利润的高级分析性洞识。AC 尼尔森收视调查公司是亚瑟·尼尔森 1923 年创建的公司的一部分,也是美国最早的调查公司之一。当时,为迅猛发展的无线电广播和广告业进行受众人数的测定。20 世纪 50 年代,尼尔森收视调查公司又创建了电视广播与广告企业,几十年来一直提供电视业的全国正式测定服务。

(二) AC 尼尔森收视调查公司使用的调查方法

首先测定家庭样本,进而采用仪器法和日记法,以及仪表与日记结合的方法,偶尔也用"电话对对碰"的方法。

1. 关于家庭样本

AC 尼尔森收视调查公司选择 5000 个家庭,他们是全美 50 个州和一个华盛顿特区有电视机的家庭的代表。AC 尼尔森收视调查公司为每个美国电视家庭提供均等的被选机会,一旦家庭被选中并同意参加,公司就会对他们的身份保密,从而保护他们的隐私。

2. 仪器法(即安装收视统计器,主要用于全国的测定服务)

在特选的家庭样本里,AC 尼尔森收视调查公司的技术人员在电视机、录像机、电缆箱(甚至是卫星反射器)上安装成套的测量仪表。其中有一个附件叫做收视统计器,是一个有一本精装书那么大的盒子,放在电视机上或电

视机附近。这个盒子有为在家里的每个人指定的按钮和响应的指示灯，还有一个遥控器，可以在房间任何一个地方操作收视统计器。

3. 日记法（主要用于地方电视观众的测定）

为了测定地方电视的观众，AC尼尔森收视调查公司通过电视日记和小册子收集电视的收看信息。样本观众在这些日记和小册上记录他们在测定周内收看电视的情况。公司每年的2月、5月、7月和11月，一年四次对全国210个电视市场逐一通过日记进行测定。

4. 仪表与日记结合的方法

AC尼尔森收视调查公司还在49个全国最大的市场区域内，利用已安装的仪表（不包括收视统计器）所显示的资料与日记资料综合起来进行分析。

5. "电话对对碰"的方法

有时候，为一些专门的研究，也采取"电话对对碰"的方式。拨打上千个随机选取的电话号码，进行相关问题询问。

收视调查公司调查的是一连串的数据，但这些数据的背后是收看电视的人。因此，收视率不单单是一个收视指标，而是通过开机率等能够反映出受众的爱好和习惯、收视行为、价值取向、地域差别、娱乐方式、消费水平等综合情况。

AC尼尔森公司一共跟踪1700多家电视台和11 000个有线网，以一次数据库为出发点，可以了解所有为观众提供电视节目的网络、辛迪加经营者、有线网和电视台的收视情况。而跟踪电视正播出的广告是AC尼尔森收视调查公司提供的另一项服务。使用一种无源电视信号识别技术，可以连续监控电视台的广告，并把它们转换成数码"指纹"。然后把这些指纹与来自上千个各种广告的计算机指纹进行对比，并随时在可能的时候自动进行识别。用这种资料可以编制报告，详细汇报电视广告播出的时间和地点。

本章思考题

1. 传播效果和销售效果有什么异同？
2. 评估广告效果的意义是什么？
3. 广告效果测定的原则是什么？
4. 如何使用DAGMAR理论来测定广告传播效果？
5. 如何测定影视广告的经济效果？

参考文献

一、普通图书

[1] 阿伦斯. 当代广告学[M]. 北京: 人民邮电出版社, 2006.
[2] 崔银河. 广告媒体研究[M]. 北京: 中国传媒大学出版社, 2008.
[3] 赵惠霞. 广告美学[M]. 北京: 人民出版社, 2007.
[4] 孙守安. 广告文化学[M]. 沈阳: 东北大学出版社, 2008.
[5] [英]尼克·史蒂文森. 认识媒介文化[M]. 北京: 商务印书馆, 2001.
[6] 张金海. 广告的现实生存与未来发展[M]. 武汉: 武汉大学学报, 2009.
[7] 饶德江. 广告创意与表现[M]. 北京: 中央广播电视大学出版社, 2001.
[8] 段如轩. 广告创意与表现[M]. 北京: 化学工业出版社, 2001.
[9] 丁俊杰, 康瑾. 现代广告通论[M]. 2版. 北京: 中国传媒大学出版社, 2007.
[10] 邬晓光, 张晓. 广告文案写作[M]. 北京: 机械工业出版社, 1991.
[11] 方蔚林. 现代广告写作[M]. 北京: 中国人民大学出版社, 1998.
[12] 韩平. 广告策划与设计[M]. 北京: 高等教育出版社, 2006.
[13] 高志宏, 徐智明. 广告文案写作[M]. 北京: 中国物价出版社, 1997.
[14] 丁俊杰, 乔均. 中国广告业生态环境[M]. 北京: 中国工商出版社, 2003.
[15] 程宇宁. 广告文案创意[M]. 武汉: 中南工业出版社, 1999.
[16] 丁柏铨. 广告文案写作教程[M]. 上海: 复旦大学出版社, 2002.
[17] 郭庆光. 传播学教程[M]. 北京: 人民大学出版社, 2004年版.
[18] 张殿元. 广告视觉文化批判[M]. 上海: 复旦大学出版社, 2007.
[19] 陈绚. 广告道德与法律规范教程[M]. 北京: 中国人民大学出版社, 2002.
[20] 刘泓. 广告社会学[M]. 武汉: 武汉大学出版社, 2006.
[21] [美]汤·狄龙. 怎样创作广告[M]. 刘毅志, 译. 北京: 中国友谊出版社, 1991.
[22] [美]威廉·阿伦斯. 当代广告学[M]. 7版. 北京: 华夏出版社, 2000.
[23] 倪宁. 广告学教程[M]. 北京: 中国人民大学出版社, 2004.

[24] [德]瓦尔特·玄纳特. 广告奏效的奥秘[M]. 北京：民主与建设出版社，2001.

[25] 于根元. 广告语言规范[M]. 北京：语文出版社，1995.

[26] 王多明. 广告写作技巧[M]. 成都：西南财经大学出版社，2000.

[27] 张岱年，方克立. 中国文化概论[M]. 北京：北京师范大学出版社，2003.

[28] 肖建春，等. 现代广告与传统文化[M]. 成都：四川人民出版社，2002.

[29] 王志华，周祖城. 营销伦理[M]. 上海：上海交通大学出版社，2005.

[30] 克利福德·G. 克里斯蒂安，等. 媒体伦理学[M]. 北京：华夏出版社，2002.

[31] 田卉，齐立稳. 广告策划[M]. 北京：中国广播电视出版社，2011.

[32] 张翔，罗洪程. 广告策划——基于营销的广告思维架构[M]. 长沙：中南大学出版社，2003.

[33] [美]乔治·贝尔奇，迈克尔·贝尔奇. 广告与促销——整合营销传播视角[M]. 北京：中国人民大学出版社，2009.

[34] 饶德江. 广告策划[M]. 武汉：武汉大学出版社，2002.

[35] 黄升民，段晶晶. 广告策划[M]. 北京：中国传媒大学出版社，2006.

[36] 凯文·莱恩·凯勒. 战略品牌管理[M]. 北京：中国人民大学出版社，2008.

[37] 黄维梁. 消费者行为学[M]. 北京：高等教育出版社，2005.

[38] 李平云. 电视制作[M]. 北京：中国电影出版社，1993.

[39] 聂鑫. 影视广告学[M]. 北京：文化艺术出版社，1999.

[40] 张会军. 电影摄影画面创作[M]. 北京：中国电影出版社，2003.

[41] 吕志昌. 影视美术设计[M]. 北京：中国传媒大学出版社，2009.

[42] 宫林. 中国电影专业史研究——电影美术卷[M]. 北京：中国电影出版社，2007.

[43] 王鸿海. 银幕造型——与中国当代电影美术师对话[M]. 北京：中国电影出版社，2003.

[44] 刘平. 电视广告学[M]. 成都：四川大学出版社，2003.

[45] 刘瑞武. 应用广告原理[M]. 北京：高等教育出版社，2004.

[46] 狄源沧. 世界摄影大师·布列松[M]. 南京：江苏美术出版社，1998.

[47] 张金海. 经典广告案例评析[M]. 武汉：武汉大学出版社，2001.

[48] 马斯洛. 人类激励理论[M]. 许金声，等，译. 北京：中国人民大学出版社，2007.

[49] 孙武. 孙子兵法[M]. 郭化若，译. 上海：上海古籍出版社，2006.

[50] 〔汉〕王符，〔清〕汪继培笺. 潜夫论笺校正（新编诸子集成）[M]. 中华

书局，1985.

[51] 王晓华. 广告效果测定[M]. 长沙：中南大学出版社，2004.

[52] 樊志育. 广告效果测定技术[M]. 上海：上海人民出版社，2000.

[53] 胡晓云. 从引进到建构——日本的广告效果研究与实战[M]. 杭州：浙江大学出版社，2003.

[54] [美]泰利斯. 广告效果评估——广告何时、如何何为什么有效[M]. 李洋，张奕，晓卉，译. 北京：中国劳动社会保障出版社，2005.

[55] 江帆. 广告媒体策略[M]. 杭州：浙江大学出版社，2004

[56] 冯江平. 广告心理学[M]. 上海：华东师范大学出版社，2005.

二、报刊文献

[57] 陈怡，李月月. 2016年广告主媒体策略三大变化[J]. 中国传媒经营，2017（01-02）.

[58] 何晓兵. MTV镜头结构研究[J]. 电视研究，1996（3）.

[59] 李静. 炫彩卡姿兰时尚新气象 卡姿兰2009年电视媒介策略透视[J]. 广告人，2009（9）.

[60] 何小青. 符号消费与广告伦理[J]. 湖南师范大学社会科学学报，2007（1）.

[61] 赵雪松. 不同消费群需求心理的产品设计研究[J]. 甘肃科技纵横，2008（1）.

[62] 姜智彬. 网络广告传播中的文案写作特点[J]. 阅读与写作，2007（3）.

[63] 金岚. 浅谈广告辞写作与消费者心理的关系[J]. 铜陵财经专科学校学报2000（4）.

[64] 曹志耘. 广告语言研究面临的课题：深化和实用化[J]. 语言文字应用1994（1）.

[65] 胡轶男. 试论影视广告美术的特征及其作用[J]. 长春大学学报，2002，12（2）.

[66] 傅秀政，陈磊. 论影视广告摄影技巧的应用[J]. 新闻界，2010（5）.

[67] 杨国太. 浅谈人像摄影技巧[J]. 老年教育：书画艺术，2012（6）.

[68] 李鸿明. 探析影视广告的视觉审美效用[J]. 电影评介，2011（22）.

[69] 杨剑彬. 故事型影视广告的创作技巧[J]. 经济视野，2012（9）.

[70] 小忘. SHOOT!大师班为你打造最完美的摄影技巧改进计划——直面阳光[J]. 影像视觉，2012（5）.

[71] 高雅黎. 从广告制作入手提高气象广告收视率[J]. 陕西气象. 2005（2）.

[72] 黄建宇. 影视广告现象与影视广告制作[J]. 电影文学, 2007（16）.

[73] 郝春艳. 对文科实验教学的几点认识[J]. 实验室科学, 2006（5）.

[74] 杨恒, 欧阳玮. 电视摄像实验常见问题的对策研究[J]. 科技信息（学术研究）, 2007（16）.

[75] 林之达, 郭晴. 论传播效果的层级性[J]. 成都大学学报社科版,2004(4).

[76] 杨毅, 董大海, 宋晓兵. 基于传播视角的广告效果实证研究[J]. 中国工业经济, 2005（1）.

[77] 刘德寰, 陈斯洛. 广告传播新法则: 从 AIDMA、AISAS 到 ISMAS[J]. 广告大观: 综合版, 2013（4）.

三、其他文献

[78] 赵丽. 论现代广告创意中的情感诉求[D]. 西安: 西安美术学院, 2007.

[79] 杨晓强. 从符号的双轴关系看广告传播中意义的增值[D]. 成都: 成都医学院, 2008.

[80] 崔书颖. 球形思维模式: 解构广告创意[D]. 开封: 河南大学, 2006.

[81] 宋鑫. 新媒体环境下的广告创意研究[D]. 郑州: 郑州大学, 2011.

[82] 王爱武. 我国广告创意的影响因素分析[D]. 南昌: 江西师范大学, 2008.

[83] 李斌. 大陆影视广告创意的制约因素及发展思路[D]. 苏州: 苏州大学, 2004.

[84] 腾讯视频. 百事可乐 把乐带回家 2014 系列广告[EB/OL]. https: //v. qq. com/x/cover/ffcekl9jl59qfdc. Html, 2014-01-07.

[85] 酷 6 视频. 雀巢咖啡: 味道好极了经典广告[EB/OL]. http: //v. ku6. com/show/6D6kPEFPLjLAb0fmDTNSXw…html, 2009-09-25.

[86] 搜狐娱乐. 洗脑不难!《王牌特工》到底在兜售哪些东西？[EB/OL]. http: //yule. sohu. com/20150402/n410692374. Shtml, 2015-04-02.

[87] 中央电视台广告部. 相信品牌的力量[EB/OL]. https: //baike. baidu. com/item/%E7%9B%B8%E4%BF%A1%E5%93%81%E7%89%8C%E7%9A%84%E5%8A%9B%E9%87%8F/10906438?fr=Aladdin, 2016-04-07.

[88] 爱奇艺. 南方黑芝麻糊广告, 吃的就是怀旧[EB/OL]. http: //www. iqiyi. com/w_19rsp51evt. Html, 2009-06-17.

[89] 腾讯视频. 百威敬真我[EB/OL]. https: //v. qq. com/x/page/b0306d548dd. Html, 2015-07-24.

[90] andatum Life 特效广告短片欣赏 Jokaviides[EB/OL]. http: //www. newcger. com/cg/16739. Html, 2016-03-23.

[91] 石涛. 看山图立轴[EB/OL]. http: //3g. zhuokearts. com/html/auction/art/detail/2004/10/31/26044331. Htm, 2004-10-31.

[92] 腾讯视频. 公益广告: 他忘记了很多东西, 却从未忘记爱你[EB/OL]. https: //v. qq. com/x/page/y015729gv2y. html, 2015-06-17.

[93] 爱奇艺. 环保公益广告《污染的画》[EB/OL]. http: //www. iqiyi. com/v_19rrl0ycdc. Html, 2016-03-29.

[94] 太平洋摄影博客. 光影中的沼泽山雀（俗称红子）[EB/OL]. http: //dp. pconline. com. cn/dphoto/list_3530685. Html, 2015-06-06.

[95] 10大摄影常用的构图方式[EB/OL]. http: //blog. sina. com. cn/s/blog_80fb4b440102vzqt. Html, 2015-12-31.

[96] 雅趣摄影学院, 论坛. 对称式构图, 我的最爱[EB/OL]. http: //www. yaquphoto. com/bbs/forum. php?mod=viewthread&tid=201, 2012-07-04.

[97] 黑光婚尚. 框架式构图——婚礼摄影中最实用的构图[EB/OL]. http: //h. heiguang. com/hlr/ht/20150817/256_6. Html, 2015-08-17.

[98] 爱奇艺. 央视春节公益广告《感谢不平凡的自己》[EB/OL]. http: //www. iqiyi. com/v_19rrgymz58. Html, 2014-01-29.

[99] 优酷. adidas Originals I am not a Superstar[EB/OL]. http: //v. youku. com/v_show/id_XODcxNzIyNjgw. Html, 2015-01-14.

[100] 王老吉凉茶官方网站. 怕上火认准正宗王老吉[EB/OL]. http: //brand. wljhealth. com/brand/center/,2017-05-16.

[101] 腾讯视频. 乐百氏纯净水系列广告《流畅篇》[EB/OL]. https: //v. qq. com/x/page/k0165bu4zzx. Html, 2015-09-14.

[102] 爱奇艺. 原来生活可以更美的[EB/OL]. http: //www. iqiyi. com/w_19rrfhcr8h. html ① BURGER KING® 汉堡王[EB/OL]http: //www. bkchina. cn/, 2014-01-29.

[103] 力士中国官网[EB/OL]. http: //www. luxstyle. com. Cn, 2017-09-04.

[104] 欧米茄腕表: 碟飞系列[EB/OL]. https: //www. omegawatches. cn/cn/watches/de-ville/,2017-09-04.

[105] 优酷. 雕牌洗衣粉广告《懂事篇》[EB/OL]. http: //v. youku. com/v_show/id_XMTUxNzQwMDg2OA==. Html, 2016-03-30.

[106] 爱奇艺. 章子怡出演的可口可乐广告最后一罐篇[EB/OL]. http: //www. iqiyi. com/w_19rte79svx. Html, 2016-01-13.

[107] 搜狐新闻. 丰田"霸道"广告惹风波 杂志向读者道歉[EB/OL]. http: //media. news. sohu. com/2003/12/04/72/news216437235. Shtml, 2003-12-04.

[108] 哔哩哔哩.【全3篇】不平凡的平凡大众——台湾大众银行感人广告[EB/OL]. http: //www. bilibili. com/video/av595869/?from=search&seid= 474318650140303918, 2013-06-09.

[109] 汉狮影视广告公司. 劲霸男装案例分析[EB/OL]. http: //cn. hans-ad. com/site/theory_article. aspx?article_id=7, 2012-11-03.

[110] 爱奇艺. 益达口香糖广告《酸甜苦辣 1-2》完整版[EB/OL]. http: //www. iqiyi. com/w_19rrt7dexd. Html, 2015-07-18.

[111] 优酷. 强生因爱而生倍柔湿巾[EB/OL]. http: //v. youku. com/v_show/id_ XNzQ5OTM3ODI4. Html, 2014-08-02.

[112] 优酷. 农夫山泉：我们不生产水，我们只做大自然的搬运工[EB/OL]. http: //v. youku. com/v_show/id_XNjk4NzU1NDUy. html?spm=a2h0k. 8191407. 0. 0&from=s1. 8-1-1, 2014-04-14.

[113] 优酷. 荣昌肛泰系列广告《铁人三项》篇, 2008 年, 每日视界广告作品之荣昌肛泰系列[EB/OL]. http: //v. youku. com/v_show/id_XMjky Nzk0 ODUyNA==. html?spm=a2h0k. 8191407. 0. 0&from=s1. 8-1-1. 2, 2017-07-28.

[114] 优酷. 丁桂儿脐贴广告《气球篇》, 2008 年, 亚宝丁桂儿脐贴—气球篇 60 秒 [EB/OL]. http: //v. youku. com/v_show/id_XNTEzMTI5MzA0. html?spm=a2h0k. 8191407. 0. 0&from=s1. 8-1-1. 2, 2013-02-10.

[115] 优酷. Somersby 广告 模仿苹果 Apple Store[EB/OL]. http: //v. youku. com/v_show/id_XNTMzODQyMTIw. html?spm=a2h0k. 8191407. 0. 0&from= s1. 8-1-1. 2, 2013-03-28.

[116] 1 号店 –《不二之选》– 驴子篇[EB/OL]. http://v.youku.com/v_show/id_ XNzYzMDk1NTIw.html?spm=a2h0k.8191407.0.0&from=s1.8-1-1.2, 2014-08-28.

[117] 爱奇艺.【跑酷世界】推荐！英国跑酷美女 Katie McDonnell 广告 [EB/OL]. http://www. iqiyi. com/w_19rs5kkael. Html, , 2015-04-14.

[118] 爱奇艺. 起亚超级碗系列《太空婴儿》广告[EB/OL]. http: //www. iqiyi. com/v_19rrgja4ko. Html, 2013-07-30.

[119] 优酷. 阿迪达斯《群星璀璨》广告[EB/OL]. http: //v. youku. com/v_ show/id_XMjU0Mzk0MTI0. Html, 2011-03-28.

[120] 优酷. Adobe Creative Suite 5 系列《Production Premium. 》广告[EB/OL]. http: //v. youku. com/v_show/id_XMTY4Nzk5MzMy. Html, 2010-04-28.

[121] 土豆. 兰博基尼 LP560-4 跑车广告[EB/OL]. http: //v. youku. com/v_ show/id_XMTY4Nzk5MzMy. Html, 2014-11-05.

[122] 爱奇艺. 韩国可口可乐广告《无限挑战》[EB/OL]. http: //baidu. iqiyi. com/watch/2615133420209078802.html?page=videoMultiNeed, 2017-05-21.

[123] 腾讯视频. 中澳家和记《舌尖上的鱼丸》[EB/OL]. https: //v. qq. com/x/page/q0171de77ut. Html, 2015-11-02.

[124] 爱奇艺. 三菱汽车广告《回家的路》[EB/OL]. http: //www. iqiyi. com/w_19rr12ryyp. Html, 2014-03-15.

[125] 哔哩哔哩. 美国联合航空香港经典广告《男孩女孩》. [EB/OL]. http: //www. bilibili. com/video/av13229413/,2013-06-09.

[126] 音悦台. BBC Radio 广告《My way Elvis 夏威夷演唱会版》[EB/OL]. http: //v. yinyuetai. com/video/397734, 2012-04-19.

[127] 优酷. 多芬男士洗发水广告[EB/OL]. http: //v. youku. com/v_show/id_XNTU0MzgzMzg4. Html, 2013-05-09.

[128] 优酷. agostina[EB/OL]. http: //v. youku. com/v_show/id_ XMjU1MD A4 ODQ0. html?spm=a2h0k. 8191407. 0. 0&from=s1. 8-1-1. 2, 2011-03-31.

[129] 爱奇艺. 百事广告《把乐带回家》. 2012 年[EB/OL]. http: //www. iqiyi. com/w_19rqzo9o21. Html, 2014-04-10.

[130] 腾讯视频. 一汽大众奥迪微电影广告《生活相对论〈进〉杭州篇》[EB/OL]. https: //v. qq. com/x/page/x0126cuyp95. Html, 2014-03-09.

[131] 爱奇艺. 香奈儿五号香水微电影《列车邂逅篇》广告. [EB/OL]. http: //www. iqiyi. com/w_19rt72sy2x. html, 2015-12-19.

[132] 台湾电影《一页台北》[EB/OL]. http: //v. baidu. com/movie/15762. htm?fr=ala7&ty=21, 2010-04-02.

[133] 优酷. 金纺洗衣液《柔软篇》广告[EB/OL]. http: //v. youku. com/v_show/id_XNDYxMjE1NjE2. Html, 2012-10-13.

[134] 爱奇艺. 华为 P7 手机海外广告《手机玩整形》[EB/OL]. http: //www. iqiyi. com/w_19rsibj8n1. Html, 2014-06-04.

[135] 优酷. BIC 剃须刀刮的太光滑了,女儿以为爸爸是妈妈[EB/OL]. http: //v. youku. com/v_show/id_XMjAyMDE2Njgw. Html, 2010-08-29.

[136] 腾讯视频. 法国依云矿泉水广告《Baby and Me》[EB/OL]. https: //v. qq. com/x/page/q01635zaci9. html#vfrm=2-3-0-1, 2015-08-21.

[137] 腾讯视频. Life Vest Inside 国外公益广告《真情传递篇》[EB/OL]. https: //v. qq. com/x/page/r0170bhbr1x. html, 2015-10-28.

[138] 优酷. Old Spice 男士洗浴液广告《抠脚大叔脱胎换骨》[EB/OL]. http: //v.

youku. com/v_show/id_XNDQ0ODI5Njgw. Html, 2012-08-30.

[139] 优酷. 绿箭口香糖：父女篇 [EB/OL]. http: //v. youku. com/v_show/id_XNDQ0ODI5Njgw. Html, 2012-04-21.

[140] 爱奇艺. OPPO ULIKE 系列手机—选择篇 30 秒[EB/OL]. http: //www. iqiyi. com/w_19rsf9suzl. Html, 2014-12-29.

[141] 优酷. 全新奥迪 A8L 享受探索 高清 60S 视频广告[EB/OL]. http: //v. youku. com/v_show/id_XNjUzNzA5MTUy. Html, 2013-12-27.

[142] 优酷. 2008 年"中国农业银行《不曾篇》[EB/OL]. http: //v. youku. com/v_show/id_XMTc3NDYzODIw. Html, 2010-05-31.

[143] 优酷. 五粮液系列广告——黄金酒品酒 [EB/OL]. http: //v. youku. com/v_show/id_XMTgwMzU3Nzky. Html, 2010-06-10.

[144] 养生堂 VC-2015 广告片《巴西溯源篇》[EB/OL]. http: //v. youku. com/v_show/id_XOTI4OTUwMDQ4. Html, 2015-04-07.

[145] 优酷. 农夫山泉 2016 年新广告片之贵州武陵山 一百二十里肖帅 [EB/OL]. http: //v. youku. com/v_show/id_XOTI4OTUwMDQ4. Html, 2016-05-07.

[146] 优酷. 张靓颖 百威啤酒 2016 年 CNY 贺岁广告片[EB/OL]. http: //v. youku. com/v_show/id_XMTQ2NzI1MTEwMA==. Html, 2016-02-07.

[147] 土豆. 士力架系列广告《华妃篇 》[EB/OL]. http: //video. tudou. com/v/XMTc4NzM1OTcwNA==. Html, 2016-02-19.

[148] 爱奇艺. 饿货唐僧来了士力架 2013 最新爆笑广告[EB/OL]. http: //www. iqiyi. com/v_19rrgja3lk. Html, 2013-07-30.

[149] 优酷. 全兴大曲老字号年份酒[EB/OL]. http: //v. youku. com/v_show/id_XNTUzODM4MTMy. Html, 2013-05-08.

[150] 腾讯视频. 2007 年刘若英乌镇广告[EB/OL]. https: //v. qq. com/x/page/t0500t0und8. Html, 2017-05-06.

[151] 腾讯视频. Hebe 田馥甄出演 adidas 以姐妹之名60s 广[EB/OL]. https: //v. qq. com/x/page/r011246td96. Html, 2013-03-28.

[152] 优酷. 很小很强大 大众高尔夫广告[EB/OL]. http: //v. youku. com/v_show/id_XNTMwNzYyMDA=. html?spm=a2h0k. 8191407. 0. 0&from=s1. 8-1-1. 2, 2008-11-13.

[153] 优酷. 新天葡萄酒广告[EB/OL]. http: //v. youku. com/v_show/id_ XMTyNjg4OTI=. Html, 2007-12-22.

[154] 优酷. Lurpak 黄油广告[EB/OL]. http: //v. youku. com/v_show/id_ XMz

Q3NDYyODE2. Html, 2012-01-31.

[155] 优酷. 泰国伤痛贴广告《大力士篇》[EB/OL]. http: //v. youku. com/v_show/id_XNDUzMDU0MzI=. Html, 2008-10-03.

[156] 优酷. "John Lewis"百货公司广告《女人一生》[EB/OL]. http: //v. youku. com/v_show/id_XMTUyNjQ3ODU5Mg==. Html, 2016-04-07.

[157] 优酷. 台湾大众银行广告《梦骑士篇》2011 年[EB/OL]. http: //v. youku. com/v_show/id_XMjQxNDExOTE2. Html, 2011-02-03.

[158] 优酷. 泰国潘婷广告[EB/OL]. http: //v. youku. com/v_show/id_ XNjMxNzM3MDM2. html?spm=a2h0k. 8191407. 0. 0&from=s1. 8-1-1. 2, 2013-11-07.

[159] 优酷. 野生救援（WildAid）公益广告《卡梅隆安东尼：防守》[EB/OL]. http: //v. youku. com/v_show/id_XMjAwNTU4NzUy_type_99. Html, 2010-08-24.

[160] 优酷. 奥迪汽车广告《钥匙篇》[EB/OL]. http: //v. youku. com/v_show/id_XODk5NjA5MjY0. Html, 2015-02-25.

[161] 优酷. 奔驰 SLK-Class 跑车广告《范冰冰篇》[EB/OL]. http: //v. youku. com/v_show/id_XMzYxMzEwODUy. Html, 2012-03-06.

[162] 优酷. 可口可乐广告《最后一罐篇》[EB/OL]. http: //v. youku. com/v_show/id_XMjYzNzUwNTY=. html?from=y1. 2-1-102. 4. 1-1. 1-1-2-0-0%26ource%3DautoclickF%E5%B2%9B%E8%B7%AF/2436988?fr=aladdin, 2008-05-04.

[163] 新浪. 难说再见, 纪念美丽男孩保罗沃克[EB/OL]. http: //db. auto. sina. com. cn/photo/g11154-2. html#34466345, 2013-12-20.

[164] 爱奇艺. 雅客 V9 糖果广告《运动篇》[EB/OL]. 2003http: //www. iqiyi. com/w_19rtlpmial. Html, 2015-09-22.

后 记

本书主编唐英长期从事广告学科研与教学，一直关注与广告学相关学科的发展及走势。随着互联网技术的发展及普及，传统媒体受到了极大挑战，而作为传统媒体与新兴媒体均不可或缺的影视广告成为当下广告主、广告人及广告媒体无法回避的广告形态，也是学界关注的广告形式。此次借西南交通大学出版社出版新闻传播实训类教材之机，得以将此书出版。

本书是2013年成都理工大学"媒介文化传播与经营创新团队研究"的研究成果，该研究团队实力较为雄厚，主编唐英主持了国家社科基金重大招标课题子课题1项，主持国家社科基金一般课题1项，省部级课题3项，省厅级课题4项；发表过50多篇中文核心及来源期刊的学术论文；出版过1部专著，1部主编，3部合著。团队其他成员分别主持过多项省部级、省厅级课题，发表过多篇学术论文。

本书的基本框架和基本思路由唐英设计及编审；第一章由唐英编写；第二章由四川师范大学骆志伟编写；第三章由四川音乐学院黄瑞玲编写；第四章由曹新伟编写；第五章由四川音乐学院杨然编写；第六章由成都理工大学在读硕士研究生张寒、尚冰靓、刘翰骏等编写；第七章由成都理工大学王亚冰编写；第八章由成都理工大学刘阳编写；第九章由成都理工大学张亚伟编写；第十章由四川大学锦城学院赵万斌编写；第十一章由成都理工大学刘砚议编写。全书由唐英汇集、整理并最后修改、统稿。

本书在编写过程中，得到了很多人的支持和帮助。在此，感谢支持过本书的老师和同学们，他们是西南交通大学刘林沙副教授、吴小玲副教授、杨琴副教授、梅红副教授；成都理工大学曹新伟教师帮助联系编委及发行；成都理工大学的毕业研究生李江、于海婷、徐苗苗等。

特别要感谢西南交通大学出版社郭发仔老师，正是由于他的无私奉献和积极争取，更主要是宽限无数次交稿时间，本书才得以顺利出版。

最后，书中众多案例涉及较多品牌，未能一一指明之处，请相关企业、机构及时与作者联系，相关视频请参见爱奇艺、酷6、酷我、腾讯、搜狐等视频网站。未尽之处，敬请谅解；若有疏漏，欢迎读者指正。

唐　英
2017 年 6 月于成都理工大学